Die Projekt-Methode

Ulrich Holzbaur · Monika Bühr
Daniela Dorrer · Ariane Kropp
Evamaria Walter-Barthle · Talea Wenzel

Die Projekt-Methode

Leitfaden zum erfolgreichen
Einsatz von Projekten in
der innovativen Hochschullehre

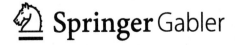

Ulrich Holzbaur
Aalen, Deutschland

Ariane Kropp
Aalen, Deutschland

Monika Bühr
Heubach, Deutschland

Evamaria Walter-Barthle
Schwäbisch-Gmünd, Deutschland

Daniela Dorrer
Aalen, Deutschland

Talea Wenzel
Aalen, Deutschland

Die Erstellung dieses Leitfadens wurde durch das Baden-Württembergische Ministerium für Wissenschaft, Forschung und Kunst im Rahmen der Projekte „Wissenschaft erleben, Praxisrelevanz erfahren und nachhaltig lernen in Projekten" und „Professionalisierung der Lehre – Einsatz der Projektmethode" gefördert.

Aus Gründen der besseren Lesbarkeit wird die männliche Sprachform verwendet, die weibliche Form ist jeweils eingeschlossen.

ISBN 978-3-658-15461-5   ISBN 978-3-658-15462-2   (eBook)
DOI 10.1007/978-3-658-15462-2

Die Deutsche Nationalbibliothek verzeichnet diese Publikation in der Deutschen Nationalbibliografie; detaillierte bibliografische Daten sind im Internet über http://dnb.d-nb.de abrufbar.

Springer Gabler
© Springer Fachmedien Wiesbaden GmbH 2017
Das Werk einschließlich aller seiner Teile ist urheberrechtlich geschützt. Jede Verwertung, die nicht ausdrücklich vom Urheberrechtsgesetz zugelassen ist, bedarf der vorherigen Zustimmung des Verlags. Das gilt insbesondere für Vervielfältigungen, Bearbeitungen, Übersetzungen, Mikroverfilmungen und die Einspeicherung und Verarbeitung in elektronischen Systemen.
Die Wiedergabe von Gebrauchsnamen, Handelsnamen, Warenbezeichnungen usw. in diesem Werk berechtigt auch ohne besondere Kennzeichnung nicht zu der Annahme, dass solche Namen im Sinne der Warenzeichen- und Markenschutz-Gesetzgebung als frei zu betrachten wären und daher von jedermann benutzt werden dürften.
Der Verlag, die Autoren und die Herausgeber gehen davon aus, dass die Angaben und Informationen in diesem Werk zum Zeitpunkt der Veröffentlichung vollständig und korrekt sind. Weder der Verlag noch die Autoren oder die Herausgeber übernehmen, ausdrücklich oder implizit, Gewähr für den Inhalt des Werkes, etwaige Fehler oder Äußerungen. Der Verlag bleibt im Hinblick auf geografische Zuordnungen und Gebietsbezeichnungen in veröffentlichten Karten und Institutionsadressen neutral.

Gedruckt auf säurefreiem und chlorfrei gebleichtem Papier

Springer Gabler ist Teil von Springer Nature
Die eingetragene Gesellschaft ist Springer Fachmedien Wiesbaden GmbH
Die Anschrift der Gesellschaft ist: Abraham-Lincoln-Str. 46, 65189 Wiesbaden, Germany

Grußwort der Ministerin für Wissenschaft, Forschung und Kunst des Landes Baden-Württemberg

Die Landesregierung schätzt innovative Lehrprojekte, die Veränderungen in unserer Gesellschaft aufgreifen. Ein solches betreibt die Hochschule Aalen – es trägt den Titel „Wissenschaft erleben, Praxisrelevanz erfahren und nachhaltig lernen in Projekten".

Wir haben dieses Vorhaben mit 300.000 EUR unterstützt – aus unserer Förderlinie „Willkommen in der Wissenschaft", mit der die Studieneingangsphase besser gestaltet werden soll. Das war gut angelegtes Geld, zumal im Zuge der Arbeiten nun dieser überaus nützliche Leitfaden entstanden ist. Er wird dabei helfen, die Projektmethode in der Hochschullehre weiter zu verbreiten. Projekte sind eine zukunftsweisende Form der Wissensaneignung; denn sie ermöglichen neue Umgangsweisen mit den pädagogischen und sozialen Herausforderungen unserer Zeit:

Projekte vermitteln nicht nur theoretisches Wissen, sondern sie eröffnen praktische Erfahrungen. Sie bereiten Studierende auf die Wirklichkeit der Arbeitswelt vor. Damit helfen sie ihnen auch, ihre Berufswünsche zu konkretisieren und ihr Studium darauf auszurichten.

Zu den praktischen Erfahrungen, die Projekte vermitteln, gehören auch solche im sozialen, kommunikativen und medientechnischen Bereich. Projekte sind also vorzüglich geeignet, um die Schlüsselkompetenzen junger Menschen zu stärken, sie zu aktivieren, eigene Ideen zu entwickeln und selbst Verantwortung zu übernehmen.

Die Heterogenität der Studierenden wächst. Junge Leute kommen mit ganz verschiedenen Bildungsbiografien, Lebensentwürfen und kulturellen Vorprägungen an die Hochschule. Projekte sind da ein ausgezeichnetes Mittel, um die Zusammenarbeit und den Umgang mit Verschiedenheit zu fördern. Sie festigen die interkulturelle Kompetenz der Studierenden, und sie helfen ihnen, die Perspektive der Vielfalt als Bereicherung zu nutzen.

In Projekten kann man sich besonders gut mit interdisziplinären Fragen beschäftigen, etwa mit dem Thema Nachhaltigkeit. Bei allen Beteiligten können so neue Haltungen und konkret anderes Verhalten entstehen.

Nicht zuletzt bin ich davon überzeugt, dass gute Projektarbeit den Studierenden einfach Spaß macht. Gemeinsam an Problemlösungen arbeiten und dabei Erfolge haben: Damit wächst die Freude am Studium und das Gelernte prägt sich besser ein – und das ist die beste Garantie für den Studienerfolg!

Ich bin Herrn Professor Holzbaur und seinem Team sehr dankbar für diese Schrift, die aus der Praxis kommt und für die Praxis gemacht ist. Und ich bin davon überzeugt, dass viele Lehrende das Werk gerne in die Hand nehmen werden, um zu erfahren, wie sie noch mehr Begeisterung für ihr Fach wecken können. Der „Leitfaden zum erfolgreichen Einsatz der Projektmethode" wird die Lehre an unseren Hochschulen stärken!

Stuttgart, Deutschland

Theresia Bauer MdL
Ministerin für Wissenschaft
Forschung und Kunst des
Landes Baden-Württemberg

Grußwort des Geschäftsführers der Studienkommission für Hochschuldidaktik an Hochschulen für angewandte Wissenschaften in Baden-Württemberg

Die systematische Entwicklung der Qualität der Lehre hat an den Hochschulen für angewandte Wissenschaften in Baden-Württemberg eine lange Tradition. Vor 45 Jahren wurde die landesweit zuständige Studienkommission für Hochschuldidaktik gegründet, vor 25 Jahren ihre Geschäftsstelle in Karlsruhe.

Neben hochschuldidaktischer Fortbildung und Beratung haben von Beginn an innovative Lehrprojekte ganz wesentlich zur Weiterentwicklung der Lehre im Land beigetragen. Durch sie wurden in Form einer „experimentellen Hochschuldidaktik" neue Möglichkeiten der Gestaltung von Studium und Lehre erkundet und in innovative Lehrkonzepte umgesetzt.

Allein während der Laufzeit des Programms „Leistungsanreizsysteme in der Lehre" (LARS, Laufzeit 18 Jahre) sind mehr als 2000 solche Projektvorhaben von Professorinnen und Professoren der Hochschulen für Angewandte Wissenschaften realisiert worden. Die Ressourcen wurden für die Entwicklung und praktische Erkundung von neuen methodischen oder fachdidaktischen Ansätzen verwendet und hatten häufig eine sehr nachhaltige Wirkung für die Lehrkultur. Adressaten des Programms waren die einzelnen Professorinnen und Professoren, die zur Einreichung von persönlich konzipierten hochschuldidaktischen Lehrprojekten aufgefordert wurden – immer sehr nah an den Problemen und Notwendigkeiten der eigenen Lehrpraxis. Die Begeisterung für die Lehre wurde so systematisch in hochschuldidaktisch reflektierte Neuerungen umgesetzt. Innovative Lehre hatte einen institutionalisierten „Motor" bekommen. LARS hat für andere Initiativen auf Landes- und Bundesebene Maßstäbe gesetzt. Später haben weitere Projektlinien in Baden-Württemberg diese Tradition erfolgreich fortgeführt – u. a. diejenigen, deren finanzielle Unterstützung zu den Erfahrungsgrundlagen dieses Bandes beigetragen hat.

Eine Lehrpersönlichkeit, die mich seit Beginn meiner Tätigkeit für die Hochschuldidaktik in Baden-Württemberg durch ihr besonderes Engagement beeindruckt hat, ist Ulrich Holzbaur, der seit 25 Jahren kreative Ansätze in der Lehre entwickelt. Seinen Schwerpunkt setzt er mit großer Überzeugung und Einsatzbereitschaft vor allem auf den Ansatz projektorientierter Lehr- und Lernprozesse. In einer Vielzahl von innovativen Lehrprojekten, Arbeitskreisen und hochschuldidaktischen Fortbildungsworkshops sowie in didaktischen Veröffentlichungen hat er immer wieder neue Dimensionen des Themas ausgeleuchtet und mit Beispielen aus der eigenen Lehrpraxis illustriert. In praxisnaher Projektarbeit erfahren die Studierenden „in der Nussschale", was es heißt, für ein Projektergebnis echte Verantwortung zu tragen. Die Lehr-Lern-Prozesse im Projekt werden durch die unmittelbare Erfahrung ihrer praktischen Relevanz für den gemeinsamen Projekterfolg in einer Intensität befördert, die bei der bloß kognitiven Aneignung von Fachinhalten sehr viel schwerer erreichbar ist. Die Dynamik geht hier nicht von einer Prüfungssituation aus, sondern von der Sache selbst. Gleichzeitig werden auch Kompetenzen im Bereich der Selbstorganisation, der Kommunikation und der Gruppenarbeit gestärkt, die durch Theorievorlesungen und Trockenübungen nicht vermittelt werden können. Wenn diese Projekte darüber hinaus auch noch mit externen Partnern aus Gesellschaft und Industrie durchgeführt werden und von gesellschaftlicher Relevanz sind, erhöht dies zusätzlich das Engagement der Studierenden. Doch die angemessene Konzipierung und Dimensionierung von studentischer Projektarbeit erfordert Erfahrung und didaktisches Geschick. Um nicht selbst lange Phasen der Suche nach der geeigneten Form für diesen Ansatz durchlaufen und alle „Fehler" selbst machen zu müssen, ist ein Leitfaden wie der hier vorliegende überaus hilfreich. Er unterstützt die Hochschullehrenden dabei, ihre Projektpraxis zu reflektieren und systematisch weiterzuentwickeln.

Ich wünsche diesem Leitfaden eine weite Verbreitung und möchte Ulrich Holzbaur mit seinem Team für ihren Einsatz danken, mit dem sie an Formaten für die Lehr- und Lernkultur der Zukunft arbeiten. Ich bin sicher, dass Ulrich Holzbaur der Hochschuldidaktik im Land auch in Zukunft wertvolle Impulse geben wird.

Karlsruhe, Deutschland

Hans-Peter Voss
Geschäftsführer der Studienkommission
für Hochschuldidaktik an Hochschulen
für angewandte Wissenschaften
in Baden-Württemberg

Grußwort des Beauftragten für Nachhaltigkeit beim Ministerium für Kultus, Jugend und Sport Baden-Württemberg

Nachhaltige Entwicklung ist eine der wichtigsten gesellschaftlichen Herausforderungen im 21. Jahrhundert. Um mit strategischen Ansätzen der Effizienz, der Suffizienz und der Konsistenz die richtigen Weichen stellen zu können, brauchen wir in vielen Bereichen die Forschung. Neben der Forschung brauchen wir als Basis Bildung für nachhaltige Entwicklung, um zum einen eine breite Nachhaltigkeitswirkung zu erzielen und zum anderen Bildung als Grundlage für die Weiterentwicklung, die Forschung und den Transfer. Diese zu vermitteln ist ein wichtiges Ziel des UNESCO-Weltaktionsprogramms (WAP) Bildung für nachhaltige Entwicklung (2015–2019).

Das WAP soll einen wichtigen Beitrag für nachhaltige Zukunft und für eine positive gesellschaftliche Transformation leisten, in der alle Menschen von Bildung profitieren können und „jeder die Möglichkeit hat, sich das Wissen, die Fähigkeiten, Werte und Einstellungen anzueignen, die erforderlich sind, um zu einer nachhaltigeren Entwicklung beizutragen" (DUK 2014)[1]. Als zentrale Handlungsfelder werden von der deutschen UNESCO-Kommission ausdrücklich die politische Unterstützung, die ganzheitliche Transformation von Lern- und Lehrumgebung, die Kompetenzentwicklung bei Lehrenden und Multiplikatoren, die Stärkung und Mobilisierung der Jugend sowie die Förderung nachhaltiger Entwicklung auf lokaler Ebene benannt.

Im Rahmen der aktuellen Umsetzungsaktivitäten durch das Bundesministerium für Bildung und Forschung (BMBF) werden aktuell die Handlungsbereiche „Frühkindliche Bildung", „Schule", „Berufliche Bildung", „Hochschule", „Informelle und non-formale Bereich/Jugend" und „Kommunen" in den Blick genommen und von Experten in sogenannten Fachforen geeignete Ziele und Maßnahmen formuliert, die im kommenden Jahr im Rahmen eines nationalen Aktionsplans verabschiedet werden sollen.

Zentrales Element der Bildung für nachhaltige Entwicklung ist der Erwerb von Gestaltungskompetenz. Konkret bedeutet dies, das Lernende befähigt werden sollen, „informierte Entscheidungen zu treffen und verantwortungsbewusst zum Schutz der Umwelt, für eine bestandsfähige Wirtschaft und einer gerechten Gesellschaft zu handeln

---

[1]Deutsche UNESCO-Kommission (DUK) 2014: UNESCO-Roadmap zur Umsetzung des Weltaktionsprogramms „Bildung für nachhaltige Entwicklung", 14.

und dabei die kulturelle Vielfalt zu respektieren" (DUK 2014, S. 12). Als methodisches Instrument können Projekte den Kompetenzerwerb im Sinne der Gestaltungskompetenz unterstützen und einen wichtigen Beitrag leisten, einzelne nachhaltigkeitsrelevante Lerninhalte oder übergreifende Nachhaltigkeitskonzepte zu vermitteln.

Die Hochschule Aalen wurde im Rahmen der UN-Dekade „Bildung für nachhaltige Entwicklung" (2005–2014) und aktuell im Rahmen des Weltaktionsprogramms „Bildung für nachhaltige Entwicklung" (2015–2019) durch das deutsche Nationalkomitee, die Deutsche UNESCO-Kommission und das Bundesministerium für Bildung und Forschung immer wieder für ihre Projekte ausgezeichnet.

Die im vorliegenden Buch aufgezeigten Beispiele geben einen kleinen Ausschnitt von BNE-relevanten Projekten der letzten Jahre wieder. Sei es der Grüne Aal zur Umsetzung vom Umweltmanagement an Schulen oder die Aktivitäten zur Nachhaltigkeit im Reallabor Stadt Aalen. Nicht nur das Reallabor Stadt Aalen, sondern auch die Hochschule selbst ist mit ihren Projekten damit zum Ort transdisziplinärer Forschung geworden. In den Lehrveranstaltungen von Uli Holzbaur werden Nachhaltigkeitsthemen in Projekten aufgegriffen und konkrete Probleme gemeinsam mit den Stakeholdern aus der Gesellschaft gelöst. Diese Vorgehensweise führte u. a. zu einer Verankerung der Bildung für nachhaltige Entwicklung an der Hochschule Aalen aber auch in der Stadt Aalen selbst.

Dabei geht es explizit nicht um die sogenannte „Projektitis", d. h. das einmalige Umsetzen eines Projekts, das dann wieder einschläft und verpufft. Das Wichtige an der Projektmethode ist die systematische Einführung von Projekten, das sichere Erreichen eines Projektziels und die strategische Planung des Projektportfolios und das über Jahre hinweg. Damit ist sichergestellt, dass Projektergebnisse wenn nötig weiterverfolgt, evaluiert oder vertieft werden. Somit werden Projekte auch im umgangssprachlichen Sinne nachhaltig, also dauerhaft etabliert. Sie werden aber vor allem gesellschaftlich wirksam und können dadurch zur Gestaltung einer lebenswerten Zukunft beitragen. Insofern kann man die Projektmethode und diesen Leitfaden nicht nur den Hochschulen, sondern allen Bildungsträgern im formalen und informellen Bereich als Methode zur systematischen Umsetzung von Bildung für nachhaltige Entwicklung empfehlen.

Stuttgart, Deutschland

Achim Beule
Beauftragter für Nachhaltigkeit
Ministerium für Kultus, Jugend und Sport Baden-Württemberg

Vorwort der Autoren

Es ist eine wunderbare und herausfordernde Aufgabe, junge Menschen an die Bildung heranzuführen, auf die Wissenschaft vorzubereiten, für die berufliche Praxis fit zu machen und für ihre gesellschaftliche Verantwortung zu befähigen. Dazu benötigt man gute und passende Methoden. Projekte vereinigen die Theorie mit der Praxis, die Wissenschaft mit dem sozialen Lernen und das Engagement mit dem Erfolgserlebnis. Wir wollen mit unserem Leitfaden den Einsatz von Projekten fördern und für die Lehrenden erleichtern.

Die Hochschule Aalen hat in den letzten zwanzig Jahren im Bereich lehrveranstaltungsbegleitende Projekte umfangreiche Erfahrungen gesammelt. Die Methode wurde vor allem im Studiengang Wirtschaftsingenieurwesen intensiv eingesetzt, um im Sinne eines Reallabors konkrete Projekte mit einem realen gesellschaftlichen Nutzen umzusetzen. Es wurden gesellschaftlich relevante Lösungen gemeinsam mit den Stakeholdern aus Bildung, Verwaltung, Ehrenamt und Industrie erarbeitet. Durch die Projekte konnten konkrete Verbesserungen erzielt werden, Konzepte erarbeitet und ein wichtiger Beitrag zur Bildung für nachhaltige Entwicklung in der Stadt und an der Hochschule geleistet werden.

Durch fördernde Maßnahmen der Studienkommission für Hochschuldidaktik Baden-Württemberg wurde die Methode evaluiert, verbessert und dokumentiert. In den letzten Jahren hat das Ministerium für Wissenschaft und Kunst Baden-Württemberg im Projekt „Wissenschaft erleben, Praxisrelevanz erfahren und nachhaltig lernen in Projekten" die Erstellung dieses Buchs gefördert.

Projekte können junge Menschen an das wissenschaftliche Arbeiten heranführen, und sie können durch die Bearbeitung von realistischen Aufgabenstellungen den Praxisschock mindern. Dies gilt vor allem durch die Kooperation mit realen Stakeholdern und das Definieren von anspruchsvollen Zielen. Dabei ist uns wichtig, dass die Projekte einen realen Nutzen haben und nicht in unverbindlichen Präsentationen enden, denn: „Projekte haben ein Ziel und nicht nur ein Thema". Der Schwerpunkt unserer Methode steckt auch im Begriff ESPRESSO: „Experience Science and Practical RElevance and learn Sustainably via Sustainability prOjects" zeigt den Anspruch, Wissenschaft erfahrbar zu machen, praxisrelevante Projekte umzusetzen und zur gesellschaftlichen Entwicklung beizutragen.

Wir möchten Lehrenden in allen Arten von Bildungseinrichtungen die nötigen theoretischen Grundlagen zur Projektmethode vermitteln und ihnen unsere langjährigen Erfahrungen aus über 30 Projekten pro Semester weitergeben. Damit können diese Projekte kompetent abwickeln und für eine professionelle Projektbearbeitung sorgen. Wir haben einen praktischen Leitfaden konzipiert, der Grundlagenwissen mit konkreten Hinweisen zur praktischen Umsetzung verbindet.

Der Leitfaden ist das Ergebnis der Erfahrung aus vielen Jahren Projektarbeit in Industrie und in der Bildung. Es sind vor allem die Erkenntnisse zur Umsetzung von Projekten in der Praxis und in der Lehre eingeflossen. In den letzten vier Jahren haben die Autoren mit Förderung des Landes Baden-Württemberg im Projekt „Wissenschaft erleben, Praxisrelevanz erfahren, und nachhaltig lernen in Projekten" an der Hochschule Aalen die Projektmethode intensiv umgesetzt, verbessert und dokumentiert. Dr. Ulrich Holzbaur hat Projekterfahrung aus der Industrie mitgebracht und wendet Projekte seit 25 Jahren in der Lehre an. Evamaria Walter-Barthle ist Pädagogin, sie und Dr. Talea Wenzel sind in der Lehre der Hochschule involviert. Monika Bühr hat neben der Industrieerfahrung 10 Jahre Erfahrung in der Projektbetreuung an der Hochschule. Sie, Ariane Kropp und Daniela Dorrer waren bzw. sind Nachhaltigkeitsreferentinnen der Hochschule Aalen, sie setzen auch in ihren eigenen Vorlesungen Projekte ein und betreuen und vergeben Projekte. Sie und Ulrich Holzbaur verbinden in ihren Lehrveranstaltungen das nachhaltige Lernen mit der Bildung für nachhaltige Entwicklung.

Wir danken dem Wissenschaftsministerium des Landes Baden-Württemberg, der Hochschule Aalen und insbesondere dem Studiengang Wirtschaftsingenieurwesen, für die materielle, personelle und ideelle Unterstützung der Projekte.

Ein besonderer Dank für ihre Kooperation und ihr Engagement geht an alle Projektpartner, Kollegen und an alle Studierende, die in unseren Projekten mitgewirkt haben. Insbesondere die gute Kooperation im „Reallabor Aalen" und die engagierten Studenten haben viel zum Erfolg der Methode beigetragen.

Wir wünschen allen, die mit dem Leitfaden arbeiten, viel Erfolg beim Einsatz von Projekten in der Lehre und eine gute Wirkung ihrer Projekte für die Stoff- und Kompetenzvermittlung, die Hinführung auf die Wissenschaft, die Berufsbefähigung der Absolventen und für die gesellschaftliche Weiterentwicklung hin zu einer lebenswerten Zukunft.

Aalen, Deutschland die AutorInnen
im Frühling 2017

Inhaltsverzeichnis

1	**Erfolgreiche Hochschulprojekte**	1
1.1	Einführung	1
1.2	Innovative Hochschullehre durch Projekte	3
1.3	ESPRESSO und der Leitfaden	6
1.4	Überblick zum Buch	6
1.5	Aufbau des Buches	8
	Literatur	9

Teil I Methode

2	**Projektbasierte Lehre an Hochschulen**	13
2.1	Projekte als Lehrmethode	13
	2.1.1 Projektmethode	13
	2.1.2 Stakeholder, Betreuer und Lehrender	15
2.2	Didaktik und erlebnisorientierte Bildung	17
	2.2.1 Didaktik	17
	2.2.2 Erlebnisorientierte Bildung	18
	2.2.3 Gestaltung der Lernumgebung	23
	2.2.4 Lernen	25
	2.2.5 Projektlernen	29
2.3	Lehr- und Lernziele des Projektlernens	30
	2.3.1 Die Taxonomie der Lernziele im kognitiven Bereich	34
	2.3.2 Ziele aus Sicht der Lehrveranstaltung	35
	2.3.3 Kompetenzen	36
	2.3.4 Kompetenzen im Projektlernen	39
2.4	Nachhaltigkeit und Bildung	42
	2.4.1 Nachhaltige Entwicklung	42
	2.4.2 Nachhaltige Lehre	43
	2.4.3 Nachhaltige Projekte	43

	2.5	Kulturelle Aspekte	44
		2.5.1 Kultur	44
		2.5.2 Kulturelle Kompetenz	46
		2.5.3 Projektkultur	47
	2.6	Zusammenfassung	48
	Literatur		49
3	**Die Projektmethode**		**53**
	3.1	Grundlagen der Projektmethode	54
		3.1.1 Grundprinzipien der Projektmethode	56
		3.1.2 Umsetzung der Projektmethode	59
		3.1.3 Projektportfolio	61
		3.1.4 Vorbereitung – Projektfindung und Akquise	62
		3.1.5 Stakeholdermanagement	64
		3.1.6 Arbeitsaufwand und Kosten	64
		3.1.7 Nachbereitung – Ergebnissicherung und Evaluation	66
	3.2	Rollen und Kommunikationswege	67
		3.2.1 Rolle des Betreuers	67
		3.2.2 Rolle und Aufgaben des Stakeholders	70
		3.2.3 Rolle des Lehrenden	71
		3.2.4 Kommunikationswege	73
	3.3	Projektarten	75
		3.3.1 (Produkt-)Entwicklung	77
		3.3.2 (Veranstaltungs-)Organisation	78
		3.3.3 Empirische Arbeit/Forschung	79
		3.3.4 Allgemeine Analyse	80
		3.3.5 Stoffaufbereitung/S2S-Projekte	81
	3.4	Anpassung der Projektmethode	81
		3.4.1 Grundprinzipien	82
		3.4.2 Stakeholdermanagement	83
		3.4.3 Projektportfolio	84
	3.5	Curriculare Verankerung	86
	3.6	Zusammenfassung	89
	Literatur		92
4	**Detaillierte Durchführung des Metaprojekts**		**93**
	4.1	Vorbereitungsphase	93
		4.1.1 Projektdefinition im Metaprojekt	94
		4.1.2 Konkretisierung	97
		4.1.3 Anpassung und Kalibrierung	99
		4.1.4 Stakeholder-/Kundenmanagement	103

4.2	Projektstart		104
	4.2.1	Erste Schritte	104
	4.2.2	Projektvergabe	106
	4.2.3	Nach der Projektvergabe	108
4.3	Projektverlauf		112
	4.3.1	Zwischenpräsentation	112
	4.3.2	Ampelpräsentationen	113
4.4	Projektabschluss		114
	4.4.1	Abschluss- und Ergebnispräsentation	114
	4.4.2	Abschlussdokumentationen	115
	4.4.3	Ergebnisdokumentation	116
4.5	Bewertung und Benotung		118
	4.5.1	Grundlegendes	119
	4.5.2	Leistungsbeurteilung von Projekten	123
	4.5.3	Leistungsnachweise und Bewertung	126
	4.5.4	Bewertung für das Fach Projektmanagement	129
4.6	Strategie zur Verankerung der Projektmethode		133
	4.6.1	Hochschule	134
	4.6.2	Curriculumsverantwortliche	135
	4.6.3	Lehrende	138
4.7	Zusammenfassung		139
Literatur			139

Teil II Hilfsmittel und Beispiele

5	**Grundlagen Projektmanagement**		**143**
5.1	Definition Projektmanagement		143
5.2	Projektvorbereitung und Projektstart		144
	5.2.1	Projektziele festlegen	144
	5.2.2	Projektphasen festlegen	146
	5.2.3	Rollen und Beteiligte im Projekt	147
	5.2.4	Risikomanagement	149
	5.2.5	Projektkommunikation	151
	5.2.6	Das Kick-off-Meeting: der offizielle Start	151
5.3	Projektplanung		152
	5.3.1	Arbeitsstrukturplan und Arbeitspakete	152
	5.3.2	Ablaufplanung	155
	5.3.3	Zeit- und Terminplanung	156
	5.3.4	Ressourcenplanung	159
	5.3.5	Kostenplanung	160
	5.3.6	Schätzmethoden	161

5.4		Durchführung und Projektcontrolling	163
	5.4.1	Aufgaben in der Durchführungsphase	163
	5.4.2	Der Zyklus des Projektcontrollings	165
	5.4.3	Kontrolle von Terminen, Kosten und Leistung	166
	5.4.4	Ursachenanalyse	169
	5.4.5	Steuerungsmaßnahmen	170
	5.4.6	Projektdokumentation und -bericht	171
5.5		Projektabschluss	172
5.6		Zusammenfassung	173
		Literatur	173

6 Checklisten, Formblätter und Vorlagen ... 175
- 6.1 Checklisten und Pläne ... 175
  - 6.1.1 Checkliste für das Projektportfolio ... 176
  - 6.1.2 Checkliste für eine Machbarkeitsanalyse ... 176
  - 6.1.3 Checkliste für die Abgabe studentischer Projekte ... 178
  - 6.1.4 Bewertungsschema ... 178
  - 6.1.5 Bewertungsvorlage für Präsentationen ... 178
  - 6.1.6 Semesterablaufplan ... 178
- 6.2 Formblätter ... 180
  - 6.2.1 Informationsblatt für Stakeholder ... 180
  - 6.2.2 Informationsblatt für Betreuer ... 181
  - 6.2.3 Rollen im Team ... 183
  - 6.2.4 Projektformular zur Anmeldung und als kurzer Abschlussbericht ... 184
  - 6.2.5 Individueller Projektbericht ... 188
  - 6.2.6 Inhalte der Präsentationen ... 189
- 6.3 Vorlagen und Hinweise ... 192
  - 6.3.1 Hinweise zum Projekt ... 192
  - 6.3.2 Vorlage Projektübersicht ... 194
  - 6.3.3 Vorlagen für das Projektmanagement ... 195
  - 6.3.4 Hinweise Poster und Pressebericht ... 195
  - 6.3.5 Spiele für Teambildung und Projektmanagement ... 198
- 6.4 Zusammenfassung ... 201
- Literatur ... 201

7 Projektbeispiele ... 203
- 7.1 Sicherheitsbefragung ... 204
- 7.2 Flashmob zur Ersten Hilfe ... 205
- 7.3 Nachhaltiger Einzelhandel ... 207
- 7.4 „Grüner Aal" ... 208
- 7.5 Anemometer mit NTC ... 210
- 7.6 Repair Night ... 211

7.7	Corporate Social Responsibility	213
7.8	Kinderuni	214
7.9	Der große Preis von Hörsaal 129	215
7.10	Bopfinger Bildungs-Bus	217
7.11	Teambuilding	218
7.12	Workshop Qualität an der Hochschule	219

Schlusswort 223

Erfolgreiche Projekte in der Lehre

▶ Durch die wachsende Bedeutung von Projekten im Beruf und in der Wissenschaft wird Projektmanagement als Lehrinhalt immer wichtiger. Gleichzeitig setzt sich die Erkenntnis durch, dass projektbasierte Lehre als Methode für den Wissens- und Kompetenzerwerb hervorragend geeignet ist. Dadurch erlangt Projektmanagement eine immer größer werdende Bedeutung.

Für die Lehrenden an Hochschulen, Schulen und anderen Bildungseinrichtungen stellt sich damit die Herausforderung, einerseits Projekte optimal für die Vermittlung von Kompetenzen und Lerninhalten einzusetzen und andererseits den Aufwand für die Vorbereitung, Betreuung und Bewertung, Benotung und Ergebnissicherung von Projekten in einem akzeptablen Rahmen zu halten. Dies erfordert nicht nur Projektmanagementkompetenz und pädagogische Kompetenz, sondern auch Planungskompetenz, Führungsstärke und Erfahrung.

Dieses Buch stellt die Grundlagen der Projektmethode zusammen und unterstützt Lehrende aller Bereiche beim Einsatz von Lehrprojekten. Ein besonderer Fokus liegt dabei auf der Lehre an Hochschulen.

Was Sie in diesem Buch finden können

- Grundlagen und Leitfaden für den Einsatz von Lehrprojekten
- Didaktische Überlegungen und Grundlagen des Projektmanagements
- Hinweise zum Einsatz von Projekten als Lehrmethode und zur Kompetenzvermittlung
- Hinweise zur curricularen Einbettung
- Checklisten, Formblätter und Vorlagen zu strukturierten Planung, Vorbereitung und Umsetzung

Erfolgreiche Hochschulprojekte

Innovative Hochschullehre eröffnet maßgeblich die Möglichkeit auf mangelnde Studienmotivation und individuelle Leistungsprobleme Einfluss zu nehmen. Die Projektmethode ist dazu ein wesentlicher Beitrag.

1.1 Einführung

▶ Projekte spielen in der Lehre eine immer größere Rolle.

Die Welt wird immer komplexer, so auch die interessante Bildungswelt der Hochschulen mit ihren Studierenden. Durch Reformen wie G8 werden die Studienanfänger immer jünger und auch heterogener, was sowohl an den unterschiedlichen Möglichkeiten zur Erlangung der Hochschulreife liegt als auch an der diverseren kulturellen Herkunft. Zum einen existiert das gesellschaftliche Ziel, immer mehr junge Menschen an das Studium und die Wissenschaft heranzuführen. Zum anderen werden die Studieninhalte umfangreicher.

Heutige Studierende erwarten vom Studium Entfaltungs-, Gestaltungs- und Selbstverwirklichungs-möglichkeiten sowie Zusammenarbeit, Kommunikation und Anerkennung. Letztlich geht es den angehenden Absolventen um Lebensqualität im Berufsleben (vgl. [11]).

Im Studium sollen theoretische und praktische Erfahrungen sowie Kompetenzen systematisch miteinander verknüpft werden. Laut der Untersuchung des Stifterverbands für die Deutsche Wissenschaft (vgl. [2]) stellen folgende Merkmale den Praxisbezug eines Studiengangs dar:

- Aktualität bezogen auf Praxisanforderungen des späteren Berufsfelds
- Verknüpfung von Theorie und Praxis

- Aufarbeitung von studienbegleitenden Praxisphasen
- Fach- berufsbezogene Einübung von Fremdsprachen
- Einübung beruflich-professionellen Handelns und Vorbereitung auf den Beruf.

Zudem ist es Aufgabe des Studiums an einer Hochschule, auf das wissenschaftliche Arbeiten vorzubereiten. Die Studierenden sollen dabei in erster Linie nicht zu forschenden Wissenschaftlern ausgebildet, sondern dazu befähigt werden, mit den im Studium erlernten Inhalten wissenschaftlich umzugehen. Es gilt, theoretische oder empirische Grundlagen ihres Erlernten zu reflektieren, zu prüfen und ggf. weiterzuentwickeln (vgl. [14, S. 8]). Dazu gehört das Umsetzen von Kriterien wie (vgl. [8, 9]):

- Objektivität und klare Begriffsbildungen
- Abstraktes und modellbasiertes Arbeiten
- Wissenschaftliche Redlichkeit (Ehrlichkeit) und Dokumentation
- Ergebnisorientierung, Wissensgewinn und Innovation
- Auswahl und Festlegung von Zielsetzung und Methodik
- Nachvollziehbarkeit und Nachprüfbarkeit.

In der siebten Bologna-Folgekonferenz (2012) wurde die Bedeutung der Beschäftigungsfähigkeit von Absolventen hervorgehoben. Laut Glossar HRK nexus bedeutet Beschäftigungsfähigkeit bzw. employability das Absolventen „[…] auf Basis wissenschaftlicher Bildung (fachliche und überfachliche Kompetenzen sowie berufsfeldbezogene Qualifikationen) eine qualifizierte Beschäftigung aufnehmen können" [12]. Im Bericht der Bundesregierung über die Umsetzung des Bologna-Prozesses 2012–2015 in Deutschland [3, S. 5–6] wird Hochschulbildung als ein offener Prozess qualifiziert, der den Studierenden nicht nur Fach- und Schlüsselkompetenzen vermitteln, sondern sie darüber hinaus zu selbstbewussten und kritischen Menschen heranbilden soll.

Somit „[…] sollen Hochschulen auch zur Persönlichkeitsbildung beitragen und zur Teilhabe am gesellschaftlichen Leben befähigen" [14, S. 8]. Die Fähigkeit zur Teilnahme am gesellschaftlichen Leben wird auch durch Bildung für Nachhaltigen Entwicklung (BNE) gefordert, welche sich in der Definition von BNE und in den Gestaltungskompetenzen von Gerhard de Haan widerspiegeln (vgl. [4]).

Die Hochschulen für angewandte Wissenschaften haben im Wesentlichen vier Ziele der Bildung definiert (vgl. [14, S. 8]):

- Befähigung zum wissenschaftlichen Denken und Arbeiten
- Vorbereitung auf ein berufliches Tätigkeitsfeld
- Unterstützung der Persönlichkeitsbildung
- Befähigung zur Teilhabe am gesellschaftlichen Leben.

Die Integration der vier Anforderungsfelder in das Studium kann durch reine Stoffvermittlung nicht gelingen und benötigt deshalb innovative Lehrformen. Zur Lösung dieser

Herausforderung eignet sich die projektbasierte Lehre besonders, denn sie verbindet die Komponenten:

- Zielorientiertes Arbeiten und Zielsetzungskompetenz
- Wissensbasiertes Arbeiten und wissenschaftliche Methodik
- Ergebnisorientiertes Arbeiten und Praxisrelevanz
- Teamarbeit, Sozialkompetenz und kulturelle Kompetenz (vgl. [8]).

1.2 Innovative Hochschullehre durch Projekte

Durch innovative Hochschullehre, vor allem durch projektbasierte Lehre, wird eine realitätsnahe und greifbare Stoffvermittlung gefördert, das Lernen durch Anwenden vertieft, die Erlebnisorientierung gewährleistet und wichtige Kompetenzen vermittelt.

Wichtige Herausforderungen für die Hochschulen bestehen in der Studieneingangsphase und in der Relevanz des Studiums: Die Wirtschaft erwartet unmittelbare Beschäftigungsfähigkeit und die Fähigkeit zum lebenslangen Lernen, die Gesellschaft erhofft sich verantwortungsvolle Akademiker.

Wird bereits beim Start des Studiums mit projektbasierter Lehre gearbeitet, erlernen Studierende von Anfang an ihr theoretisches Wissen für konkrete Projektziele umzusetzen. Sinnvoll ist es, in der Studieneingangsphase mit kleinen Projekten ergänzt durch Unterstützung und Betreuung zu starten und im weiteren Studienverlauf an immer komplexer werdende Projekte hinzuführen. Auf diese Weise lernen die Studierenden ihre wissenschaftlichen Ausarbeitungen, wie die Bachelor- oder Masterarbeit, als Projekt zu sehen und verfolgen das zu erwartende Ergebnis der Arbeit zielorientiert.

Anwendungsorientierte, praxisnahe Projekte bieten den Studierenden die Möglichkeit mit beruflichen und gesellschaftlichen Problemstellungen konfrontiert zu werden, sodass sie mit Abschluss des Studiums in der Lage sind ihr gewähltes Berufsfeld auszufüllen. Durch die Projektbearbeitung werden zum einen Fachwissen und zum anderen soziale und gesellschaftliche Kompetenzen wie z. B. praxisorientierte Problemlösungskompetenz vermittelt. Dies stellt ein grundlegendes Ausbildungsziel der Hochschulen für angewandte Wissenschaften dar (vgl. [11, S. 3]).

Projektthemen mit Bezug zur nachhaltigen Entwicklung sind zum Erwerb von sozialen und gesellschaftlichen Kompetenzen sehr gut geeignet. Studierende werden zum selbstverantwortlichen und reflektierten Handeln und zum Entscheiden in komplexen beruflichen und lebensweltlichen Kontexten befähigt und somit in die Lage versetzt, am gesellschaftlichen Leben teilnehmen zu können.

Durch diese Art der Projekte kann der Sichtweise von Studierenden, wonach Hochschulen nur spezielles Fachwissen und berufliche Qualifikationen ohne Möglichkeit der Persönlichkeitsbildung lehren, entgegengewirkt werden (vgl. [11]).

Mangelnde Studienmotivation, individuelle Leistungsprobleme und finanzielle Probleme sind die wesentlichen Merkmale eines Studienabbruchs. Der Entscheidungs- und

Abwägungsprozess zum Studienabbruch ist häufig lang anhaltend und hat mehrere unterschiedliche Gründe. Wobei die Hochschulen auf finanzielle Engpässe keinen wesentlichen Einfluss haben (vgl. [5]).

Indikatoren für die mangelnde Studienmotivation sind „falsche Studienerwartung", „zu wenig Fachinteresse" und „schlechte Arbeitsmarktchancen". Bei Leistungsproblemen sind es Faktoren wie umfangreicher Studien- und Prüfungsstoff, hohe Studienanforderungen, aber auch Zweifel an persönlicher Eignung sowie zu hoher Leistungsdruck (vgl. ebd., S. 214 ff.).

Häufig genannte Gründe sind eine Fehleinschätzung des Lernaufwands, die seltene und wenig systematische Vor- und Nachbereitung der Lehrveranstaltungen sowie ein zu geringer Umfang an Semester begleitendem Lernen (vgl. [1]).

Ist die Prüfungsleistung aus den oben genannten Gründen am Ende des Semesters nicht zufrieden-stellend, geht die zukünftige Motivation zu lernen, um einen erfolgreichen Studienabschluss zu erlangen, zurück.

Die Methode „Prepared Project Method" (PPM) berücksichtigt all dies und verfolgt folgende Ziele:

- Die Studienmotivation zu erhöhen und in frühen Semestern die authentische Studienerwartung aufzeigen und auf diese Weise individuellen Leistungsproblemen entgegenzuwirken
- Die fachlichen und methodischen sowie die sozial- und handlungsorientierten Kompetenzen zu vertiefen
- Aus der Sicht des Lehrenden die Organisation von vielen unterschiedlichen parallel laufenden Projekten, auch in unterschiedlichen Lehrveranstaltungen, zu erleichtern und die Begleitung der Projektteams zu ermöglichen.

Zu diesen Zielen tragen die intensive Projektvorbereitung (Abb. 1.1) und der angestrebte gesellschaftliche Nutzen der Projekte (Abb. 1.2) bei.

Mithilfe der Projektmethode sollen Studierende mit anwendungsorientierten, praxisnahen Projekten die theoretischen Grundlagen der Vorlesungen anwenden, diese dadurch festigen und sie damit in ihrer gewählten Disziplin (fachlich) zu stärken. Hierbei bedeutet praxisnah nicht nur die Nähe zur späteren beruflichen Tätigkeit, sondern vor allem die Vergleichbarkeit mit der späteren beruflichen Situation, die durch Komplexität, Kommunikation und Veränderungen gekennzeichnet ist. Wenn die Studierenden

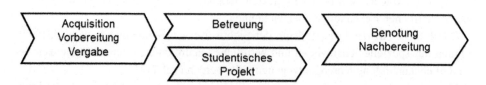

Abb. 1.1 Grundprinzip der Projektmethode: Vor- und Nachbereitung

1.2 Innovative Hochschullehre durch Projekte

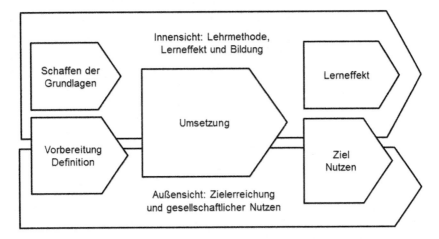

Abb. 1.2 Grundprinzip der Projektmethode: Nutzen in Lehre und Gesellschaft

den Elfenbeinturm verlassen, müssen sie sich mit unklaren Aufgabestellungen befassen und auch an ihrer Kommunikation und den Umgangsformen arbeiten. Faktoren wie Pünktlichkeit und Zuverlässigkeit, Umgang mit Unsicherheit und anderen Meinungen spielen ebenfalls eine wichtige Rolle. Damit erwerben die Studierenden nicht nur Fachkompetenz, sondern auch Soft Skills und weitere wichtige Kompetenzen für die Gestaltung ihrer Zukunft.

Die Methode PPM wurde durch den für das Lehrkonzept Verantwortlichen Ulrich Holzbaur entwickelt, stetig verbessert und in einem ersten Ansatz im „Neuen Handbuch Hochschullehre: Lernen und Lehren effizient gestalten" publiziert [6]. Die Methode basiert neben dem bekannten und weit verbreiteten Ansatz „projektbasierte Lehre" auf zwei Säulen:

- Risikoreduktion durch gute Projektvorbereitung in den frühen Projektphasen des didaktischen Gesamtprojekts, in das das studentische Projekt eingebettet ist (vgl. Abb. 1.1)
- Erlebnisorientierung durch Übertragung von Planspielkonzepten (Dynamik, Interaktion, Perspektivenwechsel, Debriefing-Phasen) auf studentische Projekte.

Somit dienen Projekte einerseits als pädagogische Methode zur Stoff- und Kompetenzvermittlung und andererseits als Planungsmethode, um die Zeitplanung von der Projektakquise bis zur Planung, Bearbeitung und Bewertung der Projekte einzuhalten. Mithilfe der Projektmethode sollen unvorhersehbare negative Ereignisse vermieden werden (vgl. [8, 13]).

Die im vorliegendem Buch beschriebene Projektmethode hat somit mehr als nur die Durchführung von Projekten im Blick: Sie verbindet den gezielten Einsatz eines Projekts zur umfangreichen Stoffabdeckung der Vorlesung mit realen Ansprüchen und hat demzufolge einen konkreten Nutzen für alle Anspruchsgruppen (vgl. [10]).

Das Grundprinzip der Projektmethode, nämlich der Nutzen in Lehre und Gesellschaft und die Verbindung von Innen- und Außenansicht wird in Abb. 1.2 visualisiert.

Für die Einführung dieser Projekte als Lehrmethode und der Umsetzung von Bildung für Nachhaltige Entwicklung wurde die Hochschule Aalen von der deutschen UNESCO-Kommission als Projekt der UNESCO-Dekade Bildung für nachhaltige Entwicklung 2005–2012 mehrfach ausgezeichnet. 2016 erhielt sie eine Auszeichnung als Lernort der Bildung für nachhaltige Entwicklung.

1.3 ESPRESSO und der Leitfaden

Die theoretischen Überlegungen zum Leitfaden basieren auf dem Projekt „Wissenschaft erleben, Praxisrelevanz erfahren und nachhaltig lernen in Projekten" der Hochschule Aalen. Die Mittel für dieses Forschungsprojekt wurden vom Land Baden-Württemberg (Ministerium für Wissenschaft, Forschung und Kunst im Rahmen des Innovations- und Qualitätsfonds [IQF]) unter dem Cluster „Willkommen in der Wissenschaft" zur Verbesserung der Integration von Studienanfängern an Hochschulen bereitgestellt. Gefördert wurde von diesem Ministerium ebenfalls der Leitfaden über das Projekt „Professionalisierung der Lehre – Einsatz der Projektmethode".

Durch die bereitgestellten Mittel konnte die hochschulweite Arbeitsgruppe ESPRESSO (Experience Science and Practical RElevance and Learn Sustainably via Sustainability prOjects) aufgebaut werden. Die Mitarbeiter von ESPRESSO bieten Lehrenden der Hochschule Unterstützung in methodischen Frage im Hinblick auf Projektmanagement, Didaktik und Erlebnisorientierung an. Ebenso bietet ESPRESSO Unterstützung bei der Skalierung sowie der Benotung der Projekte an und spricht Empfehlungen aus, wie erlebnisorientierte Komponenten, insbesondere Projekte, in eine Lehrveranstaltung integriert werden können. Damit konnte die notwendige praktische Erfahrung in der Projektmethode vertieft werden.

Bereits in den letzten Jahren wurden kurze Zusammenfassungen der Methode [8] und Projektmanagement generell für Studierende [7] erstellt.

1.4 Überblick zum Buch

Das vorliegende Buch ist ein praxisorientiertes Werk. Thema ist die sinnvolle Herangehensweise zur Umsetzung einer projektbasierten Lehre. Die Grundlage bildet die Methode „Prepared project method" (PPM).

Ziel des Buchs ist es, Lehrende für projektbasiertes Lernen zu begeistern und einen unkomplizierten Einstieg in die Lehrmethode bereitzustellen oder Lehrende, die projektbasiertes Lernen bereits erfolgreich in ihrer Lehre einsetzten, mit praktischen Tipps zu bestärken und zu unterstützen.

1.4 Überblick zum Buch

In den Jahren 2005 und 2006 wurde die Methode von Ulrich Holzbaur systematisiert, erfolgreich an der Hochschule Aalen im Studiengang Wirtschaftsingenieurwesen weiterentwickelt und im Hinblick auf die Randbedingungen an Hochschulen für angewandte Wissenschaften optimiert, sodass nach langjähriger Erfahrung dieses Buch entstehen konnte. Des Weiteren ist die Konzeption der Methode didaktisch so aufbereitet, dass sie sowohl für andere Schulformen und alle Semester als auch für jegliche Studienfächer Anwendung finden kann. Derzeit wird PPM hauptsächlich im 1. Semester (W1) im Fach Projektmanagement, im 4. Semester (W4) in der Vorlesung Qualitätsmanagement/nachhaltige Entwicklung und im 6. Semester (W6) im Fach nachhaltiges Eventmanagement eingesetzt. Hierbei werden u. a. auch Semester übergreifende Projekte bearbeitet, beispielsweise Projektteams aus W1 mit der Sicht eines Projektmanagers und aus W4 mit dem Qualitäts- und Nachhaltigkeitsanspruch, um für den Kunden ein nutzbares Projektergebnis zu erhalten.

Studierende bekommen die Lehrinhalte der Vorlesung von Beginn an durch die Bearbeitung von gut vorbereiteten und erlebnisorientiert ausgerichteten Projekten vermittelt. Der Einsatz von PPM beinhaltet in den Lehrveranstaltungen immer eine Seminareinheit Projektmanagement. Je nach Vorlesungszielen kann Projektmanagement einen größeren oder kleineren Umfang aufweisen. Die Durchführung von realen Projekten, die auch die Phase der eigentlichen Aufgabenfindung des Projekts mit dem Kunden einschließt, fordert und motiviert die Studierenden. Dies bewirkt der frühe Praxisbezug. Das vernetzte und ganzheitliche Denken wird begünstigt.

Das vorliegende Buch zeigt, wie mit praxisnahen Projekten innovative Hochschullehre am Beispiel der Projektmethode PPM angewendet werden kann. Während der Projektbearbeitung werden die Studierenden dazu befähigt, sich Fachwissen aktiv selbstständig anzueignen. Die Teamarbeit in den Einzelprojekten setzt Diskussionen über Standpunkte und Vorgehensweisen, welche zur machbaren Zielfindung und zum bestmöglichen Projektergebnis führen sollen, in Gang. Hierbei werden Studierende zu zielführender und ergebnisorientierter Denkweise motiviert und zur Kommunikation und Kompromissbereitschaft befähigt. Die sozialen und gesellschaftlichen Kompetenzen

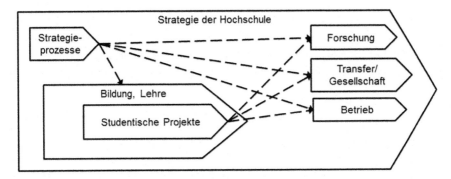

Abb. 1.3 Einbindung der Projektmethode PPM in die Hochschulstrategie

werden gestärkt, gefestigt und erweitert. Theoretische und praktische Erfahrungen und Kompetenzen werden systematisch miteinander verknüpft (vgl. [9]).

Die so ausgeführte Methode PPM trägt positiv zum Erreichen der in Abschn. 1.1 genannten vier grundlegenden Bildungsziele für Hochschulen für angewandte Wissenschaften bei.

Abb. 1.3 stellt die Einbindung der Lehrmethode PPM in Abhängigkeit der Zeit, der Hochschulstrategie und Hochschuldidaktik dar. Diese Zusammenhänge werden im vorliegenden Buch dargestellt und genauer betrachtet.

1.5 Aufbau des Buches

Im ersten Teil wird neben der Beschreibung von grundlegenden Aspekten der projektbasierten Lehre gezeigt, wie PPM mit den gegebenen Voraussetzungen der Studienprüfungsordnung (SPO) in die Modulbeschreibung der Lehrveranstaltung eingebettet werden kann. Der Lehrende entwickelt sein auf die Vorlesung abgestimmtes didaktisches Konzept mit seinen individuellen Lernzielen. Die Lernziele der Vorlesung werden dann auf unterschiedliche erlebnisorientierte Projekte verteilt. Die Vorlesung wird dadurch aus einer übergeordneten Perspektive betrachtet.

Im vierten Kapitel des ersten Teils wird das Projekt im Verlauf des Semesters detailliert beschrieben. Dies beinhaltet das konkrete Ziel und die genaue Bemessung der Zeit der einzelnen Projekte (Stunden der Lehrenden und Studierenden). Daraus ergeben sich gut vorbereitete Projekte mit reduziertem Risiko und Aufwand bei der Projektbearbeitung bzw. Projektbetreuung. Hierbei ändert sich die Sichtweise des Lehrenden zur Vorlesung von „lehrmodulbezogen" (curriculare Einbindung, Beschreibung der Lehrmethode PPM) hin zu „projektbezogen" (Durchführung und Anwendung der Methode). Sie erhalten Empfehlungen aus langjährig erprobten Vorgehensweisen bei der Projektdefinition, Projektvergabe, Projektbetreuung und Projektbenotung.

Da bei der Projektmethode die Studierenden auf jeden Fall Kenntnisse in Projektmanagement benötigen, finden Sie im zweiten Teil des Buchs eine kurze Zusammenfassung zum Fach Projektmanagement. Das Kapitel kann als kurze Auffrischung dienen oder in der Vorlesung eingesetzt werden. Ebenso sind in diesem Teil des Buchs Checklisten, Vorlagen und Formblätter beschrieben und beispielhaft abgedruckt. Abschließend wird durch Beispielprojekte die Vielfalt der Möglichkeiten veranschaulicht. Gerne können die Projekte als Ganzes oder Teile davon an weiteren Hochschulen umgesetzt werden.

> **Prepared Projects Method**
> Sie kennen nun die Ziele der Projektmethode PPM und wie durch PPM mit den gut vorbereiteten, praxisnahen und erlebnisorientierten Projekten die Lehraufgaben der Hochschule wahrgenommen werden können. Weiterhin haben Sie den Zusammenhang zwischen Leitfaden und ESPRESSO kennengelernt. Abschließend wurden Sie über wichtige Merkmale des Buches informiert.

Literatur

1. Braun, I., Metzger, G., Ritter, S., Vasko, M., & Voss, H.-P. (2012). Inverted Classroom an der Hochschule Karlsruhe ein nicht quantisierter Flip, Projekt SKATING, Hochschule Karlsruhe. In J. Handke & A. Sperl (Hrsg.), *Das Inverted Classroom Model: Begleitband zur ersten deutschen ICM –Konferenz.* München: Oldenbourg.
2. Briedis, K., Heine, C., Konegen-Grenier, C., & Schröder, A.-K. (2011). *Mit dem Bachelor in den Beruf – Arbeitsmarktbefähigung und -akzeptanz von Bachelorstudierenden und -absolventen.* Essen: Edition Stifterverband – Verwaltungsgesellschaft für Wissenschaftspflege mbH.
3. Bundesministerium für Bildung und Forschung. (2016). Bericht der Bundesregierung über die Umsetzung des Bologna-Prozesses 2012–2015 in Deutschland. https://www.bmbf.de/files/Bericht_der_Bundesregierung_zur_Umsetzung_des_Bologna-Prozesses_2012-2015.pdf. Zugegriffen: 1. Apr. 2016.
4. Deutsche UNESCO-Kommission e. V. (2016). Was ist BNE? http://www.bne-portal.de/was-ist-bne/grundlagen/gestaltungskompetenz/. Zugegriffen: 7. Apr. 2016.
5. Heublein, U., & Wolter, A. (2011). Studienabbruch in Deutschland. *Zeitschrift für Pädagogik, 57*(2), 214–236. (R. Reichenbach (Hrsg.), Weinheim: Beltz).
6. Holzbaur, U. (2010). Prepared Project Method – Systematische Integration von Projekten in die Lehre mit systematisch vorbereiteten Projekten. Lehre erlebnis- und ergebnisorientiert unterstützen. In B. Berendt, H.-P. Voss, & J. Wildt (Hrsg.), *Neues Handbuch Hochschullehre, E 4.3* (S. 1–30). Berlin: Raabe.
7. Holzbaur, U. (2014). *Projektmanagement für Studierende – Erfolgreich das Studium meistern.* Wiesbaden: Springer-Gabler.
8. Holzbaur, U., & Bühr, M. (2015). *Projektmanagement für Lehrende.* Wiesbaden: Springer-Gabler.
9. Holzbaur, U., & Holzbaur, M. (1998). *Die wissenschaftliche Arbeit – Leitfaden für Ingenieure, Naturwissenschaftler, Informatiker und Betriebswirte.* München: Hanser.
10. Holzbaur, U., & Venus, C. (2013). Projektmethode. In B. Rathje & A. Beyer (Hrsg.), *Didaktik für Wirtschaftswissenschaften* (S. 167–182). München: Oldenbourg.
11. Moczadlo, R. (1995). Leitfaden integrierte Projektstudien. In Lenkungsausschuss der Studienkommission für Hochschuldidaktik an den Fachhochschulen in Baden-Württemberg (Hrsg.), *Schriftenreihe Report* (Bd. 35). Alsbach: Leuchtturm-Verlag.
12. Nexus – HRK Hochschulrektorenkonferenz – Glossar. (2016). https://www.hrk-nexus.de/meta/glossar/quelle/default/eintrag/beschaeftigungsfaehigkeit-122/. Zugegriffen: 31. Okt. 2016.
13. Rummler, M. (Hrsg.). (2012). *Innovative Lehrformen: Projektarbeit in der Hochschule.* Weinheim: Beltz.
14. Schaperunter, N., Reis, O., Wildt, J., Horvath, E., & Bender, E. (2012). HRK-Fachgutachten zur Kompetenzorientierung in Studium und Lehre, gefördert vom Bundesministerium für Bildung und Forschung-BMBF, Projekt nexus, August 2012 http://www.hrk-nexus.de/fileadmin/redaktion/hrk-nexus/07-Downloads/07-02-Publikationen/fachgutachten_kompetenzorientierung.pdf. Zugegriffen: 25. Jan. 2015.

Teil I
Methode

▶ Im ersten theoretischen Teil des Buches finden Sie Grundlagen und Definitionen der projektbasierten Lehre an Hochschulen, den Hintergrund der Projektmethode sowie die detaillierte Durchführung und Anwendung der Prepared Project Method (PPM).

Projektbasierte Lehre an Hochschulen 2

▶ In diesem einführenden Kapitel wird der theoretische Hintergrund projektbasierter Lehre an Hochschulen vorgestellt. Dabei werden zunächst grundlegende Begriffe geklärt und anschließend die zugrunde liegende Didaktik näher beleuchtet. Darüber hinaus wird das Verständnis von ‚Lernen' und ‚Kompetenzen' deutlich. Auch der Einfluss kultureller Aspekte wird berücksichtigt.

2.1 Projekte als Lehrmethode

Zu den wichtigen Bausteinen einer Hochschulausbildung gehören die Forschungs- und Praxisbezüge in Lehre und Studium. Diese haben beachtliche Auswirkungen auf das Studienerleben, die Beurteilung des Studiums und die erfahrenen Studienerträge. Im Gegensatz zur Forschung sind Praxisbezüge kein Spezifikum einer Hochschulausbildung, sondern ein wichtiger Bestandteil jeder Ausbildung. Im Hochschulbereich ist Praxis ein stetig gefordertes Merkmal. Somit ist der Anspruch der Studierenden an eine praxisorientierte Ausbildung an der Hochschule sehr hoch. Auch vonseiten des Arbeitsmarkts wird der Praxisbezug immer wichtiger. Es werden von Hochschulabsolventen stetig mehr Praxiserfahrungen und praktische Kompetenzen verlangt.

2.1.1 Projektmethode

In einer arbeitsteiligen und sich schnell verändernden Berufswelt werden Projekte und Projektarbeit immer wichtiger. Sie sind notwendig, um Neues zu schaffen, Veränderungen zu bewirken und Nachhaltigkeit zu erreichen. In Schule, Studium [20] und Beruf treten Projekte und Projektarbeit gegenüber Routineaufgaben immer mehr in den Vordergrund. Vor allem in der Lehre verändern Projekte als innovative

Lernform die Perspektive vom Erlernen der reinen Theorie hin zur Handlungsorientierung. Genau hier setzt die Projektmethode an, die als Ziel hat, für jede beteiligte Anspruchsgruppe einen Nutzen zu generieren. Zum einen ist dies für den Kunden als Stakeholder das Projektergebnis, für die Lehrenden eine interessante, facettenreiche und erfolgreiche Lehre, für die Studierenden die Erfassung des Lernstoffs und zum anderen ist der Nutzen für die Hochschule die Reputation und die Projektergebnisse. Die detaillierte Ausführung der Methode erfolgt in Kap. 3.

▶ **Projektmethode** Die Projektmethode in der Lehre oder projektbasierte Lehre ist eine Lehrmethode, bei der Projekte als Teil der Lehrveranstaltung eingesetzt werden, um die Ziele der jeweiligen Lehrveranstaltung zu unterstützen.

Lehrprojekte zeichnen sich durch folgende Aspekte aus:

- **Zielorientierung:** Das Projekt hat sowohl als Projekt als auch im Rahmen der Lehrveranstaltung ein Ziel. Zu den Zielen im Detail siehe Abschn. 2.3.
- **Projektcharakter:** Das Lehrprojekt ist eine abgeschlossene Aufgabe mit (zumindest nach der Definitionsphase) wohldefiniertem Ziel, Aufwand und Terminen.
- **Ergebnisorientierung:** Das Lehrprojekt hat ein didaktisches Ziel und dient dazu, die Ziele des jeweiligen Moduls bzw. der Lehrveranstaltung zu unterstützen.

In Abschn. 2.2 werden die Aspekte einer projektspezifischen Didaktik aufgegriffen und die Bedeutung der erlebnisorientierten Bildung beschrieben. In Abschn. 2.3 gehen wir auf die Lehr-Lern-Aspekte ein.

Zu Beginn werden noch wichtige Begriffe zu Projekten definiert, die für das Verständnis der Projektmethode wichtig sind. Eine detaillierte Darstellung von Projekten und Projektmanagement findet sich in Kap. 5.

▶ **Ein Projekt** Ist ein „Vorhaben, das im Wesentlichen durch die Einmaligkeit der Bedingungen in ihrer Gesamtheit gekennzeichnet ist, wie z. B. Zielvorgabe; zeitliche, finanzielle, personelle oder andere Begrenzungen; Abgrenzung gegenüber anderen Vorhaben; projektspezifische Organisation" (DIN 69901; Tab. 2.1).

Tab. 2.1 Merkmale eines Projekts

Merkmale nach DIN 69 901	Weitere Merkmale
Einmaligkeit der Bedingungen	Komplexität
Klare Zielvorgabe	Interdisziplinarität
Einheitliche Befristung mit einem klaren Anfangs- und Endtermin	Teamarbeit
Begrenzungen finanzieller, personeller und anderer Art	Lösungsweg häufig diffus
Abgrenzung gegenüber anderen Vorhaben	Besondere Bedeutung
Projektspezifische Organisation	Neuartigkeit

Ein Projekt ist also ein zeitlich befristetes Vorhaben mit klarem Ziel, das sich durch Neuartigkeit und hohen Komplexitätsgrad auszeichnet und meist nur in interdisziplinären Teams bearbeitet werden kann. Noch kürzer: Ein Projekt ist eine neue und abgeschlossene Aufgabe.

▶ Ein Projekt ist durch sein Ziel und die gewählten Methoden definiert. Das Thema allein definiert kein Projekt. Ein Projekt kann mehrere Themen beinhalten.

Das Bergbauprojekt als Beispiel zur Konkretisierung

Es wird ein Projekt mit folgendem Arbeitstitel aufgesetzt: „Die menschliche Seite des Bergbaus – Veranschaulichung durch einen Vergleich der Abbaumethoden und ihrer Konsequenzen im 19. Jahrhundert in Deutschland und heute in einem produzierenden Entwicklungsland."

Folgende Themen werden dabei angesprochen: Geologie, Bergbau, Globales Lernen, Menschenrechte, Entwicklungsmodelle, Fair Trade, chemische Grundlagen, Toxikologie, Ergonomie, Sozialgesetzgebung und vieles mehr.

Konkrete Ziele des Projekts könnten sein:

- Eine Ausstellung konzipieren (Erstellung von Materialien und Organisation des Events Sommer 2017 beispielsweise im Umwelthaus oder geologischen Museum)
- Die Ausstellung durch eine Simulation der Abbaubedingungen (Nachbau der Gänge und Werkzeuge, Masken, Simulation von Lärm, Geruch und Staub) erlebbar machen
- Interviews mit Bergleuten organisieren und daraus eine Broschüre erstellen und publizieren (alternativ: Video)
- Eine Vortragsreihe im Studium Generale organisieren, in der mehrere Fachleute das Thema beleuchten

Die Ziele wären jeweils durch die angestrebte Qualität (Wissenschaftlichkeit, Qualität der Ergebnisse, Qualitätsfaktoren der Publikationen), den angestrebten Umfang (Seiten, Anzahl, Beispiele) und die angestrebte Wirkung (zu erreichende Personen, Presseresonanz) zu ergänzen.

Zur konkreten Methode und wie von Methode und Ziel ausgehend das Projekt definiert wird, folgen in Abschn. 3.1.2 und 4.1.1 ausführliche Beschreibungen.

2.1.2 Stakeholder, Betreuer und Lehrender

Beim Einsatz von Projekten in der Lehre kommen neben den Stakeholdern noch weitere Beteiligte hinzu: Betreuer, Lehrende, Projektleiter und Projektteam. Im Folgenden werden alle Projektbeteiligten beschrieben.

Stakeholder
Die wichtigste Aufgabe des Stakeholders besteht zum Projektstart in der gemeinsam mit dem Projektteam vorzunehmenden Festlegung des Projektziels und -ergebnisses sowie der Vorgehensweise (Projektmethode). Dabei ist auch auf die allgemeinen Projektziele des magischen Projektdreiecks einzugehen: Kosten, Termine und Qualität (siehe Abschn. 5.2.1). Während des Projekts sollte der Stakeholder als Ansprechpartner für das Projektteam zur Verfügung stehen. Nach Projektabschluss kann das Projektergebnis in der Organisation des Stakeholders präsentiert werden.

Verschiedene Rollen

Stakeholder generell	Stakeholder (Anspruchsgruppen) sind alle Personen oder Gruppen, die einen Einfluss auf das Projekt und den Erfolg haben und/oder vom Projekt oder dessen Ergebnis direkt oder indirekt betroffen sind.
Kunde, Haupt-Stakeholder	Kunde oder Haupt-Stakeholder sind diejenigen (Personen oder Gruppen), die den Nutzen aus dem Projekt haben. Sie werden durch einen Ansprechpartner repräsentiert.
Kostenträger	Kostenträger ist diejenige Gruppe, die für die Kosten des Projekts aufkommt

Betreuer
Die Betreuung der Projektarbeit kann beim umfangreichen Einsatz der Projektmethode nicht allein durch den Lehrenden erfolgen. Zur Unterstützung der Studierenden ist es daher sinnvoll, Betreuer einzubinden. Dies können beispielsweise wissenschaftliche Mitarbeiter sein. Um welche (organisatorischen) Aufgaben sich der Betreuer zu welchem Zeitpunkt kümmert, wird ausführlicher in Abschn. 3.2.1 beschrieben.

▶ **Betreuer** Der Betreuer ist erster Ansprechpartner für das studentische Projektteam und für den Stakeholder. Er bereitet das Projekt vorab mit dem Stakeholder vor und betreut die Durchführung.

Lehrender
In einer Vorlesung zu Projektmanagement (PM) bietet sich der Einsatz von Projekten natürlich besonders an. Aber auch in allen anderen Fächern können Projekte die Lehre bereichern. In diesem Fall ist es dennoch Aufgabe des Lehrenden, den Studierenden vorab zumindest in kompakter Form die wichtigsten Grundlagen des PM zu vermitteln.

Rollen aus Sicht der Lehrenden

Lehrender	Der Lehrende ist derjenige, der innerhalb seiner Lehrveranstaltung das Projekt einsetzt und dafür einen Leistungsnach-

	weis vergibt. Er akquiriert die Projekte, indem er geeignete Stakeholder kontaktiert und nach geeigneten Betreuern sucht, sofern er die Projekte nicht persönlich betreut. Er vermittelt den Studierenden für die Planung und Durchführung ihres Projekts die theoretischen Grundlagen des Projektmanagements und des jeweiligen Fachs.
Projektverantwortlicher	Projektverantwortlicher ist, wer gegenüber der Hochschule und Öffentlichkeit die Verantwortung für die Initiierung und Durchführung (nicht für die Einzelentscheidungen der Durchführung oder der Ergebnisse) trägt. In der Regel ist dies der Lehrende.

Projektleiter und Projektteam

Je nach Studienfortschritt und Vorkenntnissen können die Fähigkeiten und Kompetenzen der Studierenden variieren. Hier ist es Aufgabe des Lehrenden, dies bei der Vergabe und dem Angebot von Projekten zu berücksichtigen. Eine durchdachte Mischung der Studierenden hinsichtlich Studienfortschritt und fachliche Ausrichtung trägt zum Erfolg des Projekts allgemein sowie zum individuellen Kompetenzerwerb der Studierenden bei.

▶ Projektteam und Projektleiter

Projektleiter	Projektleiter sind diejenigen Studierenden, die vor, bei oder nach der Projektvergabe als Projektleiter bestimmt werden. Sie sind Ansprechperson für Lehrende, Betreuer und Stakeholder und verantwortlich für die Umsetzung des Projekts.
Projektteam	Zum Projektteam gehören alle Studierenden, die sich bei oder nach der Projektvergabe in das Team eingetragen haben. Ein Austritt oder Ausschluss muss nach entsprechenden Regeln erfolgen.

2.2 Didaktik und erlebnisorientierte Bildung

In diesem Kapitel wird der Begriff Didaktik bezogen auf projektorientierte Lehre beschrieben und auf die Bedeutung von erlebnisorientierter Bildung eingegangen. Im letzten Abschnitt erfolgen Hinweise zur Gestaltung der Lernumgebung.

2.2.1 Didaktik

Didaktik im engeren Sinne beschäftigt sich mit der Theorie des Unterrichts und der Lehre, im weiteren Sinne mit der Theorie und Praxis des Lehrens und Lernens.

▶ **Didaktik** Unter Didaktik (griechisch: didáskein: lehren) versteht man die Umsetzung des Lehrens und Lernens sowie ihre theoretische Einbettung und Reflexion. Sie ist die Grundlage zur Beschreibung, Erklärung, Durchführung und Bewertung von Lehr-Lern-Situationen und liefert Modelle zur Planung, Strukturierung und Analyse des Unterrichts.

In didaktischer Hinsicht müssen die Inhalte des Projektmanagements (PM) für die Studierenden aufbereitet, nähergebracht und konkretisiert werden, um die Offenheit zu wecken und das Verständnis für Projektmanagement zu fördern. Der theoretische Ansatz der Prepared Project Method (PPM) wird den Studierenden über Vorlesungen vermittelt. Parallel dazu werden die theoretischen Wissensinhalte des Projektmanagements durch das Transferieren auf reale Projekte direkt durch deren Anwendung umgesetzt, angewandt und dadurch vertieft und erlernt. Das Niveau der realen Projekte wird so gewählt, dass sie zum Einstieg in das PM optimal geeignet sind.

Wird das PPM in einem anderen Fach wie z. B. Chemie oder Physik außerhalb einer Projektmethoden-vorlesung eingesetzt, sollten Studierende fundierte Grundlagen der Projektmethode vermittelt bekommen, damit das Grundhandwerkszeug zur Durchführung von Projekten bekannt ist. Die Vermittlung der Grundkenntnisse des Projektmanagements kann über ein bis drei Lehreinheiten stattfinden.

Dabei sollte der Lehrende mindestens erweiterte Grundkenntnisse über Projektmanagement besitzen. Im zweiten Teil dieses Buches ist eine Zusammenfassung der wichtigsten Informationen über Projektmanagement zu finden. Wenn man sich diese Informationen als Grundwissen aneignet und verinnerlicht, sind diese ausreichend, um Projekte in einem Fach außerhalb des Projektmanagement zu begleiten.

Ein weiterer didaktischer Aspekt des projektbasierten Lehrens und Lernens ist die Erlebnisorientierung. Durch organisierte Ereignisse als didaktisches Element wird eine erlebnisorientierte Bildung ermöglicht. Die Erlebnisse kommen dabei aus der Interaktion im Team, mit dem Stakeholder, dem Lehrenden und Betreuer sowie durch Ereignisse im Projekt. Eine grundlegende Strukturierung des Ablaufs durch kleine Events ist durch die Präsentationen im Projektverlauf gegeben.

2.2.2 Erlebnisorientierte Bildung

Lernen soll Spaß machen – damit ist nicht eine Spaßgesellschaft oder „Fun-Vorlesungen" gemeint, sondern das Ziel, mit einer positiven Grundhaltung und Aktivierung der Teilnehmer ein besseres Ergebnis zu erzielen – für Lehrende und Lernende. Erlebnisorientierung ist ein wichtiger Beitrag zum Erfolg von Lehre und Bildung. Die Hochschulen für angewandte Wissenschaften haben sich dieser Anforderung schon immer gestellt und sowohl die Didaktik als auch die Praxisorientierung zu ihren Kernkompetenzen gemacht. Die Studienkommission für Hochschuldidaktik an Hochschulen für angewandte Wissenschaften des Landes Baden-Württemberg hat dieses Thema angenommen und es in den

2.2 Didaktik und erlebnisorientierte Bildung

letzten 20 Jahren kontinuierlich gefördert. Erlebnisorientierte Bildung mit externen Lernorten, Lernräumen oder Lernumgebungen ist ein wesentlicher Teil einer postmodernen Lernkultur. Wobei der Lernort und der Lernraum nicht nur örtlich gebunden sind, sondern auch eine Situation oder Konstellation darstellen, in der gelernt werden kann, worauf in Abschn. 2.2.3 weiter eingegangen wird.

Die Freude am Lehren und Lernen wird durch die Projektmethode auf mehreren Ebenen gefördert:

- Durch die Rückwirkung zwischen Aktivierung und positiver Wahrnehmung wird eine herausfordernde und ansprechende Lernsituation erreicht.
- Durch die Balance von Anforderung und wachsenden Kompetenzen und Kenntnissen wird ein optimaler Anspannungszustand (flow) erreicht.
- Durch das gemeinsame Ziel werden Studierende und Lehrende zu einem Team verbunden, das sich gegenseitig unterstützt.
- Durch das angestrebte und erreichte Ergebnis wird ein Erfolgserlebnis erzeugt. Durch die Aufbereitung des Ergebnisses können sie Studierenden stolz auf das Erreichte sein.

Um die erlebnisorientierte Bildung näher zu betrachten, ist es sinnvoll zuerst einen Blick auf neurologische Erkenntnisse zu werfen.

2.2.2.1 Neurologische Erkenntnisse

Entgegen früherer Auffassungen, wonach sich das Gehirn nach seiner langen Reifungsphase von 20 bis 25 Jahren mit dem vorderen Stirnhirn, dem „Sitz der Vernunft", nicht mehr verändert, hat das Gehirn neurologischen Erkenntnissen zufolge die Fähigkeit, sich beständig den Anforderungen seines Gebrauchs anzupassen (Neuroplastizität), wenn auch mit zunehmendem Alter langsamer. Unsere neuronalen Netze sind plastisch, d. h., sie lassen sich bis ins hohe Alter verändern und entwickeln. Daher besteht für jeden Menschen die Möglichkeit, lebenslang zu lernen. Dies erfolgt über einen Prozess der Neuverdrahtung bzw. die Entstehung und das Wachstum neuer Nervenzellen aus neuronalen Stammzellen, die bis zum letzten Atemzug nie mehr zum Stillstand kommen.

Eine nachhaltige Umstrukturierung der Nerven und Netzwerken und damit wirkliches Neu- und Umlernen von Kompetenzen, Fähigkeiten und Fertigkeiten erfolgt allerdings nur durch intensives und wiederholtes Erleben. Denn hierfür müssen biochemische und genetische Prozesse aktiviert werden. Dabei benötigen diese Prozesse wiederum eine ausreichende Stimulation, um ins Rollen zu kommen. Dies gilt in besonderem Maße dann, wenn über lange Zeiträume alles beim Alten geblieben ist und sich unsere täglichen Routinen als neuronale Autobahnen in die Netzwerkarchitektur unserer Gehirne eingegraben haben. Hier bieten intensive Erlebnisse eine besonders wirksame Möglichkeit, um den neuronalen Wegebau wieder in Gang zu bringen (vgl. [20]).

Und genau an diesem Punkt setzt die erlebnisorientierte Bildung an. Lebewesen lernen dann am besten, wenn sie selbst tätig sind und erleben. Bloßes Zusehen oder Zuhören genügt nicht. Wir müssen schon in einen aktiven Dialog mit der Umwelt eintreten, wenn wir lernen wollen. Das heißt, junge Menschen müssen „handeln" dürfen. Durch dieses Handeln wird gelernt.

> Erzähle mir und ich vergesse.
> Zeige mir und ich erinnere mich.
> Lass es mich tun und ich verstehe.

Dieses Zitat von Konfuzius (553–473 v. Chr.) spiegelt wider, dass Lernen sehr viel mit Haptik und „selbst erleben" zu tun hat. Somit ist Projektlernen als Erlebnislernen durch das eigene Handeln zu betrachten. Dabei schaffen emotionale Erlebnisse handlungsleitende Muster.

Dies bedeutet, dass Erlebnislernen mit Projekten oder erlebnisorientiertes Lernen das persönliche Erleben der Lerninhalte ermöglicht. Lerninhalte werden intensiver durchdacht, verstanden und aufgenommen. Durch die Transdisziplinarität unterschiedlicher Lernszenarien wie Lernen im Team, Lernen im realen Fokus und Lernen durch frontale Darbietung theoretischer Inhalte werden Schwierigkeiten konkreter erkannt und verstanden. Zusammenhänge werden besser verinnerlicht und schneller innerhalb der Disziplinen vernetzt. Auch die eigenständige Bearbeitung und Reflexion der Projekte trägt zum erlebnisorientierten Lernen bei. Dieses findet hauptsächlich im Grundschulalter statt. Doch hat sich gezeigt, dass eine Vielzahl von Personen, egal welchen Alters, durch das persönliche Erleben Inhalte besser erlernen und verinnerlichen als durch bloßes Lesen oder Zuschauen. Dies ist auch in der Literatur anerkannt, auch wenn das Ergebnis stark von Inhalt und Lernkontext abhängt und Zahlenangaben wie „20 % durch Hören, 80 % durch Tun" eher spekulativ sind. Auf jeden Fall bleibt das Angelesene meist an der Oberfläche, während durch eigenes Bearbeiten die Schwierigkeiten und Zusammenhänge erkannt werden. Dieser Zusammenhang gilt für alle Fächer, wird aber häufig von Schülern und Studierenden fachfremden Kollegen und Curriculums-Gestaltern mit Argumenten wie „ineffizient", „zu aufwendig" oder „stupide" abgetan. Aber genau darauf kommt es an. Erlebnisorientierung will dem Lernenden ermöglichen, sich die Inhalte durch eigenes Erleben anzueignen und zu vertiefen sowie vernetztes Denken anzuregen und zu forcieren. Dazu gehört die in [20] beschriebene Wechselwirkung zwischen Aktivierung und Positivität und die Verminderung der „emotionalen Distanz" zwischen Teilnehmer und Event (hier der Lehrveranstaltung).

Abb. 2.1 zeigt das Prinzip des Lernens im Erlebnisraum.

Betrachtet man eine Person in ihrer Umwelt, ist sie an verschiedenen Situationen passiv beteiligt. Beispielsweise beim Beobachten des Agierens von anderen Personen sowie über die Wahrnehmung von verschiedenen anderen Situationen und Informationen. Wird nun die passive Beteiligung zur kognitiven Wahrnehmung, ist das Interesse geweckt, und die passive Wahrnehmung wendet sich in Richtung aktive Wahrnehmung. Die Person nimmt die Situation wahr, realisiert sie und beginnt, darüber nachzudenken. Somit ist

2.2 Didaktik und erlebnisorientierte Bildung

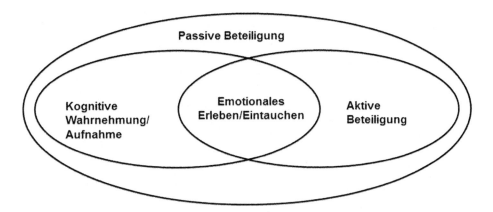

Abb. 2.1 Lernen im Erlebnisraum

die aktive Beteiligung angeregt und durch das geweckte Interesse auch die Motivation. Handelt es sich in der Situation um ein gemeinsames Projekt, so ist die aktive Beteiligung eng mit dem Engagement im Projekt gekoppelt. Durch vermehrtes Engagement kann sich die Person in die Projektsituation versetzen und sich mit ihr identifizieren. Die Person taucht in die Situation ein und erlebt sie emotional. Durch das emotionale Empfinden der Situation wird die intrinsische Motivation gesteigert, und es kommt zur Entgrenzung des Lernens. Die Lernsituation und der Aktionsort werden zum Erlebnisraum. Somit findet der Lernvorgang nicht primär im kognitiv Bewussten oder in der aktiven Beteiligung statt, sondern vorrangig im emotional-impliziten Lernmodus (vgl. [16, 20]).

Wichtig ist dabei, dass der Lernende die Lernsituation als realistisch akzeptiert und bereit ist, in dieser Situation das gegebene Problem zu lösen. Dies gilt für Computerspiele bis hin zu Ausbildungssimulatoren und Planspielen gleichermaßen und unterscheidet eine erlebnisorientierte Situation von einer typischen Fallstudie (vgl. [22]). Verstärkt und unterstützt wird die Erlebnisorientierung durch folgende Konzepte:

- **Entscheidungsorientierung:** Der Lernende muss aufgrund des bis jetzt Erfahrenen in begrenzter Zeit eine Entscheidung treffen.
- **Handlungsorientierung:** Der Lernende muss aufgrund des bis jetzt Gelernten und der getroffenen Entscheidungen in der gegebenen Situation aktiv werden.
- **Verantwortung:** Der Lernende muss seine getroffenen Entscheidungen begründen und die Verantwortung für seine Handlungen übernehmen. Dies kann sich auf reale Konsequenzen, aber auch auf virtuelle Situationen wie z. B. Planspiele, beziehen.

2.2.2.2 Das Flow-Konzept

Eine wichtige Rolle im Zusammenhang mit der Erlebnisorientierung spielt das Flow-Konzept von Mihaly Csikszentmihalyi [7].

▶ **Flow** (optimales Erleben, freudiges Aufgehen) beschreibt ein individuelles, situatives und qualitativ hochwertiges Erleben. Flow gilt als der Prototyp von intrinsischer Motivation, weil Menschen in diesem Zustand ihr Tun genießen und nicht an externe Belohnungen denken.

Nach Csikszentmihalyi werden besonders positives Erleben und intrinsische Motivation dann gefördert, wenn die Anforderungen mit den Fähigkeiten in Einklang sind. Dies ist ein Zustand, in dem die in das Bewusstsein dringende Information mit den Zielen übereinstimmt. So kann Flow bei jeder Tätigkeit auftreten, die das Handeln in irgendeiner Weise herausfordert. Flow löst seelisches Wohlbefinden, innere Zufriedenheit sowie Glücksgefühle aus. Man vergisst alles um sich herum, ist von der Aufgabe „gefesselt" und geht vollkommen in ihr auf. Zudem scheint Flow ein universelles Phänomen zu sein, das unabhängig von Alter, Geschlecht und Schichtzugehörigkeit auftritt. Im Flow herrscht eine optimale Balance zwischen Anforderungen und Fähigkeiten. In diesem Zustand besteht die Möglichkeit, den Fokus frei zu lenken, um ein vorgegebenes Ziel zu erreichen [22].

Es besteht ein Gleichgewicht zwischen zwei Faktoren:

- Anforderungen und Handlungsmöglichkeiten sind im Umfeld (Kunde/Stakeholder) und in der Projektdefinition begründet.
- Fähigkeiten und Kompetenzen liegen in der Person selbst, werden durch die Erlebnissituation gefordert und gefördert und durch den Lehrenden vermittelt.

Der optimale Zustand des Flow liegt vor, wenn diese beiden Faktoren im Gleichgewicht sind; wobei sich die Kompetenzen eines Studierenden im Laufe des Studiums verbessern und erweitern, sodass dann auch die Anforderungen gesteigert werden können und müssen. Dies ist z. B. bei der Hinführung auf komplexere Aufgaben wichtig. Abb. 2.2 stellt das Flow-Konzept bezogen auf das Projektlernen dar.

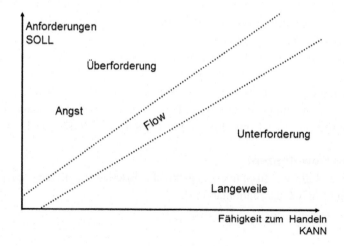

Abb. 2.2 Flow. (Nach [20], [7])

2.2.3 Gestaltung der Lernumgebung

Aufgrund der wachsenden Bedeutung und dem Anspruch der Verbesserung, Erweiterung und Veränderung von Kompetenzen für das spätere Berufsleben werden Projekte als Lehrinhalte immer wichtiger. Es setzt sich die Erkenntnis durch, dass projektbasierte Lehre für den Wissens- und Kompetenzerwerb hervorragend geeignet ist. Diese Lehrmethode erlangt dadurch eine immer größer werdende Beliebtheit und somit ein immer breiteres Einsatzgebiet. Für die Lehrenden an Hochschulen, Schulen und vielfältigen anderen Bildungseinrichtungen stellt sich damit die Herausforderung, Projekte optimal für die Vermittlung von Kompetenzen und Lerninhalte einzusetzen.

Im Projektlernen oder auch Projektstudium ist die Schaffung und Gestaltung einer idealen Lernumgebung die Aufgabe des Lehrenden und der Hochschule.

Lernen ist ein individueller Begriff. Damit ein Mensch lernen kann – sei es formal, nonformal oder informell – ist die Gestaltung der Lernumgebung bzw. des Lernraums oder die Situation, in der sich der Lernende befindet, ein Faktor, der genauer betrachtet werden muss. Die Lernumgebung sollte so inszeniert und modelliert werden, dass gelernt werden kann. Beim informellen Lernen wird der Lernraum nicht explizit im Hinblick auf den Lernprozess gestaltet, aber die Gestaltungselemente in Hinblick auf Wohlfühlen oder Erleben haben einen Einfluss auf den Lernprozess.

Realität als Lernumgebung
Welche Inszenierung einer Lernumgebung würde sich mehr anbieten als die Realität selbst?

Durch die realen Projekte, wie sie im PPM angeboten werden, werden die Studierenden in „Lebens- und Arbeitssituationen" versetzt, die grundlegende Ähnlichkeiten zum späteren Berufsleben aufweisen.

Es geht hier in erster Linie darum, eine Lernumgebung zu schaffen, die die Ernsthaftigkeit widerspiegelt und somit den Studierenden die Chance bietet, durch das eigene Handeln zu lernen. Dabei werden die Kompetenzen, Fähigkeiten und Fertigkeiten erweitert und gestärkt. Hinzu kommen die Stärkung der Persönlichkeit und die Sensibilisierung zur Wahrnehmung der eigenen Person, der Teammitglieder und der selbstbezogenen Wissensstände (vgl. [37, S. 31]).

Doch reicht es nicht aus, Studierende lediglich irgendwelche realen Projekte durchführen zu lassen. Die Gestaltung der Lernumgebung in Projektform will wohl bedacht sein. Hierzu sollte Fachwissen im Projektmanagement so zu platziert sein, dass es zur direkten Umsetzung im laufenden Projekt kommen kann. Dies kann in verschiedenen Abschnitten der Fachwissensvermittlung während des Semesters erfolgen, parallel zum Verlauf des Projektfortschritts oder als Kompaktseminar.

Einbindung des Projekts in die Lehrveranstaltung
In diesem Zusammenhang muss unterschieden werden, ob das Projekt in einer Vorlesung des Projektmanagements stattfindet oder das Projektmanagement in einem anderen Fach seinen Platz als Prepared Project Method findet.

Der Prozess des Lehrens und Lernens kann also in verschiedene Phasen gegliedert werden, wobei die Phasen und Lernabschnitte je nach Bedarf eingesetzt werden können. Hierzu gibt es den Lernabschnitt der Theorie des Projektmanagements, die Phase der Projektdurchführung mit allen Facetten und die Phase der Darstellung der Projekte. Wichtig bei der Darstellung ist es, ein Portfolio (siehe Abschn. 3.1.3) anzulegen, damit bei unterschiedlichen Projektinhalten alle Studierende davon profitieren und die Lerninhalte aller einzelnen Projekte mitbekommen. Die Theorie des Projektmanagements sollte, wenn es sich um ein anderes Fach als Projektmanagement handelt, immer so einfließen, dass die dabei zu lehrende Theorie entweder zeitgleich mit dem Fortschritt des Projekts erfolgt oder vor Start des Projekts im Ganzen gelehrt wird, eventuell als Kompaktvorlesung.

Integration von formalem und nonformalem Lernen
Abb. 2.3 zeigt das Projektlernen im PPM mit einer formalen und einer nonformalen Säule (siehe Abschn. 2.2.4).

Zur formalen Säule zählen die Theorie des Projektmanagements sowie die Theorie des jeweiligen Fachs (beispielsweise Chemie, Physik, E-Technik).

Die formale Säule beeinflusst einseitig die nonformale Säule. Zu ihr gehören der Lehrende, der Betreuer, der Stakeholder, das Projektteam, die Hochschule als Institution sowie die Gesellschaft. Diese einzelnen Parameter beeinflussen sich wiederum gegenseitig.

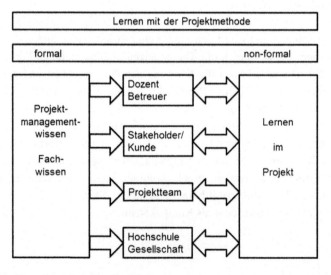

Abb. 2.3 Formales und nonformales Projektlernen

2.2.4 Lernen

▶ **Lernen** Laut [38] ist Lernen ein Schlüsselbegriff der Pädagogik, der Psychologie, der Soziologie und der Ökonomie. Lernen ist eine dauerhafte Verhaltensänderung aufgrund von Erfahrungen und gilt als Erweiterung des Wissens, der Fähigkeiten und Fertigkeiten zur Bewältigung von Lebenssituationen (vgl. [38, S. 18]).

Auch wenn wissenschaftlich insgesamt noch wenig bekannt ist, wie „Lernen" wirklich abläuft, kommt der Eigenaktivität des Lernenden eine große Bedeutung zu. Die Eigeninitiative oder auch Selbstinitiative zum erfolgreichen Lernen wird in der Kognitionspsychologie stark betont. Selbstinitiative zeigt der Lernenden darin, dass er während der Informationsaufnahme aktiv ist. Dies muss er sein, um den Lernstoff sinnvoll aufzunehmen. Weiterhin muss der Lernende so konstruktiv sein, dass die zu erlernenden Informationen herausgearbeitet und in Beziehung zum vorhandenem Wissen gesetzt werden (vgl. [29, S. 251 ff.]). Jede neue Information, die das Individuum lernt, baut auf vorhandenes Wissen auf, was zu einer Kumulation von Wissen führt. Dies bedeutet, dass Lernen eine aktive und direkte Wahrnehmung voraussetzt, um Aufnahme und Verknüpfung von neuen Informationen mit bestehenden Wissensstrukturen hervorzurufen. Das vorhandene Wissen bestimmt auf eine besondere Weise, was und wie viel gelernt wird. Dies gelingt nur, wenn vorhandenes Wissen aktiviert wird und Sinnesbezüge sowie Gedankenverbindungen hergestellt werden. Ist der Lernende sich dessen bewusst, handelt er zielorientiert, wobei dies nur unter der Voraussetzung der aktiven Beteiligung von sich aus stattfinden kann (vgl. [29, S. 31 ff.]). Dabei passt sich das Individuum an Umweltveränderungen an, ist aber auch befähigt, seine Umwelt zu verändern.

Lernen ist nicht unmittelbar beobachtbar, sondern kann durch Verhalten und Verhaltensveränderung erkannt werden (vgl. [38, S. 190–191]). Der Prozess des Lernens führt zum Neuerwerb oder zu Veränderungen psychischer Dispositionen, also zur Bereitschaft und Fähigkeit, bestimmte seelische oder körperliche Leistungen zu erbringen. Gekennzeichnet ist dies durch relativ überdauernde Veränderungen im Organismus. Dabei ist Lernen an sich auf keinen Entwicklungsabschnitt beschränkt und bezieht sich nicht nur auf die gesteuerten, intentionalen Prozesse im Unterricht, sondern kann ein Leben lang stattfinden (vgl. [45, S. 243–246]).

Es sind verschiedene Formen des Lernens bekannt, um Wissen zu akkumulieren sowie Fähigkeiten und Fertigkeiten zu akquirieren. Dabei handelt es sich um das formale, das nonformale, das informelle und das Projektlernen. Diese Lernformen betrachtet Schrader und Berzbach [36] als Institutionalisierungsformen des Lernens, worauf in der Tab. 2.2 eingegangen wird.

Tab. 2.2 fasst die Institutionalisierungsformen des Lernens nach Schrader in Anlehnung an [36, S. 10] zusammen.

Tab. 2.2 Institutionalisierungsformen des Lernens

	Formales Lernen	Nonformales Lernen	Informelles Lernen
Definition	Intentionales, abschlussbezogenes Lernen im (staatlich anerkannten) Hauptsystem der Bildung Institutionelle Bildung	Intentionales Lernen in anderen Organisationen	Beiläufiges, häufig unbewusstes Lernen im Alltag (Beruf, Öffentlichkeit, Privatbereich)
Klassische Beispiele	Studium, Lehrveranstaltung Meisterkurs	Sprachkurs an der VHS Innerbetriebliche Weiterbildung	Beispiel: Unbewusster Kompetenzerwerb, Diskussionen
Aspekte im Projektlernen	Findet an der Hochschule im Rahmen eines Curriculums statt	Erwerb von zusätzlich für das Projekt notwendigen Kenntnissen außerhalb der Vorlesung	Kompetenzen werden durch die Teamarbeit und im Austauschen mit Projektpartnern erworben

2.2.4.1 Formales Lernen

▶ **Formales Lernen** Lernen, das üblicherweise in einer Bildungs- oder Ausbildungseinrichtung stattfindet, in Bezug auf Lernziele, Lernzeit oder Lernförderung strukturiert ist und zur Zertifizierung führt. Formales Lernen ist aus der Sicht des Lernenden zielgerichtet (vgl. [25]).

Hinsichtlich der grundlegenden Charakteristika des formalen Lernens scheint in der Literatur ein weitgehender Konsens zu bestehen (vgl. [40]). Dohmen [10] setzt bei der Definition des formalen Lernens an der Organisationsform des Lernens an. Dabei versteht er unter formalem Lernen ein planmäßig, strukturiertes Lernen in Bildungsinstitutionen mit dem abschließenden Erwerb von Zeugnissen und Zertifikaten (vgl. [10, S. 29; 40, S. 7]). Den gleichen Ausgangspunkt wie Dohmen hat die Definition der Kommission der Europäischen Gemeinschaft. Formales Lernen findet hinsichtlich der Lernziele, der Lerninhalte und der Lernförderung strukturiert in Bildungs- und Ausbildungseinrichtungen statt und wird zertifiziert. Nach der EU-Kommission sind formale Lernprozesse zielgerichtet, und es wird vor allem die hohe Intentionalität des formalen Lernens betont (vgl. [25, S. 33; 24, S. 9]).

In der Prepared Project Method ist formales Lernen insofern von Bedeutung als die theoretischen Lerninhalte im Frontalunterricht dargestellt werden.

2.2.4.2 Nonformales Lernen

In den europäischen Ländern wird zunehmend auf die Notwendigkeit hingewiesen, nicht nur jene Kenntnisse, Fähigkeiten, Fertigkeiten und Kompetenzen anzuerkennen, die in Schule, Hochschule und anderen Einrichtungen der allgemeinen und beruflichen Bildung erworben wurden, sondern auch die Lernergebnisse zu berücksichtigen, die der Einzelne außerhalb des formalen Bildungssystems erzielt hat (vgl. [25, S. 33; 24, S. 9; 36, S. 9–12]). Somit wird nonformales Lernen von der Europäischen Kommission als Lernen außerhalb des offiziellen Bildungsbetriebs definiert. Es findet nicht in Bildungs- oder Berufsbildungseinrichtungen statt und führt üblicherweise nicht zur Zertifizierung. Gleichwohl ist es systematisch (in Bezug auf Lernziele, Lerndauer und Lernmittel) und aus Sicht der Lernenden ist es zielgerichtet (vgl. [6, S. 18]).

▶ **Nonformales (nicht formales) Lernen** findet „außerhalb der Hauptsysteme der allgemeinen und beruflichen Bildung" statt und führt nicht unbedingt zum Erwerb eines formalen Abschlusses. Lernen kann am Arbeitsplatz und im Rahmen von Aktivitäten der Organisationen und Gruppierungen der Zivilgesellschaft (wie Jugendorganisationen, Gewerkschaften und politischen Parteien) erfolgen. Auch Organisationen oder Dienste, die zur Ergänzung der formalen Systeme eingerichtet wurden, können als Ort nicht formalen Lernens fungieren (z. B. Kunst-, Musik- und Sportkurse oder private Betreuung durch Tutoren zur Prüfungsvorbereitung; vgl. [24, S. 9]).

Das nonformale Lernen findet nicht an der Hochschule statt, ist zusätzlich und freiwillig und laut BMBF [6] zielgerichtet. Diese Eigenschaften stellen eine wichtige Voraussetzung für Projektlernen oder lernen mit Projekten dar, weil eine selbst gewählte Zielrichtung gegeben ist. Das informelle Lernen, welches nur zweitrangig im selbstständigen Lernprojekt eine Rolle spielt, wird im folgenden Abschnitt illustriert, bevor das Projektlernen genauer betrachtet wird.

2.2.4.3 Informelles Lernen

▶ **Informelles Lernen** Lernen, das im Alltag, am Arbeitsplatz, im Familienkreis oder in der Freizeit stattfindet. Es ist (in Bezug auf Lernziele, Lernzeit oder Lernförderung) nicht strukturiert und führt üblicherweise nicht zur Zertifizierung. Informelles Lernen kann zielgerichtet sein, ist jedoch in den meisten Fällen nicht intentional (oder „inzidentell"/ beiläufig). Informelles Lernen kann in allen Lebenssituationen stattfinden.

Für den Begriff informelles Lernen gibt es eine Bandbreite jeweils partiell variierender Definitionen. „Die Variationen reichen von der Charakterisierung als ungeplantes, beiläufiges, unbewusstes Lernen über die Bezeichnung für alle von den Lernenden selbst ohne Bildungs-Unterstützung entwickelten Lernaktivitäten bis zur Gleichsetzung mit dem nonformalen Lernen" (vgl. [5, S. 18]).

Historisch gesehen lässt sich der Begriff des informellen Lernens auf John Dewey zurückführen. Er war amerikanischer Philosoph und Pädagoge und brachte das informelle Lernen mit „natürlichem" Lernen und Erfahrung in Verbindung. Verschiedene Studien wie die des US-amerikanischen Education Development Center (EDC) und des kanadischen Wissenschaftlers David W. Livingstone kommen zu dem Ergebnis, dass rund 70 % der von Menschen erworbenen Kompetenzen auf informelles Lernen zurückzuführen sind ([28, S. 65–91; 1, S. 65]). Die internationale Etablierung des Begriffs vollzog sich in den 1980er-Jahren. Aus den Definitionsdiskussionen über das informelle Lernen kristallisierte sich ein Definitionsversuch heraus. Es handelt sich um eine Konzeption von Karen E. Watkins und Victoria J. Marsick [42] mit dem Titel: „Theory of Informal and Incidental Learning in Organisations". Den beiden amerikanischen Wissenschaftlerinnen war es wichtig, die Aktualität und Bedeutung zu betonen sowie die Abgrenzung und Würdigung eines informellen Lernens gegenüber den anderen Lernformen darzustellen. Die Wissenschaftlerinnen bezeichnen informelles Lernen als Lernen, welches sich aus natürlichen (vgl. [9]) Lebenssituationen außerhalb von künstlichen pädagogischen Lernarrangements entwickelt und für das sich durch die neuen Technologien und durch den Druck einer mehr auf selbstständiges Denken, Lernen und Problemlösen angewiesenen globalen Wirtschaft neue Möglichkeiten ergeben (vgl. [5, S. 18]). Als wesentlichstes Merkmal stellen sie heraus, dass informelles Lernen auf der eigenen, nicht von anderen angeleiteten, Verarbeitung von Erfahrungen beruht (vgl. ebd., S. 18–19).

Vor diesem Hintergrund kann auch die Hochschule ein Ort des informellen Lernens sein. Insbesondere das Arbeiten an realen Projekten, so wie es die PPM darstellt, deckt Aspekte des informellen Lernens ab. So wie die beiden amerikanischen Wissenschaftlerinnen die Abgrenzung zu den anderen Lernformen suchen, darf nicht außer Acht gelassen werden, dass Lernen ein individueller Prozess ist und jeder Mensch unterschiedliche Lernformen bevorzugt.

2.2.5 Projektlernen

Ein Lernen entlang von Projekten hat eine lange Tradition sowohl in der allgemeinen Erziehungs-und Bildungswissenschaft als auch in einer Bildung für nachhaltige Entwicklung. Durch das Lernen in Projekten erhalten Lernende die Möglichkeit, sich als experimentierende und wirksame Gestalter in Transformationsprozessen zu erleben. Dabei werden viele konstitutive Elemente innerhalb des komplexen Geschehens in offeneren und stärker handlungsorientierten Formen geboten.

▶ **Projektlernen** Beim sogenannten Projektlernen werden Aufgaben im Rahmen eines Projekts übernommen. Die Aufgaben führen dazu, die Erfahrungs- und Wissensstände zu erweitern. Darüber hinaus entsteht die Konfrontation mit unterschiedlichen Werten und Normen, Meinungen, Perspektiven und Vorschlägen, was neue mentale Modelle und Wissensstrukturen hervorrufen kann.

Zudem spiegelt das Projektlernen in der Hochschullehre einen Paradigmenwechsel von der Lehrenden-Zentrierung zur Studierenden-Zentrierung wider. Dadurch ergibt sich insofern ein Bezug zum Konstruktivismus als das Kumulieren von Wissen nicht transferierbar ist, sondern in einem eigenen konstruktiven Akt geschieht. Im Projektlernen werden Lernarrangements gestaltet, die sich durch einen hohen Grad an Selbstorganisation auszeichnen. Die Lernenden suchen sich selbst Informationen, um damit Probleme zu lösen. Diese Informationen erlauben die eigenen Denkstrukturen zu „konstruieren" und in diesen zu handeln. Die hier angesprochenen Kompetenzen zum selbstregulierenden Lernen erfordern neben vielen Einzelfähigkeiten wie z. B. das Aufgliedern von komplexen Lern- und Arbeitszielen in Einzelziele, auch Verfahren zur Überprüfung des eigenen Lernfortschritts, der Problemlösung und des Zeitmanagements, welche durch das Projektlernen angeregt und gefördert werden. Projektlernen vollzieht sich weniger anhand formaler Regeln und eng definierter Methoden und Instrumente, sondern auf der Grundlage der Förderung unternehmerischen Denkens und Handelns sowie der Nutzung von Eigeninitiative und Verantwortungsbereitschaft der in das Projektlernen eingebundenen Akteure. Entwicklung von Eigeninitiative und Verantwortungsbereitschaft sind zum einen übergeordnete Ziele des Projektlernens und zum anderen Bedingungen für den Lernprozess selbst (vgl. [4]).

Des Weiteren bietet Projektlernen die Chance, Lernen eng mit einem sachlichen Problemlösungsprozess zu verbinden. Die konkreten Herausforderungen für den Lernprozess jedes Einzelnen liegen in den zu lösenden Aufgaben und werden für einen konkreten und praxisnahen Lernprozess nutzbar gemacht, um etwas Neues zu entwickeln und gleichzeitig ein Potenzial zu erschließen. Diese Herausforderung entfaltet eine eigene Dynamik und wird als Treiber für die Entstehung neuer Kompetenzen genutzt. Das Lernen selbst wird dabei als eigene Ressource verstanden, mit der zielgerichtet und nachhaltig Erfolgsfaktoren des Individuums beeinflusst werden können. Dabei trägt die Nutzung des kreativen Potenzials des gesamten studentischen Teams zum Erfolg des Projkts bei. Ein entscheidendes Kriterium für die Notwendigkeit der Ergänzung des klassischen Projektmanagements mit Projektlernen ist die Übernahme von Verantwortung in Richtung unternehmerischen Denkens, was durch externe Kunden bzw. Stakeholder verstärkt und realistisch wird. Dies hat zur Folge, dass das Projekt durch den realen Problemlösungsbezug eine anspruchsvolle und umfassende Herausforderung darstellt, die eine unternehmerische Entwicklungsdimension für Innovation und Wachstum in sich trägt. Je weitreichender ein Lernprojekt die Lösung einer realistischen, unternehmerischen Aufgabe verlangt, desto eindeutiger und detaillierter werden Anforderungen an den Entwicklungsbedarf von Kompetenzen sichtbar (vgl. ebd.).

Voss [41] stellt in seinem Konzept die idealtypischen Merkmale der klassischen Vorlesung, dem Projektlernen und dem Tutorium gegenüber. Voss sieht die Spalte des Tutoriums als Teil der gedanklichen Unterscheidung. Des Weiteren nimmt er eine Unterteilung in der Grundsituation, in der Zeit, in den Arbeitsformen, in der Sozialkomponente, in den Affekten und in den Kognitionen vor, die in den Tab. 2.3, 2.4, 2.5, 2.6, 2.7 und 2.8 vorgestellt werden.

Diese Gegenüberstellungen verdeutlichen, wie sich isolierte Merkmale des Formats der klassischen Vorlesung und des Tutoriums im Projektlernen/Projektstudium verbinden lassen. Um die beschriebenen Merkmale des Projektlernens oder auch im Projektstudium zu erreichen, braucht es ideal geschaffene und gestaltete Lernumgebungen. Darauf wird im folgenden Abschnitt eingegangen.

2.3 Lehr- und Lernziele des Projektlernens

Um Studierende zur komplexen und flexiblen Anwendung von Lern- und Fachkompetenzen sowie von Alltagswissen zu befähigen, ist es bei der Vorbereitung einer Lehreinheit von großer Bedeutung, sich einen Überblick über die Verortung der zu verfolgenden Lernziele zu verschaffen. Die Durchführung von Projekten muss vom Lehrenden vorher durchdacht und geplant sein (Planspielcharakter), ohne die Teilnehmer dadurch einzuengen. Eine sinnvolle Aufgabenverteilung aufgrund der Kenntnisse sollte unterstützt werden, und es muss auf die Definition einer klaren Aufgabenstruktur (Verantwortlichkeiten) geachtet werden. Die Fähigkeit zu Teamarbeit und Kommunikation wird insbesondere

2.3 Lehr- und Lernziele des Projektlernens

Tab. 2.3 Idealtypische Merkmale: Grundsituation. (Nach [41])

Klassische Vorlesung	Tutorium	Projektstudium
Lehrender im Zentrum	Studierende im Zentrum	Projektziel und Prozess im Zentrum
Kommunikation einseitig	Kommunikation wechselseitig	Kommunikation wechselseitig, interdisziplinär und mit Dritten außerhalb des Ausbildungssystems
Studierende passiv	Studierende aktiv	Studierende aktiv in komplexen Handlungs- und Entscheidungsprozessen
Pauschale Anwendungen	Individuelle Hilfen	Gegenseitige Hilfen zur Umsetzung verbindlicher Gruppenbeschlüsse
Medium vorwiegend Fachsprache	Mehr Nähe zur Alltagssprache	Medium Fachsprache, Alltagssprache und Übersetzung in die Sprache der Praxis
Kaum Rückmeldungen zu inhaltlichen und didaktischen Aspekten der Vorlesung	Rückmeldung zu inhaltlichen und didaktischen Aspekten der Vorlesung (Tutor als „Bote")	Fortschritt in der Bearbeitung der Projektaufgabe als unmittelbare Rückmeldung über die erfolgten Vermittlungs- und Lernprozesse
Fragen kaum möglich	Ermutigung zu Fragen	Fragen zwingend erforderlich, auch gegenüber Dritten außerhalb des Ausbildungssystems

Tab. 2.4 Idealtypische Merkmale: Zeit. (Nach [41])

Klassische Vorlesung	Tutorium	Projektstudium
Stoff und Zeitdruck	Ruhe	Problembezogener Zeitdruck mit Phasen der Reflexion zur gemeinsamen Orientierung
Tempo einheitlich bestimmt und festgelegt	Tempo individuell bestimmt	Tempo durch den gemeinsamen Prozess der Problemlösung bestimmt
Zeithorizont Vorlesungsstunde	Zeithorizont Übungsaufgabe	Zeithorizont Projektetappen/Meilensteine

Tab. 2.5 Idealtypische Merkmale: Arbeitsformen. (Nach [41])

Klassische Vorlesung	Tutorium	Projektstudium
Arbeitsform einseitig	Arbeitsform vielfältig und wechselnd	Arbeitsform vielfältig und wechselnd entsprechend realer Anforderungen
Zuhören und Mitschreiben	Nachdenken, vertiefen, üben, selbst machen, zeigen, erklären	Nachdenken, planen, umsetzen, selbst nachdenken, koordinieren
Wissensaufnahme/Kumulation von Wissen	Wissensverarbeitung („verdauen")	Wissensgebrauch im komplexen Handlungskontext („verwenden/anwenden")
Kein Einbringen von Vorkenntnissen und häuslichen Eigenleistungen	Vorkenntnisse und häusliche Eigenleistung einbringen	Vorkenntnisse und Eigenleistung Konstitutiv für den Gruppenprozess und das Projektresultat

Tab. 2.6 Idealtypische Merkmale: Sozialkomponente. (Nach [41])

Klassische Vorlesung	Tutorium	Projektstudium
Fremdbestimmung durch Professor	Selbstbestimmung und Gruppenprozess	Selbstbestimmung und Gruppenprozess unter Problemdruck von außen
Professor unabhängig von Mitarbeit des Studierenden	Tutor angewiesen auf Mitarbeit des Studierenden	Professor angewiesen auf Mitarbeit des Studierenden
Vereinzelung der Studierenden (Einzelkämpfermentalität)	Soziales Lernen der Studierenden (Anregung zur Kleingruppenbildung)	Soziales Lernen der Studierenden unter Problemdruck von außen (Notwendigkeit von Arbeitsteilung, Koordination, Konsensfindung)
Gleichgültigkeit gegenüber dem Kenntnisstand des Kommilitonen	Mitverantwortung für die Verständnisprozesse des Nachbarn	Mitverantwortung für die Verständnisprozesse der Kommilitonen (Voraussetzung für die Erreichung des Projektziels)
Polarisierung des Kenntnisstands der Studierenden	Homogenisierung des Kenntnisstands der Studierenden („Brücke")	Homogenisierung des Kenntnisstands und Problembewusstseins in projektrelevanten Bereichen als Voraussetzung für das Gruppenergebnis

2.3 Lehr- und Lernziele des Projektlernens

Tab. 2.7 Idealtypische Merkmale: Affekte. (Nach [41])

Klassische Vorlesung	Tutorium	Projektstudium
Menschliche Distanziertheit	Menschliche Nähe	Menschliche Nähe und Teamgeist durch gemeinsame Problembewältigung
Minderwertigkeitsgefühl und Angst fördernd	Fördert Selbstvertrauen und baut Angst ab	Fördert Selbstvertrauen und baut Selbstwertgefühl auf

Tab. 2.8 Idealtypische Merkmale: Kognitionen. (Nach [41])

Klassische Vorlesung	Tutorium	Projektstudium
Schwerpunkt auf inhaltlichem Wissen	Schwerpunkt auf methodischen Fertigkeiten und Verstehen	Schwerpunkt auf der Einbindung methodischer Fertigkeiten und Verstehen in problembezogene Handlungskontexte
Abstrakte Darstellung	Konkrete Anwendung	Konkrete Anwendung unter realen Anforderungen
Erkenntnis als Produkt	Erkenntnis als Prozess	Erkenntnis als Prozess mit dem Ziel der Bewältigung realer Herausforderungen
Denkweise des Experten	Denkweisen der „Novizen"	Gemischte Gruppen von Experten; Herausforderungen, die für alle Beteiligten neu sind
Lernblockaden und Verständnisprobleme werden nicht wahrgenommen	Lernblockaden und Verständnisprobleme werden erkannt und gemeinsam überwunden	Lernblockaden und Verständnisprobleme bei einzelnen Gruppenmitgliedern müssen beseitigt werden, um das Projektziel zu erreichen

dann gefördert, wenn im Projekt mit externen Partnern (Industrie, Behörde, Vereine, Verwaltung), mit der Hochschulverwaltung, anderen Studiengängen oder anderen Semestern zusammengearbeitet wird.

Mit der Durchführung der Projektmethode nach der Prepared Project Method in der Lehrveranstaltung wird die Entwicklung von Handlungskompetenzen der Studierenden angestrebt (genauere Ausführung in Abschn. 2.3.3). Gerade weil das Erreichen von Handlungskompetenzen ein komplexes Lernziel ist, müssen die Einzelziele der Lehre so gestaltet werden, dass sie vom Einfachen zum Schwierigen, vom Überschaubaren zum Komplexen vorgehen. Die Taxonomie kognitiver Lernziele nach Bloom ermöglicht diese Einordnung anhand verschiedener, aufeinander aufbauender Lernstufen. Die kognitive Lernzieltaxonomie wird im Abschn. 2.3.1 schematisch dargestellt.

2.3.1 Die Taxonomie der Lernziele im kognitiven Bereich

Die Lernziele können nach dem notwendigen Abstraktionsniveau bzw. den Kompetenzstufen in ein hierarchisches Schema eingepasst werden. Abb. 2.4 zeigt die von Bloom vorgenommene Einteilung [3].

Wissen
Die erste Stufe betrifft das Wissen, das Kennen, das Erinnern von konkreten Informationen eines Fachgebiets und/oder die möglichen Methoden der Arbeitsweisen mit diesen Informationen. Dazu gehören gängige Verallgemeinerungen und Abstraktionen des Fachgebiets.
Lernziel im Projektmanagement: Kriterien des PM; Kennen der Instrumente des PM und der Umgang damit.

Verstehen
Die zweite Stufe betrifft das Verstehen von Zusammenhängen. Es geht um das Verständnis der Bedeutung, welche die einzelnen Informationen zueinander haben (Transformation).
Lernziel im Projektmanagement: Die Bedeutung der Instrumente des PM erkennen und beschreiben können sowie eine Aussage über die Anwendung zu treffen.

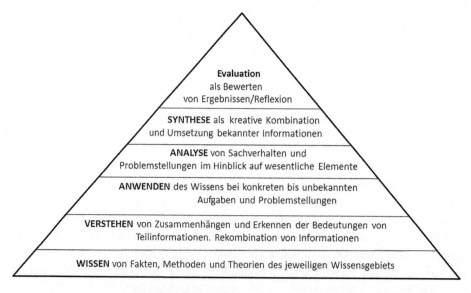

Abb. 2.4 Taxonomie der Lernziele. (Nach [3])

Anwenden

Die dritte Stufe betrifft die Anwendung auf konkrete Fälle. Es geht darum, in einer konkreten Situation zu erkennen, wie das Verstandene hilfreich zur Lösung dieses konkreten Problems eingesetzt werden kann.

Lernziel im Projektmanagement: Die Anwendung der Instrumente des PM auf das eigene konkrete Projektbeispiel mit praktischen Problemstellungen.

Analysieren

In der vierten Stufe geht es darum, Situationen auf deren wesentliche Elemente hin zu untersuchen. Für die fachliche Analyse sind die Kenntnisse und Fertigkeiten, die in den unteren Stufen erworben wurden, Voraussetzung.

Lernziel im Projektmanagement: Stakeholdermanagement, Annahmen und Wünsche benennen und nicht Machbares aufzeigen. Grundtendenzen der Herangehensweisen einschätzen können.

Synthetisieren

In dieser Stufe geht es um die kreative Neuerstellung von etwas Einzigartigem mit vorhandenen Informationen.

Lernziel im Projektmanagement: Entwerfen eines Handlungsplans, eines Flyers; Durchführen und Organisieren von Events oder eines Flashmobs etc. (siehe Kap. 3).

Evaluation

In dieser Stufe geht es darum, reflektierte, das heißt begründete Werturteile treffen zu können. Dabei fließen jeweils die Kompetenzen der darunterliegenden Stufen ein.

Die Evaluation steht zwar an letzter Stelle, doch ist sie nicht notwendigerweise der letzte Schritt im Verlauf des Prozesses. Es ist durchaus möglich, dass während des Prozessverlaufs reflektiert wird und dadurch neues Wissen entsteht.

Lernziel im Projektmanagement: Die Studierenden reflektieren über Lessons Learned ihren ganzen Prozessverlauf.

2.3.2 Ziele aus Sicht der Lehrveranstaltung

Ausgehend von der Lehrveranstaltung sind zwei Betrachtungsweisen des Projektlernens möglich. Es kann entweder der Fall sein, dass Projektmanagement explizit der Stoff der Lehrveranstaltung ist oder ein Lehrinhalt über die Methode des Projekts vermittelt wird. Im ersteren Fall dient die Durchführung eines Projekts dem Erlernen und Anwenden von Methoden des Projektmanagements – der Inhalt ist nicht so entscheidend. Im zweiten Fall liegt der Fokus auf den behandelten Inhalten, und die Durchführung als Projekt ist die gewählte Methode. Der Inhalt, beispielsweise nachhaltiges Eventmanagement, muss darüber abgebildet werden können. In Tab. 2.9 sind die Betrachtungsweisen aufgeführt.

Tab. 2.9 Verbindung von Projekt und Lehrveranstaltung

Grund für das Projekt	Ziel	Fokus	Beispiele für Lehrveranstaltungen
Projektdurchführung zur Unterstützung der Inhalte der Lehrveranstaltung	Projekte sollen durch deren Durchführung die Lehrveranstaltungsinhalte und Lernziele unterstützen	Durchführung, Kompetenzerwerb, Reflexion	Projektmanagement, Qualitätsmanagement, wissenschaftliches Arbeiten, Soft Skills
Inhalt der Lehrveranstaltung ist Thema des Projekts	Projekte sollen den Lehrveranstaltungsstoff als Thema haben und dadurch vertiefen	Inhalte, Wissenserwerb, Vertiefung	Alle Lehrveranstaltungen

2.3.3 Kompetenzen

Der Begriff der Kompetenz hat in der Alltagssprache sehr vielfältige Bedeutungen und wird je nach Bezugnahme sehr unterschiedlich aufgefasst und definiert. Im Kern geht es um die Fähigkeiten, Fertigkeiten und Dispositionen zur Bewältigung kontextspezifischer Anforderungen, um in bestimmten Bereichen erfolgreich handeln zu können. Was darunter jeweils verstanden wird, ist daher sehr vom theoretischen und disziplinären Zugang sowie vom Anwendungskontext abhängig.

▶ **Kompetenz** umfasst, was ein Mensch wirklich kann und weiß, d. h. alle Fähigkeiten, Wissensbestände und Denkmethoden, die ein Mensch in seinem Leben erwirbt und zur Verfügung hat. Damit impliziert der Begriff auch ein individuelles Vermögen, Befähigung und Potenzial [6, S. 42].

Geht man von einem breiten sozial- und verhaltenswissenschaftlichen Verständnis aus, dann weist der Begriff Kompetenz zunächst unterschiedliche Facetten auf, die sowohl mit

- Zuständigkeit — der sozialen bzw. organisationalen Facette,
- mit Fähigkeit — der kognitiven Facette und
- mit Bereitschaft — der motivationalen Facette von Kompetenz

Zu tun haben und damit, dass sich bei einem kompetenten Handeln, Zuständigkeit, Fähigkeit und Bereitschaft in Deckung miteinander befinden bzw. gebracht werden (vgl. [17]). Diese unterschiedlichen Facetten des Kompetenzbegriffs führen dazu, dass unterschiedliche theoretische Konzepte, empirische Sachverhalte oder auch normative Zielvorstellungen mit dem Konstrukt verbunden werden. Hartig und Klieme [17] charakterisieren dies durch die situative Bewältigung von Anforderungen, die aber als Disposition interpretiert werde. Kompetenz bezieht sich damit sowohl auf die Handlung als auch auf die ihnen zugrunde liegenden Prozesse und Kapazitäten.

2.3 Lehr- und Lernziele des Projektlernens

Die Konfrontation mit realitätsnahen und realen Projekten als Lehrinnovation eröffnet die Chance, Schlüsselkompetenzen und Handlungskompetenzen für das spätere Berufsleben zu erlangen und trägt zur Persönlichkeitsentwicklung bei. Das heißt, die Studierenden müssen lernen, so zu handeln, zu denken und zu agieren, wie es im zukünftigen Arbeitsleben verlangt wird. Hierzu werden im PPM Kompetenzen und Handlungsweisen gefördert und gefordert.

Durch Projektarbeit werden nicht nur Kompetenzen gefordert, gefördert und gestärkt, sondern studentische Projektarbeit macht handlungs- und lebensfähig und verändert den Blickwinkel der Betrachtung. Nachfolgend wird der Kompetenzbegriff differenziert und im Hinblick auf diejenigen Kompetenzen, welche in der „Prepared Project Method" gefordert und gefördert werden, näher betrachtet.

Studierende trainieren bei der Durchführung von Projekten eine ganze Reihe von Kompetenzen, die im Berufsleben von Vorteil sind und die in der Ausbildung und im Studium bisher nicht ausreichend berücksichtigt wurden. Somit erweist sich die Forderung nach Einführung projektorientierter Lehr- und Lernformen zur Reform verschiedener Studiengänge als gerechtfertigt. Die betreffenden Kompetenzen werden durch projektorientierte Lehr- und Lernformen aber nicht zwangsläufig trainiert. Nach Junge [23] ist dies abhängig von drei Faktoren:

- den Inhalten und Rahmenbedingungen des Projekts,
- der Auffassung der Lehrenden von Betreuung,
- der Bereitschaft der Studierenden, die Herausforderungen der Projektbearbeitung anzunehmen.

Schlussendlich entscheidet es sich im Einzelfall, welche Kompetenzen trainiert werden und wie intensiv dieses Training erfolgt. Die Durchführung projektorientierter Lehr- und Lernformen, die immer wieder und stärker gefordert wird, ist deshalb allein nicht ausreichend, um die Ausbildung bzw. das Studium in der angestrebten Weise zu reformieren. Vielmehr müssen die Projekte so konzipiert und durchgeführt werden, dass die gewünschten beruflichen Handlungskompetenzen gezielt gefördert werden [17, 2]. Wie die Studierenden dabei von den unterschiedlichen Projektarten profitieren können, wird im Folgenden aufgezeigt und bei der Beschreibung der Methode operationalisiert.

▶ **Berufliche Kompetenz** Im beruflichen Kontext bezeichnet der Begriff Kompetenz solche Fähigkeiten und Fertigkeiten, welche nicht unmittelbaren und begrenzten Bezug zu bestimmten, disparaten Tätigkeiten erbringen, sondern vielmehr die Eignung für eine große Zahl von Positionen und Funktionen und für die Bewältigung einer Sequenz von (meist unvorhersehbaren) Änderungen von Anforderungen im Laufe des Lebens [30, S. 40].

Kompetenz im Beruf zu beweisen, bedeutet somit, „die zunehmende Komplexität seiner beruflichen Umwelt zu begreifen und durch ziel- und selbstbewusstes, reflektiertes und verantwortliches Handeln zu gestalten" [39, S. 56].

Aus diesem Grund beschränken sich Faix und Mergenthaler [15] nicht nur auf Handlungskompetenzen, die im Lernen mit Projekten gefördert werden. Sie verstehen unter Kompetenzentwicklung im Projektlernen die Entwicklung eines selbst organisierten Handelns. Wobei selbst organisiertes Handeln aus einem Kanon von Dispositionen besteht. Dazu liefern Erpenbeck und Rosenstiel [13] eine differenzierte Systematik von allgemeinen bzw. Grundkompetenzen:

Fachlich-methodische Kompetenzen
Die fachlich-methodische Kompetenz ist die Disposition eines Menschen, in geistiger und physischer Hinsicht selbst organisiert zu handeln, um ein Problem sachlich und gegenständlich zu lösen. Die Disposition schließt das kreative Lösen von Problemen mithilfe von fachlichen und instrumentellen Kenntnissen, Fertigkeiten und Fähigkeiten ein. Des Weiteren umfasst sie die Fähigkeiten, Wissen sinnvoll einzuordnen, Tätigkeiten, Aufgaben und Lösungen methodisch selbst organisiert zu gestalten sowie die Methoden selbst kreativ weiterzuentwickeln und zu bewerten.

Personale Kompetenzen
Die personale Kompetenz ist die Disposition eines Menschen reflexiv und selbst organisiert zu handeln, d. h. sich selbst einzuschätzen und produktive Einstellungen sowie Werthaltungen, Motive und Selbstbilder zu entwickeln. Die Person ist fähig, ihre eigenen Begabungen, Motivationen und Leistungsvorsätze zu entfalten und sich im Rahmen des Berufs sowie darüber hinaus weiterzuentwickeln.

Sozial-kommunikative Kompetenzen
Die sozial-kommunikative Kompetenz eines Menschen ist die Disposition, kommunikativ und kooperativ selbst organisiert zu handeln. Es gilt, sich mit seiner Umwelt kreativ auseinander- und zusammenzusetzen und sich gruppen- sowie beziehungsorientiert zu verhalten. Neue Pläne, Aufgaben und Ziele werden gemeinsam entwickelt.

Diese drei Grundkompetenzen ergänzen Faix und Mergenthaler [15] um eine vierte, die unternehmerische Kompetenz:

Unternehmerische Kompetenz
Die unternehmerische Kompetenz eines Menschen ist die Disposition, Ideen selbst organisiert in die Tat umzusetzen. Dies erfordert Kreativität, Innovations- und Risikobereitschaft sowie die Fähigkeit, Projekte zu planen und durchzuführen, um bestimmte Ziele zu erreichen. Unternehmerische Kompetenz hilft dem Einzelnen in seinem täglichen Leben (zu Hause oder in der Gesellschaft), ermöglicht Arbeitnehmern, ihr Arbeitsumfeld bewusst wahrzunehmen und Chancen zu ergreifen. Sie ist die Grundlage für die

2.3 Lehr- und Lernziele des Projektlernens

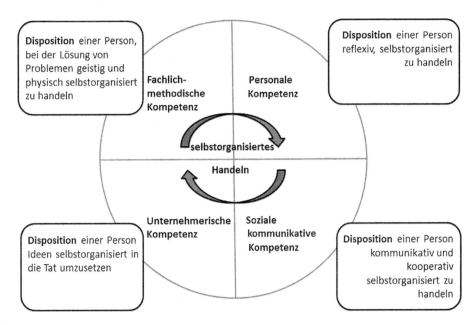

Abb. 2.5 Kompetenz als Disposition zur Handlungsfähigkeit. (Nach [18])

besonderen Fähigkeiten und Kenntnisse, die Unternehmer benötigen, um eine gesellschaftliche oder gewerbliche Tätigkeit zu begründen (vgl. [14]).

In Abb. 2.5 wird das Konzept der Dispositionen zum selbstorganisierten Handeln visualisiert.

2.3.4 Kompetenzen im Projektlernen

Die idealtypischen Merkmale des Projektstudiums nach Voss (siehe Abschn. 2.2.5) zeigen eine generelle Stärkung von Kompetenzen in Grundsituationen, in Arbeitsformen, der Sozialkomponente, der Affekte, im Umgang mit der Zeit und den Kognitionen.

Verbindet man nun die idealtypischen Merkmale der Lernsituation des Projektstudiums nach Voss mit den oben eingeführten vier Grundkompetenzen, stehen speziell im Projektmanagement die nachfolgend aufgelisteten Kompetenzen, Fähigkeiten und Fertigkeiten im Fokus der Lehre und des Lernens. Die Aufzählung folgt keiner Rangfolge und ist nicht abschließend.

- Fremdsprachen
- Wirtschaftskenntnisse
- fachübergreifendes Denken
- Problemlösefähigkeiten

- Kreativität
- Kommunikationsfähigkeit
- Fähigkeit, Verantwortung zu übernehmen
- Führungsqualitäten, Selbstbewusstsein
- Kooperationsfähigkeit
- Teamfähigkeit
- Organisationsfähigkeit
- mündliche und schriftliche Ausdrucksfähigkeit
- Fähigkeit zum Perspektivenwechsel
- Reflexionsfähigkeit, Selbstbeobachtungsfähigkeit
- Selbstmanagement
- Flexibilität im Denken und Handeln
- Vernetztes Denken
- Fachkompetenz
- Methodenkompetenz
- Fähigkeit im Umgang mit Menschen
- Durchsetzungsfähigkeit
- Motivation
- Kritikfähigkeit
- Autonomie
- Fähigkeit des rationalen Denkens
- Soziales Verantwortungsbewusstsein
- Partizipation
- Interdisziplinarität

Zusammenfassend geht es um die Persönlichkeitsbildung und -entwicklung der Studierenden im konkreten Handeln, also Handeln in hochgradig komplexen, dynamischen und durch Unsicherheit gekennzeichneten Situationen. Dabei werden „Fachkompetenzen" erst zu „Handlungskompetenzen", wenn sie mit generischen oder Schlüsselkompetenzen bzw. – weil sie weniger exakt bestimmt werden können – „soft skills" zusammenwirken. Dabei haben Handlungskompetenzen folgende Bedeutung:

- Handlungsfähigkeit mit Fachwissen, Handlungswissen und Kompetenzen
- Handlungsbereitschaft, d. h. die Art des Antriebs und der Aktivität, die sich in Form von Gefühlen, Willensbildung (Volition) und Triebleben (intrinsische Motivation) zeigt
- Handlungsweise als individuelle Einstellung und Besonderheit eines Menschen
- Handlungsintention und Handlungsreflexion als Weichensteller des Denkens und Handelns und daraus abgeleitete Normen und Werte jedes Einzelnen.

In der Berufsbildung hat sich durchgesetzt, Handlungskompetenz im Zusammenwirken von Fach-, Methoden-, Sozial- und Selbstkompetenz zu interpretieren (vgl. [12]). Eine

2.3 Lehr- und Lernziele des Projektlernens

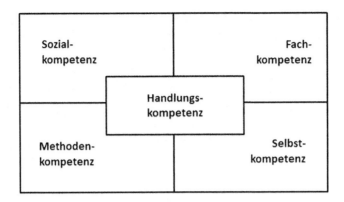

Abb. 2.6 Schlüsselkompetenzen. (Nach [44])

Sichtweise, die auch für die Hochschulbildung eine große Bedeutung darstellt (vgl. [44]). Obwohl der Handlungserfolg unumstritten vom fachlichen Wissen abhängt, fließen in die Kompetenz Aspekte ein, die den Umgang mit dem Wissen betreffen. Eine Hochschulausbildung, die sich an Kompetenzen orientiert, muss in diesem Sinne über die Vermittlung bzw. Aneignung von Fachkompetenzen hinausgehen (vgl. [44]). Wildt hat das Zusammenwirken in einem Schaubild dargestellt (siehe Abb. 2.6).

Im Kern geht es darum, dass die Schlüsselkompetenzen zentrale Dimensionen darstellen, in denen sich die Handlungssituationen beschreiben lassen:

- Methodenkompetenz bezieht sich auf die Regulation von Arbeitsprozessen (deren Organisation, Zeitfolge, Gliederung, Problemlösungsstrategien, Wissensmanagement etc.).
- Sozialkompetenz bezieht sich darauf, dass bzw. inwiefern Handeln in Arbeitsprozessen in sozialen Bezügen (etwa Teams) mit kommunikativen und kooperativen Anforderungen stattfindet.
- Selbstkompetenz bezieht sich auf den Umgang der Akteure in diesen Handlungssituationen mit sich selbst, dem Einsatz ihrer Ressourcen, Motivationen, ihrem Selbstmanagement, ihren Werten usw.

Mitunter wird die Sozialkompetenz nur auf direkte Interaktion bezogen. Über ein solch begrenztes Verständnis weisen zwei weitere Aspekte einer entfalteten sozialen Handlungskompetenz hinaus, die bisweilen gesondert ausgewiesen werden:

- Organisationskompetenz bezieht sich darauf, wie Handeln in Organisationen geschieht.
- Systemkompetenz erweitert den Blick noch einmal auf Handeln in gesellschaftlichen Systemen bzw. Subsystemen (vgl. [44]).

2.4 Nachhaltigkeit und Bildung

Nachhaltiges Lernen ist ein Lernen, das langfristige Ergebnisse erzielt. Dabei soll nicht nur das gelernte länger behalten werden, sondern auch eine praktische Umsetzbarkeit des Gelernten erreicht werden. Das Gelernte wird so durch eine ganzheitliche Integration, die Verknüpfung von Wissensinhalten und den Erwerb von übergeordneten Kompetenzen zur Bildung.

Da wir uns im gesamten Buch auf viele Beispiele aus dem Bereich der nachhaltigen Entwicklung beziehen und auch in der Bildung für nachhaltige Entwicklung ein wichtiges Lernziel sehen, werden wir diese Begriffe kurz gegenüberstellen und auch auf die Nachhaltigkeit (im umgangssprachlichen Sinne) von Projekten und Projektlernen eingehen.

2.4.1 Nachhaltige Entwicklung

Die Mehrzahl der Autoren dieses Buchs hat an der Hochschule Aalen Verantwortung für die Umsetzung der Bildung für nachhaltige Entwicklung getragen. Als Nachhaltigkeitsbeauftragte und Nachhaltigkeitsreferentinnen haben wir die nachhaltige Entwicklung im Sinne einer zukunftsfähigen Entwicklung in die Lehre, Forschung und Betrieb der Hochschule implementiert und dazu auch die Projektmethode intensiv verwendet. In diesem Sinne der Verantwortung für künftige Generationen verwenden wir den Begriff Nachhaltigkeit wie im Folgenden beschrieben:

Nachhaltigkeit

Nachhaltige Entwicklung	Nachhaltige Entwicklung (NE) ist eine Entwicklung der Menschheit, die es der heutigen Generation erlaubt, ihre Bedürfnisse zu befriedigen, ohne die Chancen zukünftiger Generationen zu gefährden, ihre Bedürfnisse zu befriedigen (Brundtland-Definition, WCED 1987; vgl. [31]).
Bildung für nachhaltige Entwicklung	Bildung für nachhaltige Entwicklung (BNE) ist eine Bildung, die darauf abzielt, Prozesse bezüglich ihrer Nachhaltigkeitsrelevanz analysieren zu können und im Sinne einer nachhaltigen Entwicklung handeln zu können und zu wollen (vgl. [8]).

Für eine weitere Vertiefung dieser Begriffe generell und im Kontext der Erlebnisorientierung siehe auch [21].

2.4.2 Nachhaltige Lehre

Im umgangssprachlichen Sinne bedeutet nachhaltig „lange nachwirkend". So verwendet es auch die Pädagogik. Die nachhaltige Lehre ist durch ihre Langzeitwirkung gekennzeichnet. Diese Betrachtung der langfristigen Wirkung von Lehre – im Gegensatz zum kurzfristigen „Bulimie-Lernen" – und von Bildung ist sinnvoll und wichtig [35]. In diesem Sinne verwenden wir den Begriff auch im Projektnamen „Wissenschaft erfahren, Praxisrelevanz erleben und nachhaltig lernen mit Projekten".

Auch in diesem Sinne der Langfristigkeit ist das Projektlernen nachhaltig und es unterstützt nachhaltiges Lernen:

- Die durch Projekte gelernten Inhalte werden vernetzt und bleiben durch die bessere Strukturierung und die Erlebnisorientierung besser und länger im Gedächtnis.
- Wissen wird durch Kompetenzen ergänzt und hat eine langfristige Wirkung auch außerhalb und nach der Hochschule.
- Durch den Wandel von der Lehr- zur Lernorientierung wird das lebenslange Lernen gefördert. Studierende lernen nicht nur Inhalte, sondern auch den Wissenserwerb.

2.4.3 Nachhaltige Projekte

Per Definition sind Projekte nicht langfristig angelegt, sondern sie haben einen wohldefinierten Endtermin. Damit sind sie im umgangssprachlichen Sinne nicht nachhaltig.

Dies ist aber kein Widerspruch zur Nachhaltigkeit der Projektwirkung.

- Projekte haben eine Vision, die auf den zukünftigen Zustand ausgerichtet ist, und ein Ziel, welches zu einer Veränderung führt. Durch das Projektergebnis wird also immer eine Veränderung ausgelöst, die über das Projekt hinauswirkt.
- Die im Projekt angestoßenen Prozesse hinterlassen ihre Spuren in den beteiligten Organisationen und führen zu Veränderungen. Dies sind nicht nur konkrete Ergebnisse, sondern die Prozesse sind auch ein Beitrag zur Organisationsentwicklung hin zur lernenden Organisation.
- Das Projektergebnis (als physisches Produkt, geschaffenes Wissen oder Erkenntnisse) liegt zum Ende des Projekts vor und kann danach genutzt werden.

Insbesondere kann die Projektmethode selbst dauerhaft an der Hochschule etabliert werden (siehe Abschn. 4.6).

- Projekte als Lehrmethode müssen curricular verankert sein (siehe Abschn. 3.5).
- Durch die Methode vorbereiteter Projekte und das Stakeholdermanagement (siehe Abschn. 3.4.2) wird nicht nur die Projektmethode aus Hochschulsicht, sondern auch die Verbesserung der Situation beim Stakeholder zeitlich verstetigt.

- Die Projektmethode verstetigt sich selbst, indem aus den Projekten wieder neue Projektideen geboren werden (siehe Abschn. 4.1.1).

2.5 Kulturelle Aspekte

Der Projekterfolg hängt neben einer guten Planung, methodisch sicheren Umsetzung und den vorhandenen oder sich zu erschließenden Kompetenzen auch von der Zusammenarbeit diverser Interessengruppen ab. Hierbei spielen auch kulturelle Aspekte eine wichtige Rolle. Bei interkulturellen Teams ist vor allem die interkulturelle Kommunikation ein zentrales Element.

2.5.1 Kultur

Alfred Kroeber und Clyde Kluckhohn [26] trugen über 160 unterschiedliche Definitionen von „Kultur" zusammen. Der Duden unterscheidet fünf Bedeutungsebenen, wobei es in dem folgenden Abschnitt um die erste Bedeutung geht: Kultur verstanden als die „Gesamtheit der geistigen, künstlerischen, gestaltenden Leistungen einer Gemeinschaft als Ausdruck menschlicher Höherentwicklung" [11]. Der lateinischen Begriff cultura (Bearbeitung, Pflege, Ackerbau) verweist auf einen Aspekt sämtlicher Kulturbegriffe: Er bezeichnet weitgehend all das, was der Mensch selbst gestaltend hervorbringt – im Unterschied zur nicht durch den Menschen geschaffenen Natur (vgl. [34]). Mit einer relativ engen Perspektive lässt sich Kultur dagegen auch „als Komplex aus erlernten Verhaltensweisen und aus Verhaltensresultaten" beschreiben [27, S. 33]. „Die modernen Sozialwissenschaften definieren ‚Kultur' als den ‚gemeinsamen Wissensvorrat', den eine Gruppe von Menschen teilt und der sie zugleich von Mitgliedern anderer Kulturen unterscheidet" [32, S. 36].

Geert Hofstede hat mit „Culture's Consequences" ein bedeutendes Werk geschaffen, welches den weltweiten Unterschieden der Menschen im Denken, Fühlen und Handeln auf den Grund geht. Die Studie basiert auf einer immensen Datengrundlage – 116.000 Befragungen aus 72 Ländern – wie es bis dato keine zweite zu diesem Thema gibt. Hofstede verwendet den durch die Sozialanthropologie geprägten Kulturbegriff.

Laut Hofstede (2001) tragen die Menschen „mentale Programme" in sich, die einen Teil nationaler Kultur in Form von gefestigten Denk- und Handlungsmustern enthalten. Dabei ist Kultur erlernt und nicht angeboren. Ausschlaggebend für dieses mentale Programm sind das soziale Umfeld (von Geburt an) und die gesammelten Lebenserfahrungen.

▶ Geert Hofstede definiert **Kultur** als „kollektive Programmierung des Geistes (collective programming of the mind), die die Mitglieder einer Gruppe oder Kategorie von Menschen von einer anderen unterscheidet" ([19, S. 4]; vgl. [18, S. 1]).

2.5 Kulturelle Aspekte

Hofstede beschreibt fünf Kulturdimensionen, die Einfluss darauf haben, wie wir denken, fühlen und handeln.

Kulturdimensionen nach Hofstede:

- **Machtdistanz (power distance)**
  Ist „das Ausmaß, bis zu welchem die weniger mächtigen Mitglieder von Institutionen bzw. Organisationen eines Landes erwarten und akzeptieren, dass Macht ungleich verteilt ist" [19, S. 59].
- **Individualismus/Kollektivismus (individualism versus collectivism)**

  Individualismus beschreibt Gesellschaften, in denen die Bindungen zwischen den Individuen locker sind; man erwartet von jedem, dass er [für] sich selbst und für seine unmittelbare Familie sorgt. Sein Gegenstück, der Kollektivismus, beschreibt Gesellschaften, in denen der Mensch von Geburt an in starke, geschlossene Wir-Gruppen integriert ist, die ihn ein Leben lang schützen und dafür bedingungslose Loyalität verlangen (ebd., S. 102).

- **Maskulinität/Femininität (masculinity versus femininity)**

  Eine Gesellschaft bezeichnet man als maskulin, wenn die Rollen der Geschlechter emotional klar gegeneinander abgegrenzt sind: Männer haben bestimmt, hart und materiell orientiert zu sein, Frauen dagegen müssen bescheidener, sensibler sein und Wert auf Lebensqualität legen. Als feminin bezeichnet man eine Gesellschaft, wenn sich die Rollen der Geschlechter emotional überschneiden: Sowohl Frauen als auch Männer sollen bescheiden und feinfühlig sein und Wert auf Lebensqualität legen (ebd., S. 165).

- **Unsicherheitsvermeidung (uncertainty avoidance)**
  Beschreibt den „Grad, bis zu dem die Mitglieder einer Kultur sich durch uneindeutige oder unbekannte Situationen bedroht fühlen" (ebd., S. 233).
- **Langzeit- gegenüber Kurzzeitorientierung (long-term versus short-term orientation)**
  Langzeitorientierung steht für das Hegen von Tugenden, die auf künftigen Erfolg hin ausgerichtet sind, insbesondere Beharrlichkeit und Sparsamkeit. Das Gegenteil, die Kurzzeitorientierung, steht für das Hegen von Tugenden, die mit der Vergangenheit und der Gegenwart in Verbindung stehen, insbesondere „Respekt für Traditionen, Wahrung des ‚Gesichts' und die Erfüllung sozialer Pflichten" (ebd., S. 292 f.).

Diese Dimensionen können für unterschiedliche Handlungsweisen von Menschen Erklärungsansätze liefern. Neben Hofstede haben sich u. a. auch Edward Hall, Edgar Schein, Alexander Thomas und Fons Trompenaars, mit dem Thema Kultur auseinandergesetzt.

2.5.2 Kulturelle Kompetenz

Um interkulturell bedingten Problemen vorzubeugen und um die Werte und Normen sowie das Verhalten anderer Kulturen besser verstehen zu können, bieten die dargestellten Kulturdimensionen eine Orientierungshilfe.

Kulturelle Unterschiede machen sich allerdings nicht nur an Nationalitäten fest, sondern sind durch ethnische Faktoren, Religion und soziale Faktoren ebenso beeinflusst wie durch Bildung, berufliche Ausbildung und Sozialisation. Um mit dieser Verschiedenartigkeit umgehen zu können, ist es hilfreich, über kulturelle Kompetenz zu verfügen oder diese auszubilden.

Starke kulturelle Unterschiede innerhalb eines Projektteams können aufgrund vielfältiger Perspektiven und Denkweisen eine große Bereicherung sein, bieten aber auch erhöhtes Konfliktpotenzial. Der Psychologe Alexander Thomas fand in einer umfassenden Studie heraus, dass kulturell-gemischte Teams teilweise effizienter sind, allerdings in der Anfangszeit mehr Probleme zu bewältigen haben. Voraussetzung dafür sei zudem eine gewisse Flexibilität der Mitarbeiter, nicht nur das eigene, sondern auch Verfahren anderer Kulturen zu favorisieren [43, S. 19]. Ein wesentlicher Aspekt für gelingende interkulturelle Teams ist die interkulturelle Kommunikation.

Interkulturelle Kommunikation
Müller und Gelbrich [32] beleuchten in ihrem Werk „Interkulturelle Kommunikation" neben den Grundlagen der interpersonalen Kommunikation insbesondere auch den Einfluss von Religion und Sprache auf die Kommunikation. Daneben geben sie in einem abschließenden Kapitel wertvolle Tipps zu kulturell bedingten unterschiedlichen Arbeits-, Konflikt- und Führungsstilen (ebd., S. 482 ff.).

Interkulturelle Kommunikation kann nach Hofstede [19] in drei Phasen erlernt werden.

1. **Phase: Bewusstwerden**
   Zunächst muss erkannt werden, dass jeder mit einer bestimmten „mentalen Software" ausgestattet ist, die sich je nach Umgebung, in der man aufgewachsen ist, unterscheidet.
2. **Phase: Wissen**
   Ein Wissen über die andere Kultur wie Symbole, Helden und Rituale erleichtert den Umgang mit dieser. Inwieweit weichen deren Werte von denen meiner Kultur ab?
3. **Phase: Fertigkeiten**
   Aufbauend auf den ersten beiden Phasen kommt nun die Praxis hinzu. Es gilt, die Symbole und Helden zu erkennen und Rituale zu praktizieren (ebd., S. 492 f.).

2.5 Kulturelle Aspekte

Interkulturelle Kompetenz Als erstes Bundesland hat Berlin am 15. Dezember 2010 ein Integrationsgesetz verabschiedet. In diesem „Gesetz zur Regelung von Partizipation und Integration in Berlin" (PartIntG) wird u. a. in § 4 Abs. 3 beschrieben, was unter interkultureller Kompetenz zu verstehen ist:

> Interkulturelle Kompetenz ist eine auf Kenntnissen über kulturell geprägte Regeln, Normen, Wertehaltungen und Symbole beruhende Form der fachlichen und sozialen Kompetenz. Der Erwerb von und die Weiterbildung in interkultureller Kompetenz sind für alle Beschäftigten durch Fortbildungsangebote und Qualifizierungsmaßnahmen sicherzustellen.

Nordrhein-Westfalen definiert interkulturelle Kompetenz in § 4 Abs. 2 des „Gesetzes zur Förderung der gesellschaftlichen Teilhabe und Integration in Nordrhein-Westfalen" vom 24. Februar 2012 wie folgt:

1. die Fähigkeit, insbesondere in beruflichen Situationen mit Menschen mit und ohne Migrationshintergrund erfolgreich und zur gegenseitigen Zufriedenheit agieren zu können,
2. die Fähigkeit bei Vorhaben, Maßnahmen, Programmen etc. die verschiedenen Auswirkungen auf Menschen mit und ohne Migrationshintergrund beurteilen und entsprechend handeln zu können sowie
3. die Fähigkeit, die durch Diskriminierung und Ausgrenzung entstehenden integrationshemmenden Auswirkungen zu erkennen und zu überwinden.

▶ **Interkulturelle Kompetenz** ist die Fähigkeit, mit Individuen und Gruppen anderer Kulturen erfolgreich und angemessen zu interagieren. Dabei spielen insbesondere Eigenschaften wie Weltoffenheit und Toleranz sowie ein hohes Maß an Einfühlungsvermögen eine große Rolle.

Laut Hofstede ist es ideal, wenn Teammitglieder „ihre Fähigkeiten vollständig einsetzen können, auch solche, die aus ihrer kulturellen Identität stammen – seien diese künstlerischer, sozialer, sprachlicher, mentalitätsmäßiger oder anderer Art" [19, S. 508].

2.5.3 Projektkultur

Bezogen auf die Projektarbeit mit Studierenden kann aus den bisher vorgestellten Aspekten zur Kultur der Schluss gezogen werden, dass eine Projektkultur für den Projekterfolg wichtig ist. Eine dynamische und tragfähige Projektkultur erfordert ein gemeinsames Ziel und Zielverständnis, gegenseitiges Vertrauen, eine gemeinsam festgelegte Arbeitsweise, geklärte Verantwortlichkeiten und vernünftige Kommunikation.

▶ Eine reibungsfreie Zusammenarbeit wird durch die Entwicklung einer Projektkultur gefördert.

Die Entwicklung einer Projektkultur in Teams mit kulturell vielfältiger Herkunft ist im Vergleich zu Projektteams mit gleichem kulturellen Hintergrund um ein Vielfaches komplexer. Die Herausforderungen bestehen im Ablegen von Vorurteilen, im Umgang mit fremd erscheinenden Verhaltens- und Arbeitsweisen, in der Akzeptanz von länderspezifischen Werten und Normen, im Umgang mit sprachlichen Hindernissen, etc.

Kulturelle Unterschiede wirken sich auf ein Projekt in folgenden Bereichen aus:

- Art der Kommunikation
- Verständnis für Zielerreichung (Perfektionismus, Teillösungen)
- Art der Konfliktansprache und Konfliktlösung
- Art der Entscheidungsfindung
- Verbindlichkeit von Entscheidungen
- Umgang mit Terminen
- Umgang mit Unsicherheit
- Risikobereitschaft
- Verlässlichkeit.

Fazit
Bei interkulturellen studentischen Teams (Länder, Religionen, Fachgebiete) sollte der Lehrende über ein Grundwissen der kulturellen Unterschiede verfügen. Es muss ihm bewusst sein, dass Teamkonflikte aufgrund von Unterschieden in der Arbeits- und Lebenskultur entstehen können. Als Fundament einer zielorientierten Projektbearbeitung ist eine wertschätzende Kommunikation aller Projektbeteiligten zu sehen.

2.6 Zusammenfassung

In diesem Kapitel wurde die Bedeutung des Lehrens über die Projektmethode verdeutlicht und deren spezifischer Beitrag zur Ausbildung von Studierenden herausgestellt. Es wurden Begrifflichkeiten wie Lernarten, die Didaktik des Projektlernens und was unter Kompetenzen zu verstehen ist, geklärt. Zudem wurde auf wichtige Kompetenzen hingewiesen, die im späteren Berufsleben eine große Rolle spielen und deshalb im Projektlernen gefördert und gefordert werden sollten. Die Berücksichtigung von kulturellen Verschiedenheiten und die Etablierung einer Projektkultur unterstützt die Zielerreichung der Projekte.

Fazit
Projekte sind ein wichtiges Instrument der erlebnisorientierten und aktivierenden Lehre.

Literatur

1. Annen, S. (2012). *Anerkennung von Kompetenzen: kriterienorientierte Analyse ausgewählter Verfahren in Europa. Bundesinstitut für Berufsbildung.* Bielefeld: Bertelsmann.
2. Bloch, R. (2009). *Flexible Studierende? Studienreform und studentische Praxis.* Leipzig: Akademische Verlagsanstalt.
3. Bloom, B. S. (1976). *Taxonomie von Lernzielen im kognitiven Bereich.* Basel: Beltz.
4. Böhle, F., Pfeiffer, S., & Sevsay-Tegethoff, N. (2004). *Die Bewältigung des Unplanbaren.* Wiesbaden: Springer.
5. BMBF. (Hrsg.). (2001). Informelles Lernen; Die internationale Erschließung einer bisher vernachlässigten Grundform menschlichen Lernens für das lebenslange Lernen aller. Bonn. http://www.bmbf.de. Zugegriffen: 07. Sept. 2015.
6. BMBF (Hrsg.) (2008): Stand der Anerkennung non-formalen und informellen Lernens in Deutschland. https://www.oecd.org/germany/41679629.pdf. Zugegriffen: 15. Nov. 2015 und 05. Dez. 2015.
7. Csikszentmihalyi, M. (1996). *Creativity: Flow and the psychology of discovery and invention.* New York: Harper.
8. Deutsche UNESCO-Kommission (2016) BNE-Portal - UNESCO Weltaktionsprogramm Bildung für Nachhaltige Entwicklung. http://www.bne-portal.de/de/einstieg. Zugegriffen: 31. Okt. 2016.
9. Dewey, J. (1985): *Democracy and Education. The Middle Works 1899–1924,* (Bd. 9). Carbondale: Southern Illinois University Press.
10. Dohmen, G. (1996). *Das lebenslange Lernen, Leitlinien einer modernen Bildungspolitik. Bundesministerium für Bildung, Wissenschaft.* Bonn: Forschung und Technologie.
11. Duden. http://www.duden.de/rechtschreibung/Kultur#Bedeutung1a. Zugegriffen: 03. Aug. 2016.
12. Erpenbeck, J., & Heyse, W. (1999). *Die Kompetenzbiographien. Strategien der Kompetenzentwicklung.* Waxmann: Münster.
13. Erpenbeck, J., & von Rosenstiel, L. (Hrsg.). (2007). *Handbuch Kompetenzmessung* (2. Aufl.). Stuttgart: Schäffer-Pöschel.
14. Europäische Union. (2006). Amtsblatt der Europäischen Union. Empfehlung des europäischen Parlaments und des Rates vom 18. Dezember 2006 zu Schlüsselkompetenzen für lebensbegleitendes Lernen (2006/962/EG). http://eur-lex.europa.eu/legal-content/DE/ALL/?uri=CELEX%3A32006H0962. Zugegriffen: 31. Okt. 2016.
15. Faix, W. G, Mergenthaler, J. (2011). Die schöpferische Kraft der Bildung – Über die Entwicklung (zu) einer schöpferischen Persönlichkeit als grundlegende Bedingung für Innovationen und den unternehmerischen Erfolg. In W. G. Faix & M. Auer (Hrsg.). Kompetenz. Persönlichkeit. Bildung. Bd. 3. Steinbeis-Edition./, Stuttgart. http://www.steinbeis-sibe.de/fileadmin/pdf/Publikationen/Kompetenzband_3-SIBE-Master.pdf. Zugegriffen: 13. Dez. 2015.
16. Grawe, K. (2004). *Neuropsychotherapie* (S. 49). Göttingen: Hogrefe.
17. Hartig, J. & Klieme, E.(Hrsg.). (2007). Möglichkeiten und Voraussetzungen technologiebasierter Kompetenzdiagnostik. Eine Expertise im Auftrag des Bundesministeriums für Bildung und Forschung, Bildungsforschung Bd. 20, Bonn. https://www.bmbf.de/pub/Bildungsforschung_Band_20.pdf. Zugegriffen: 11. Jan. 2016.
18. Hofstede, G. (2001). *Culture's consequences: Comparing values, behaviors, institutions, and organizations across nations* (2. Aufl.). Thousand Oaks: Sage Publications.
19. Hofstede, G., & Hofstede, G. J. (2009). *Lokales Denken, globales Handeln. Interkulturelle Zusammenarbeit und globales Management* (4. Aufl.). München: dtv Beck-Wirtschaftsberater.

20. Holzbaur, U. (2014). *Projektmanagement für Studierende – Erfolgreich das Studium meistern*. Wiesbaden: Springer-Gabler.
21. Holzbaur, U. (2016). *Events nachhaltig gestalten*. Wiesbaden: Springer.
22. Holzbaur, U., & Marx, I. (Hrsg.). (2011). *Handlungs-und Erlebnisorientierung in der tertiären Bildung, Aalener Schriftenreihe zur Betriebswirtschaft*, (Bd. 6). Aachen: Shaker Verlag.
23. Junge, H. (2009). Projektstudium zur Förderung beruflicher Handlungskompetenzen in der Ingenieurausbildung. *Journal Hochschuldidaktik, 20*(2), 11–15.
24. Kommission der Europäischen Gemeinschaft. (2000). Memorandum über Lebenslanges Lernen. Brüssel. https://www.hrk.de/uploads/tx_szconvention/memode.pdf. Zugegriffen: 31. Okt. 2016.
25. Kommission der Europäischen Gemeinschaft. (2001). Einen europäischen Raum des lebenslangen Lernens schaffen. Mitteilung der Kommission. Brüssel, KOM (2001) 678. https://www.bibb.de/dokumente/pdf/foko6_neues-aus-euopa_04_raum-lll.pdf. Zugegriffen: 31. Okt. 2016.
26. Kroeber, A. L., & Kluckhohn, C. (1963). *Culture: A critical review of concepts and definitions*. New York: Vintage books.
27. Linton, R. (1974). *Gesellschaft, Kultur und Individuum*. Frankfurt a. M.: Fischer.
28. Livingstone, D. W. (1999). Informelles Lernen in der Wissensgesellschaft. In Arbeitsgemeinschaft Qualifikations-Entwicklungs-Management (Hrsg.), *Kompetenz für Europa: Wandel durch Lernen – Lernen im Wandel. Referate auf dem internationalen Fachkongress Berlin* (S. 65–91). Berlin: QUEM-Report.
29. Mandl, H., & Friedrich, H. F. (Hrsg.). (1992). *Lern- und Denkstrategien: Analyse und Intervention*. Göttingen: Hogrefe.
30. Mertens, J.-U., & Kuhl, J. (2009). *Die Kunst der Selbstmotivierung: neue Erkenntnisse der Motivationsforschung praktisch nutzen* (3. Aufl.). Stuttgart: Kohlhammer.
31. Michelsen, G., & Adomßent, M. (2014). Nachhaltige Entwicklung: Hintergründe und Zusammenhänge. In H. Heinrichs & G. Michelsen (Hrsg.), *Nachhaltigkeitswissenschaften* (S. 3–59). Berlin: Springer-Spektrum.
32. Müller, S., & Gelbrich, K. (2014). *Interkulturelle Kommunikation*. München: Vahlen.
33. Nuissl, E. (Hrsg.). (2006). *Vom Lernen zum Lehren. Lern- und Lehrforschung für die Weiterbildung. Das Deutsche Institut für Erwachsenenbildung*. Bielefeld: Bertelsmann Verlag GmbH.
34. Ort, C.-M. (2008). Kulturbegriffe und Kulturtheorien. In A. Nünning & V. Nünning (Hrsg.), *Einführung in die Kulturwissenschaften: Theoretische Grundlagen – Ansätze – Perspektiven* (S. 19–38). Stuttgart: J. B. Metzler.
35. Schüssler, I. (2010). *Nachhaltige Lernprozesse - Ermöglichungsstrukturen nachhaltigen Lernens. Ausgabe 1/10* (S. 4–7). Bern: Schulverlag plus AG.
36. Schrader, J., & Berzbach, F. (2006). Lernen Erwachsener – (k)ein Thema für die empirische Weiterbildungsforschung? In E. Nuissl (Hrsg.), *vom Lernen zum Lehren. Lern- und Lehrforschung für die Weiterbildung. Das Deutsche Institut für Erwachsenenbildung*. Bielefeld: Bertelsmann Verlag GmbH.
37. Siebert, H. (2006). Lernmotivation und Bildungsbeteiligung. http://www.die-bonn.de/doks/2006-weiterbildungsmotivation-01.pdf. Zugegriffen: 31. Okt. 2016.
38. Siebert, H. (2010). Methoden für die Bildungsarbeit: Leitfaden für aktivierendes Lehren. Bielefeld. http://www.die-bonn.de/id/9112. Zugegriffen: 31. Okt. 2016.
39. Sonntag, K., Stegmaier, R., Schaper, N., & Friebe, J. (1996). *Lernen im Unternehmen*. München: Beck.
40. Stegmann, A. (2008). *Informelles Lernen, Identifizierung, Bewertung und Anerkennung informell erworbener Kompetenzen*. Hamburg: Diplomica.

Literatur

41. Voss, H.-P. (1998). Hat die Vorlesung ausgedient? Die Bedeutung unterschiedlicher Veranstaltungsformen für den Lernprozess. In B. Schwarze & W.-D. Webler (Hrsg.), *Blickpunkt Hochschuldidaktik 104, Lernen in Europa. Neue Anforderungen an die Ausbildung von Ingenieurinnen und Ingenieuren* (S. 243–256). Weinheim: Beltz.
42. Watkins K. E., Marsick V. J. (1992). Towards a theory of informal and incidental learning in organizations. *International Journal of Lifelong Education, 11*(4), 287–300. London: Taylor and Francis.
43. Weber, C. (2002). Mein Chef ist Ausländer. *Die Zeit, 57*(43), 18–19.
44. Wildt, J. (2006). Kompetenzen als Learning Outcome, Hochschuldidaktisches Zentrum der Technischen Universität Dortmund, Heft 1. http://hdl.handle.net/2003/26882, http://dx.doi.org/10.17877/DE290R-8128. Zugegriffen: 09. Febr. 2016.
45. Zimbardo, P. G., & Gerrig, R. J. (2004). *Psychologie, ein Imprint der Education Deutschland GmbH. Übersetzung: Dr. Ralf Graf, Markus Nagler und Brigitte Ricker, KU Eichstätt* (16. Aufl.). Berlin: Pearson Deutschland GmbH.

Die Projektmethode 3

Es existieren unterschiedliche Methoden, wie Projekte erfolgreich in der Lehre eingesetzt werden können. Im Folgenden wird vor allem die langjährig erprobte Methode **PPM – Prepared Project Method** – [3] näher vorgestellt. Zusätzlich werden in Abschn. 3.4 weitere Methoden zur Integration von Projekten in die Hochschullehre angesprochen. Grundsätzlich sind natürlich alle Methoden variabel und können an individuelle Bedürfnisse angepasst werden. Sie bieten vor allem für den Einstieg eine wichtige Orientierungshilfe. In Abschn. 3.1 werden die einzelnen Aspekte des übergreifenden Metaprojekts erläutert. Bevor in Abschn. 3.3 verschiedene Projektarten vorgestellt werden, gibt Abschn. 3.2 einen Überblick über die einzelnen Akteure im Projekt und ihre Aufgaben.

▶ Für den Einsatz von Projekten in der Lehre sind Grundkenntnisse im Bereich Projektmanagement erforderlich. Lehrende sollten die Prinzipien des Projektmanagements beherrschen und die Grundlagen und Methoden vermitteln können [12].

▶ **Projektmanagement** ist die Gesamtheit von Führungsaufgaben, -organisation, -techniken und -mittel für die Abwicklung eines Projekts (nach DIN 69901).

Im vorliegenden Kapitel werden konkrete Methoden, wie die PPM, vorgestellt. Ein Grundlagenwissen in Projektmanagement wird dabei vorausgesetzt. Im zweiten Teil finden Sie in Kap. 5 eine Zusammenfassung der wichtigsten Grundlagen des Projektmanagements.

3.1 Grundlagen der Projektmethode

Bevor die Methode Prepared Project Method im Einzelnen vorgestellt wird, erfolgt zunächst eine Definition und Abgrenzung wesentlicher Begriffe, die im weiteren Verlauf immer wieder verwendet werden.

Prepared Projects Method: Begriffe

PPM   PPM (Prepared Project Method) ist eine Methode zur Integration von realen Projekten in die Hochschullehre durch eine intensive Vorbereitung. Die Projektmethode umfasst dabei nicht nur die von den Studierenden zu bearbeitenden Projekte, sondern das Gesamtprojekt des Lehrenden von der Projektidee und Projektauswahl bis zur Evaluation und Benotung (Metaprojekt) [3].

Metaprojekt   Das Metaprojekt ist das Projekt aus Sicht des Lehrenden. Es umfasst die Vorbereitung des Projekts hinsichtlich der Idee und Auswahl, das Stakeholdermanagement, die Begleitung der Projektdurchführung sowie die Evaluation und Benotung.

Lehrprojekt   Einzelnes Projekt aus Sicht der Lehrenden. Es kann auch mehrere Teilprojekte umfassen oder Teil eines Oberprojekts sein (Multiprojektmanagement).

Oberprojekt   Zusammenfassung mehrerer Projekte, die.

- inhaltlich zusammengehören,
- einen gemeinsamen Kunden/Stakeholder haben,
- aufeinanderfolgen,
- ein gemeinsames Thema haben.

Ziel   Das wichtigste am Projekt ist das Ziel. Das Ziel beschreibt den zukünftigen Zustand bzw. die zu erreichenden Ergebnisse. Grundsätzlich haben alle Projekte ein Ziel. Bei der PPM-Methode liegt ein konkretes Ziel mit einem Nutzen für den Projektkunden (Stakeholder) vor.

Inhalt   Inhalt des Projekts sind die definierten Aufgaben und der Themenschwerpunkt. Der Inhalt konkretisiert bzw. selektiert die Lernziele des Moduls.

Thema   Das Thema ist ein weiter gefasstes Schlagwort, welches durch verschiedene Lehrprojekte abgedeckt sein kann. Es kann sich um gleichzeitig stattfindende oder aufeinanderfolgende Projekte handeln.

Abb. 3.1 und 3.2 zeigen, wie das Einzelprojekt mit dem Metaprojekt zeitlich und logisch zusammenhängen.

3.1 Grundlagen der Projektmethode

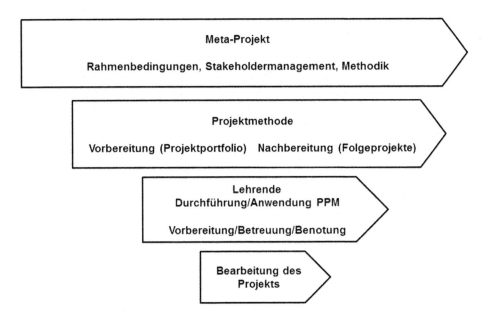

Abb. 3.1 Hierarchischer Zusammenhang zwischen Projektmethode und studentischem Projekt

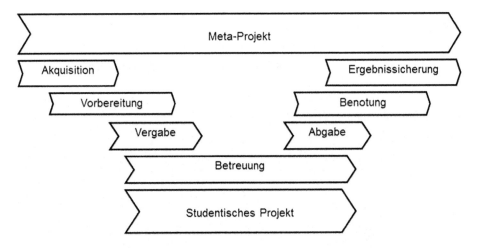

Abb. 3.2 Zeitlicher Zusammenhang zwischen Metaprojekt und studentischem Projekt

GeoPark

Im Folgenden sollen anhand eines Projektbeispiels die oben eingeführten Begriffe verdeutlicht werden. Im Sommersemester 2016 wurde das Projekt „3-D-Druck eines Ammoniten" durchgeführt. Dieses Lehrprojekt gehörte zu folgenden Oberprojekten:

- Es war eines von vier Projekten zum Thema 3-D-Druck,
- eines von drei Projekten zum Thema Geologie
- eines von vier Projekten zum Thema Digitalisierung
- eines von zwei Projekten mit den Stakeholdern Tourismus und GeoPark.
- Es war das erste in einer Reihe von Projekten über drei Semester, die das Gesamtziel haben, auf dem Geopark-Fest 2017 den 3-D-Druck von Ammoniten zu präsentieren
- Im Wintersemester 2016/2017 werden zwei Projekte bearbeitet, eines zur Technik (Scannen, 3-D-Druck) und eines zum Thema Eventplanung für das Geopark-Fest

Es wird deutlich, dass ein Projekt Bezüge zu mehreren Themen haben kann, zeitlich in der Reihe mehrerer Projekte stehen kann und die betroffenen Stakeholder auch in anderen Projekten involviert sein können.

3.1.1 Grundprinzipien der Projektmethode

Die Projektmethode PPM beruht auf folgenden Prinzipien:

- Einbettung des studentischen Projekts (bzw. der Portfolios) in das Metaprojekt des Lehrenden
- Zielorientierung und konkreter Nutzen für einen oder mehrere Stakeholder
- Planspielcharakter durch Erlebnisorientierung und Vorplanung

Ziel der Methode ist es, für jede beteiligte Anspruchsgruppe einen Nutzen zu generieren. Für die Kunden ist dies das Projektergebnis, für die Lehrenden eine interessante und erfolgreiche Lehre, für die Studierenden die Erfassung des Lernstoffes und für die Hochschule die Reputationen und die Projektergebnisse.

Das Metaprojekt
Die Phasen des Metaprojekts sind umfangreicher als die des studentischen Projekts:

- Akquisition und Definition
- Planung
- Projektstart und Vergabe
- Begleitung und Betreuung
- Abschluss und Abgabe
- Bewertung und Benotung
- Ergebnissicherung und Folgeprojekte

Die einzelnen Projektaufgaben werden in Kap. 4 umfassender beschrieben.

Das Ziel im Zentrum (Zielorientierung)

Ein wichtiger Aspekt von PPM ist die Zielorientierung. Das Ziel eines Projekts an der Hochschule ist zum einen ein konkretes Ergebnis (Entwicklung, Konzeptentwicklung, Implementierung) und zum anderen eine Erkenntnis. Zu den Erkenntnissen zählen sowohl diejenigen über Lerninhalte des Projektmanagements und die der jeweiligen Lehrveranstaltung als auch die Lessons Learned als individuelle und gruppenbezogene Reflexion der Studierenden.

▶ Es ist wichtig, zu Projektbeginn das Projektziel (angestrebtes Ergebnis) zu definieren. Dieses beinhaltet die:
- Vision (zukünftiger Zustand)
- Mission (zu erledigende Aufgabe)
- Deliverables (abzuliefernde Produkte).

Im Zusammenhang mit Projektmanagement bedeutet **Vision** die Vorstellung eines zukünftigen, angestrebten Zustands. Die zentrale Frage lautet: „Was verändert/verbessert sich durch das Projekt?". Die **Mission** ist die Aufgabenstellung zum erfolgreichen Erlangen des Projektergebnisses. Hierunter zählen alle Tätigkeiten, abzuliefernde Ergebnisse (Deliverable Items) sowie eine klare Abgrenzung der Tätigkeitsfelder. Fragen wie: „Was ist zu tun?" und: „Was werden die Erfolgskriterien sein?" sollten hier beantwortet werden. **Deliverables** sind geforderte und zugesagte Objekte, die als Projektergebnis für den Kunden, Lehrenden und die Hochschule abzuliefern sind. Je nach Art des Projekts können Deliverables ein haptisches Produkt oder auch ein Konzept in Form einer Datei sein. Auf alle Fälle sollte vorab geklärt werden: Welche Ergebnisse müssen dem Kunden nach Projektabschluss in welcher Form geliefert werden?

Zu den geforderten Ergebnissen gehören immer:

- Ergebnisdokumentation und eventuell physische Produkte (z. B. Prototypen)
- Projektdokumentation mit eventuell erhobenen Daten/Messungen und Auswertungen
- Poster und Pressebericht
- Dokumentation über gewonnene Erkenntnisse (Lessons Learned)

In den sogenannten Lessons Learned reflektieren die Studierenden ihre Projektarbeit und stellen die wichtigsten Erkenntnisse zusammen. Es sollten Fragen beantwortet werden wie „Was habe ich beim Projekt gelernt?", „Welche Frage wird durch das Projekt beantwortet?" oder „Welche Kompetenzen habe ich verstärkt oder gewonnen?".

▶ Das primäre Lernziel der Projektmethode ist, Inhalte der jeweiligen Lehrveranstaltung in Projekten zu erarbeiten und zu vertiefen (vgl. [7]). Daneben werden viele weitere Kompetenzen erworben.

Das Projekt als Planspiel
Der Einsatz von Projekten in der Lehre ist mit dem Einsatz von Planspielen vergleichbar.

▶ In einem **Planspiel** werden die Teilnehmer in eine fiktive Situation versetzt, die ein vereinfachtes Abbild der Realität darstellt [13, S. 3].

Komplexe Dynamiken und Prozesse werden so mit der Methode des Planspiels leichter verständlich [10, S. 80]. Im Englischen gibt es viele verschiedene Bezeichnungen für Planspiele, was bereits auf eine Vielfalt unterschiedlicher Planspielarten schließen lässt [5]. Meist bestehen Planspiele jedoch aus einer bestimmten Ausgangssituation und einer durch Computer, Regeln oder externe Einflüsse gegebenen Dynamik, in der Entscheidungen getroffen werden müssen [6]. Der Betreuer kann beim Projekt lenkend eingreifen, ähnlich dem Moderator bei einem Planspiel. Die Dynamik im Projekt wird zudem durch die Projektphasen, die Präsentationen, die Interaktionen (Kontakte) mit den Anspruchsgruppen (Stakeholdern) und die vom Lehrenden gegebenen Informationen wesentlich gesteuert. Diese Dynamik wird im Vorfeld bereits betrachtet und eingeplant. Dadurch wird der Nutzen aus dem Projekt (Praxis) deutlich verbessert und der Lehrstoff (Theorie) besser in das Projekt integriert. Planspiele und Projekte dieser Art stellen ein Erlebnis für die Studierenden dar. Die Erlebnisorientierung, in Abschn. 2.2.2 näher beschrieben, fördert den Lernerfolg und die Motivation der Studierenden.

Das in Abschn. 2.2.2.2 betrachtete Flow-Konzept lässt sich auf die Projektarbeit übertragen und spielt eine wichtige Rolle bei der Umsetzung des Planspielcharakters.

Für einen optimalen Projekterfolg braucht es ein Gleichgewicht zwischen zwei Faktoren:

- Anforderungen an das Projektteam
- Unterstützung durch die Betreuer

Abweichungen von diesem angestrebten Gleichgewicht führen zu zwei Extremen:

- Überforderung, Unsicherheit, Panik und die daraus folgende Ablehnung, Passivität und negative Einstellung und ein möglicherweise folgender Misserfolg
- Unterforderung, Zurücklehnen, Passivität und die daraus folgende Distanz, stark reduziertes Engagement, Fehlentwicklungen, und ein mögliches Scheitern

Obwohl auch das Scheitern eines Projekts eine lehrreiche Erfahrung sein kann, ist es im Sinne des Lerneffekts und Projekterfolgs ein Scheitern durch rechtzeitiges – aber nicht zu frühes – Eingreifen zu vermeiden.

Der optimale Zustand des Flow liegt vor, wenn diese beiden Faktoren im Gleichgewicht sind; wobei sich die Kompetenzen eines Studierenden im Laufe des Studiums verbessern und erweitern, sodass dann auch die Anforderungen gesteigert werden können und müssen. Dies ist z. B. bei der Hinführung auf komplexere Aufgaben wichtig. In Abb. 3.3 wird dieser Zusammenhang deutlich.

3.1 Grundlagen der Projektmethode

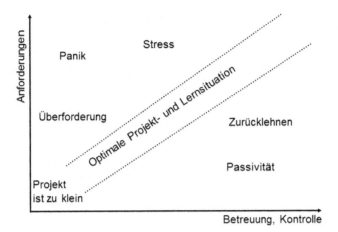

Abb. 3.3 Erfolg durch Planspielcharakter und Flow

Intensive Vorbereitung

Wichtigste Komponente ist die Vorbereitung von studentischen Projekten. Es gibt umfangreiche Literatur und Leitfäden zur Durchführung von Projekten, die aber meist dort anfangen, wo das Projekt als Aufgabe feststeht. In Projekten ist die Definition der Projektziele und die Verortung im magischen Projektdreieck (siehe Abb. 5.1) eine der wichtigsten Aufgaben und das entscheidende Erfolgskriterium. Für Hochschulprojekte ist zusätzlich die Vorbereitung des Projekts ausschlaggebend für den Erfolg und für die Eignung als Leistungsnachweis. Vor der Definitionsphase des Projekts durch das studentische Projektteam steht deshalb eine Definitionsphase durch den Lehrenden.

Dabei wird das Projekt so definiert und kalibriert, dass es

- die in der Modulbeschreibung gegebenen Ziele unterstützt,
- im Rahmen des durch die Modulbeschreibung gegebenen Workloads bearbeitbar ist,
- mit den gegebenen und in der Lehrveranstaltung vermittelten Kenntnissen bearbeitbar ist.

Außerdem wird das Projektportfolio in jedem Semester so gestaltet, dass es die zu vermittelnden Inhalte exemplarisch abdeckt. Wie das Portfolio entwickelt und die Projekte generiert werden können, wird in den Abschn. 3.1.2 und 3.1.3 erklärt.

3.1.2 Umsetzung der Projektmethode

▶ Die Grundidee bei PPM ist vergleichbar mit der eines Planspiels: Sicherheit aus Sicht der Lehrenden, Unsicherheitsbewältigung aus Sicht der Lernenden.

Studentische Teams erhalten zum Projektstart ein grob formuliertes Ziel. Daraus definieren die Studierenden in Abstimmung mit dem Kunden ein genaues Projektziel und eine Aufgabenbeschreibung (Pflichtenheft).

Selbstverständlich leistet der Lehrende für die Ziel- und Aufgabenfindung nach Bedarf zusätzliche Hilfestellung. Die Aufgabenbeschreibung und die dazugehörende Abgrenzung der Tätigkeitsfelder sind essenziell für den Projekterfolg – auch wenn die Aufgabe erst im Laufe des Projekts genau verstanden und damit dann die Feinplanung gestartet werden kann.

Zum Abschluss des Projekts müssen alle Teams einen Pressebericht abgeben. Zu Beginn des Projekts dient dieser zur eindeutigen Klarstellung der Aufgaben- und der Zieldefinition des Projekts, was zu einer zielorientierten, effektiven Umsetzung des Projekts führt. Der Pressebericht wird abschließend angepasst und publiziert.

Die Ausarbeitung der Projektergebnisse muss wissenschaftliche Standards wie Quellenarbeit, Quellenkritik, Experimenten oder statistischen Verfahren erfüllen.

Multiprojektmanagement
Die Umsetzung von PPM erfordert ein Multiprojektmanagement in mehrfacher Hinsicht:

- Das Projektportfolio ist in jedem Semester so zu koordinieren, dass durch Abdeckung aller relevanten Bereiche das Ziel der Lehrveranstaltung erreicht wird und Synergien zwischen den Projekten genutzt werden.
- Mehrere Projekte laufen gleichzeitig mit den gemeinsamen Ressourcen: Studierende, Lehrende, betreuende Assistenten und Infrastruktur (z. B. Computerpools).

Beispiel
Der Aufwand pro Semester (circa 30 Projekte in drei Lehrveranstaltungen) beträgt:

- etwa 150 Teilnehmer und in Summe 500 CP studentische Workload = 15.000 h
- Projektvorbereitung und Betreuung für den Lehrenden = 500 h
- etwa eine Drittel Stelle für betreuende Assistenten = 300 h
- insgesamt zwei bis drei studentische Hilfskräfte (40 h) = 300 h

- Projekte können von Teams aus verschiedenen Semestern gemeinsam bearbeitet werden. Dazu ist eine Projektbeschreibung notwendig, aber auch eine Handreichung darüber, in welchen Lehrveranstaltungen welche Schwerpunkte zu setzen sind.
- Größere Aufgaben (Gesamtprojekte) werden geteilt, um die Kontrolle (Aspekt Leistungsnachweis) zu behalten. Damit ist eine Koordination der Projekte durch die Lehrenden notwendig.
- Größere Aufgaben (Gesamtprojekte) laufen über mehrere Semester. Durch die zeitliche Verteilung ist eine Koordination durch Lehrende und Projektpartner notwendig.

- Größere Forschungsprojekte laufen über mehrere Semester. Die Integration und Publikation erfolgt durch die Lehrenden in ihrer Funktion als Forscher.

3.1.3 Projektportfolio

▶ **Projektportfolio** Das Portfolio ist die Gesamtheit der Projekte im Semester.

▶ Das Projektportfolio sollte den Lernstoff und die zu erlernenden fachlichen, methodischen und sozialen Kompetenzen der jeweiligen Lehrveranstaltung abdecken.

Entwicklung eines Projektportfolios
Anhand der Lehrinhalte und vorgegebenen Ziele in den Modulbeschreibungen können zunächst Projektideen gesammelt werden, sodass sich ein „rundes" Projektportfolio ergibt. Dabei sind vor allem auch der jeweilige Workload (Modulbeschreibung) und der Kenntnisstand der Studierenden zu beachten. Zunächst werden für diese Lehrinhalte passende Projekte konzipiert.

Mögliche Aspekte im Portfolio:

- **Projektmanagement:** Unterschiedliche Anspruchsgruppen (Stakeholder) und Kunden, Aufgabentypen (Analyse, Entwicklung, Synthese, Forschung), verschieden stark strukturierte Aufgaben.
- **Nachhaltige Entwicklung:** die drei Säulen der Nachhaltigkeit Ökologie, Ökonomie und Soziales oder regionale und globale Aspekte.

In Tab. 3.1 ist ein exemplarisches Projektportfolio dargestellt. In der ersten Spalte sind mögliche Stakeholder und in der obersten Zeile mögliche Ausrichtungen genannt. Daraus ergeben sich die verschiedenen Projekte.

Die thematische Strukturierung der Projekte und der Austausch mit den regionalen Stakeholdern sind Aufgaben des Lehrenden und beschreiben das sogenannte Metaprojekt in der PPM. Die Inhalte des Semesters sollten exemplarisch mit dem Projekteportfolio abgedeckt werden. In Fach Qualitätsmanagement und Nachhaltigkeit wurden beispielsweise Projekte in den Bereichen Marketing, Wirtschaftsförderung, Kommunalentwicklung, Analyse, Prävention, Konstruktion, Programmierung und Statistik angeboten. Für die Studierenden ist es dabei meistens besonders interessant, Projekte mit Partnern aus der Industrie durchzuführen. Diese sind allerdings häufig auch am schwierigsten zu akquirieren, insbesondere wenn es sich um Projekte in der Studieneingangsphase handelt.

Bedeutung des Projektportfolios
Durch die regelmäßig abgehaltenen Präsentationen bezüglich der aktuellen Projektstände werden die Studierenden kontinuierlich über die Projekte und Themen ihrer Kommilitonen

Tab. 3.1 Exemplarisches Projektportfolio (Thema: nachhaltige Entwicklung)

	Umwelt	Ressourcen	Soziales	Wirtschaft	Globales
Hochschule intern	Green University		Projekt Barrierefreiheit	Umfrage zu Existenzgründung	Konzeptentwicklung; Fairtrade University
Wirtschaft allgemein		Recycling als Wirtschaftsfaktor	Ausbildung und Migration	Supply Chain Management	
Industrie	Umfrage zu Relevanz der Umweltaspekte für Kaufverhalten	Energie-einsparung			
Museen	Ökobilanz	Ressourcen und Wirtschaft als Thema im Urweltmuseum	Preisgestaltung der Museen		Globalisierung und Kolonialisierung im Historischen Museum
Stadt	Umweltmanagement für Schulen	CO2-Bilanz Stadtfest		Website zur Regionalvermarktung	

informiert. Der Lehrende muss darüber hinaus natürlich sicherstellen, dass alle wesentlichen Aspekte des jeweiligen Stoffes untergebracht worden sind. Das erfordert bei Lehrveranstaltungen, die das Thema Projektmanagement nicht berühren, einen größeren Betreuungsaufwand.

Im folgenden Kapitel erfahren Sie mehr über die essenzielle Vor- und Nachbereitung der Projekte. Diese Schritte sind Teil des Metaprojekts (siehe Abschn. 4.1.1). Eine sorgfältige Vorbereitung ist das Herz der PPM. Denn eine gute Vorbereitung fördert den Projekt- und Lernerfolg der Studierenden. Dabei kommen zu den typischen Phasen des Projektmanagements noch die Akquise und die Evaluation hinzu. Die Projektfindung ist selbst ein Entwicklungsprojekt und kann auch nach den Methoden des Entwicklungsmanagements [2] erfolgen.

3.1.4 Vorbereitung – Projektfindung und Akquise

Die Entwicklung des Projektportfolios mit möglichen Themen, Inhalten und Kompetenzen und die Generierung der Projekte im Metaprojekt stehen zu einander in einer Wechselwirkung. Manchmal sind Projektziele und/oder Stakeholder schon vorgegeben und definieren dadurch ein Element des Portfolios, ein anderes Mal muss aufgrund des Portfolios ein Projektthema abgedeckt, daraus ein Projektziel entwickelt und ein passender Stakeholder akquiriert werden.

3.1 Grundlagen der Projektmethode

▶ Die Projekte müssen im Portfolio inhaltliche Themen und Kompetenzbereiche abdecken, ein Projekt ist aber erst dann definiert, wenn es ein Ziel hat.

Die Akquise von möglichen Projekten sollte idealerweise bereits ein Semester im Voraus beginnen. Zum jeweiligen Projektziel müssen dann Projektpartner bzw. relevante Stakeholder identifiziert und angesprochen werden. Häufig kommt es auch vor, dass sich über vorangegangene Projekte oder Kontakte bereits ein Projektpartner gefunden hat. Dann kann gemeinsam mit diesem nach einem geeigneten Projekt gesucht werden. Generell ist es wichtig, die Stakeholder (Projektpartner) bei der Themenfestlegung einzubeziehen und ggf. einen Kompromiss zwischen Lehrinhalt und Kundenwunsch zu finden. Hier genügt es, zunächst grobe Projektideen zu definieren.

> **Projektentwicklung**
>
> Im Rahmen des Projektportfolios soll ein Projekt zum Thema „globales Lernen" durchgeführt werden. Außerdem sollte noch in einem Projekt empirisches Arbeiten umgesetzt werden.
>
> Zum Thema „globales Lernen" bieten sich Bereiche wie Indigene Völker, Arbeitsbedingungen, Fair Trade oder Migration an. Die Umfrage soll aus Praktikabilitätsgründen in der Region stattfinden.
>
> Es könnte eine Umfrage bei der Bevölkerung (Marktplatz) über die Kenntnisse zu den politischen Bedingungen in den Herkunftsländern gemacht werden. Als Partner dazu käme das Amt für Migration der Stadt infrage. Das Ganze soll in einer Ausstellung münden.
>
> Alternativ könnten für das Akademische Auslandsamt Interviews mit Gaststudierenden zu Studienbedingungen in den Heimatländern durchgeführt und damit eine Website erstellt werden.

Je nachdem, wie lange der Zeitpunkt der Akquise zurückliegt, ist es wichtig, zeitnah zum Semesterstart nochmals Kontakt mit dem Stakeholder aufzunehmen und den organisatorischen Verlauf des Projekts zu erläutern. Denn häufig geraten solche Absprachen schnell in Vergessenheit und die Stakeholder fühlen sich überrumpelt, wenn sich plötzlich Studierende an sie wenden. Auch die Aufgaben und Erwartungen, die an Stakeholder gerichtet werden, sollten klar kommuniziert werden. Hier bietet sich ein knappes Informationsblatt für Stakeholder an (ein Beispiel ist in Teil 2, Abschn. 6.2.1 zu finden). Sobald feststeht, wer das Projekt betreuen wird, sollte der jeweilige Betreuer – sofern es nicht der Lehrende selbst ist – ebenfalls mit dem Stakeholder bekannt gemacht werden. Der Betreuer wirkt hier als Schnittstelle zwischen Stakeholder und Studierenden. Er nimmt Kontakt zum Stakeholder auf und ist erster Ansprechpartner bei Problemen.

3.1.5 Stakeholdermanagement

▶ **Stakeholder** Stakeholder (Anspruchsgruppen) sind alle Personen oder Gruppen, die einen Einfluss auf das Projekt und den Erfolg haben und/oder vom Projekt oder Ergebnis direkt oder indirekt betroffen sind.

Als Stakeholder der Projekte werden regionale Wirtschaftsunternehmen, Behörden, Vereine, Arbeitskreise zu Nachhaltigkeit, Verbände u. v. m. geworben, um die Authentizität der Projektziele zu gewähren und den Studierenden eine real existierende Aufgabe zu übergeben.

Da die Stakeholder eine entscheidende Rolle beim Projekt spielen, ist es wichtig, sie richtig zu managen und die Kontakte zu pflegen. Durch die Pflege des vorhandenen Stakeholdernetzwerks können häufig leichter neue Projekte akquiriert werden.

Die Öffentlichkeitsarbeit (z. B. über einen Pressebericht) wird nicht nur als Strategie zur Projektdefinition eingesetzt, sondern auch zur Kundengewinnung.

Die daraus entstehende Kommunikation positiver Projektergebnisse führt zur höheren Nachfrage an Projektarbeiten in Zusammenarbeit mit der Hochschule. Studentische Projekte leisten einen wesentlichen Beitrag zum Transfer der Projektergebnisse in die Gesellschaft. Dabei haben Presseberichte eine wichtige Multiplikatorenwirkung in und über die definierten Zielgruppen hinaus (vgl. [8]).

Bereits während des Semesterabschlusses sollte darüber nachgedacht werden, ob mögliche Folgeprojekte sinnvoll oder nötig sind. Auf der einen Seite müssen weniger neue Projekte akquiriert werden, auf der anderen Seite sollten Projekte grundsätzlich zum Abschluss gebracht und nicht an die nächste Projektgruppe übergeben werden. In manchen Fällen ergeben sich aber auch aus einem abgeschlossenen Projekt Ideen für interessante Folgeprojekte mit demselben Stakeholder.

3.1.6 Arbeitsaufwand und Kosten

Die Betrachtung des Aufwands für Lernende und Lehrende ist ein wichtiges Kriterium. Häufig ist der hohe Aufwand auch ein Hinderungsgrund für den Einsatz von Projekten in der Lehre.

Auf jeden Fall muss der Aufwand für Lehrende und Lernende realistisch eingeschätzt werden.

Projektseitiger Aufwand der Studierenden
Die Arbeitsbelastung und der Aufwand für den Studierenden wurden durch den Bologna-Prozess transparenter. Die Arbeitsbelastung liegt gemäß den Befragungen für die Studierenden sehr gut in dem durch die Credit Points vorgegebenen Rahmen. Dies liegt nicht nur an den gut vorbereiteten Projekten, sondern auch daran, dass die studentischen Teams ihren Arbeitsaufwand in der Planung und gegen Projektende entsprechend

anpassen (vgl. [2]). Gruppenintern sollte der Aufwand, trotz unterschiedlicher Aufgaben, gleichmäßig verteilt werden.

Aufwand für den Lehrenden
Ein großer Teil des Aufwands ist durch die ausführliche Vorbereitung der Projekte bei Semesterbeginn abgeschlossen. Der Betreuungsaufwand der Projekte ist stark von der Studierendenzahl abhängig.

Die Messung des Aufwands in Semesterwochenstunden (SWS), ist eher ungeeignet, da in ihr folgende Punkte nicht abgebildet sind, die den Aufwand aber entscheidend beeinflussen:

- Verfügbarkeit von Betreuern und Assistenten
- Anzahl der Projekte
- Aufwand für die Projekte
- Größe der Semester
- Anzahl der zu betreuenden Studierenden

Allerdings kann durch die Modulbeschreibungen eine Skalierung von studentischem und professoralem Workload vorgenommen werden (Relation zwischen Vorlesungszeit und Betreuungszeit).

Ein offener Umgang mit dem jeweiligen Aufwand ist wichtig. Projekte sind nicht Routine und damit auch im routinemäßigen Deputatsbegriff nicht abbildbar, d. h., Hochschulstrukturen, Leitung und Kollegen sowie die Lehrevaluation und auch die Studierenden sind teilweise auf Abweichungen von der Idee „jede Woche viermal 45 Minuten vorlesen" (bei 4 SWS) noch nicht vorbereitet. Lehrende müssen daher die Planung ihrer Lehrveranstaltung in der Modulbeschreibung (vgl. Tab. 3.2 und Abschn. 3.5) entsprechend kommunizieren.

Erfahrungswerte
Durch den mehrjährigen Einsatz von Projekten in der Lehre haben sich bestimmte Erfahrungswerte herauskristallisiert, die wir gern mit Ihnen teilen. In Anlehnung an die aufgelisteten Punkte, die sich mit den Semesterwochenstunden kaum erfassen lassen, nun einige Empfehlungen.

Tab. 3.2 Exemplarischer Aufwand des Lehrenden für das lehrveranstaltungsbegleitende Projekt

	Inhalt (Vorlesung)	Präsentationen	Projektbetreuung (12 Gruppen)	Präsenzzeit Lehrende
Präsenzzeiten	16 * 2 h	3 * 2 h	2 * 1 h je Gruppe	62 h
Vor-/Nachbereitung	2 * 16 * 2 h	3 * 2 h	12 h je Gruppe	214 h
Summe	96 h	12 h	168 h	276 h
Vergleichswert Vorlesung 4 SWS	30 * 2 h + 2 * 30 * 2 h	Prüfung + Korrektur 2 h + 18 h		200 h

Wir haben mit Projektteams der Gruppengröße von drei bis fünf Personen gute Erfahrungen gemacht. Wenn die Gruppen deutlich größer sind, kommt es häufiger zu „Trittbrettfahrern". Ist ein Projekt sehr umfangreich, ist es auch möglich anstatt eines großen Teams mehrere kleine Gruppen mit Teilprojekten zu bilden.

Die Anzahl der zu betreuenden Projekte ist auch abhängig von der Art der jeweiligen Projekte. So stellen 20 unterschiedliche Projekte mit 20 unterschiedlichen Stakeholdern einen erheblich größeren Aufwand dar, als 20 Projekte, die sich sehr ähnlich sind. Solch ähnliche Projekte, die entweder ein einheitliches Thema mit unterschiedlichen Objekten betrachten oder mit einem Stakeholder unterschiedliche Themen mit gleicher Methodik bearbeiten, sind mit weniger Aufwand zu bewältigen, bieten aber nicht die breite Stoff- und Kompetenzabdeckung des Projektportfolios.

Bei einem sehr großen Semester steht man vor der Frage, ob die Gruppengröße vergrößert, oder mehr Projekte angeboten werden sollten, die sich stärker ähneln.

Entscheidend ist auch, wie groß das Interesse der Stakeholder an den Projekten wirklich ist. Je größer das Interesse, desto größer fällt in der Regel auch die Unterstützung für das jeweilige Projektteam aus.

Betreuer sind darüber hinaus natürlich eine große Erleichterung. Insbesondere, wenn Projekte zu verschiedenen thematischen Schwerpunkten, wie z. B. Nachhaltigkeit, vergeben werden. So müssen sich Lehrende und Betreuer nicht in alle Themen einarbeiten.

Kalibrierung von Projekten
Zur Kalibrierung von Projekten ist die Balance zwischen

- der Machbarkeit,
- den vorhandenen Ressourcen,
- dem möglichen Erfolg und
- dem Niveau des Projekts

ein entscheidendes Kriterium für die projektorientierte Lehrmethode. Ein weiterer zu beachtender Punkt ist die Planung des gesamten Lehrinhaltes im Portfolio.

Außerdem müssen Projekte so angepasst werden, dass der Umfang zu dem Workload in der Modulbeschreibung passt, siehe hierzu auch Abb. 4.4.

Durch diese vorausschauende Planung der Projekte wird die Anpassung der Projekte an den Arbeitsaufwand (Workload) gemäß Studien-und Prüfungsordnung (SPO) gewährleistet.

Diese Kalibrierung erlaubt auch im Metaprojekt das Erreichen der Balance zwischen Anforderungen und Unterstützung (siehe Abb. 3.3).

3.1.7 Nachbereitung – Ergebnissicherung und Evaluation

Nachdem die Studierenden ihr Projekt abgeschlossen haben, beginnt für den Lehrenden und/oder den Betreuer die Phase der Ergebnissicherung und Evaluation. Es gehört zu den

Aufgaben des Projektteams, nach Projektabschluss einen Pressebericht zu schreiben, in dem sie ihre Ergebnisse präsentieren. Der Pressebericht sollte jedoch vor Veröffentlichung vom Lehrenden oder Betreuer überprüft werden. Diese Form der Öffentlichkeitsarbeit gewährleistet eine grundlegende Ergebnissicherung. Zur Ergebnissicherung gehören aber auch die Ergebnispräsentation beim Kunden sowie die Reflexion und Archivierung der Projekte. Eine strukturierte Archivierung ist von großer Bedeutung, da die Studierenden auf den Erkenntnissen alter Projekte aufbauen sollen. Natürlich sollten die Studierenden auch auf das Projektarchiv zugreifen können. Hier bietet sich eine Onlineplattform wie z. B. Moodle an.

Wie in Abschn. 3.1.5 beschrieben, können sich aus abgeschlossenen Projekten Folgeprojekte ergeben. Dies kann aber nicht bedeuten, ein nicht erreichtes Projektziel an eine nachfolgende Gruppe weiterzureichen. Denn am Ende eines Projekts sollte das beschriebene Ergebnis erreicht sein und der Projektabschluss stehen. Der Vorteil besteht vielmehr darin, mit einem Folgeprojekt direkt ein Projekt für das nächste Semester „akquiriert" zu haben und einen weiteren Aspekt der Wünsche des Stakeholders abdecken zu können.

Neben der Ergebnissicherung spielt auch die Evaluation der Projekte eine wichtige Rolle. Was lief gut, was muss im nächsten Semester verbessert werden? Zur Durchführung einer Evaluation des gesamten Projektportfolios ist es sinnvoll, in jedem Semester eine Befragung der studentischen Teams durchzuführen. Die Befragung kann ihrerseits wiederum als studentisches Projekt durchgeführt werden. Dabei können vor allem Art und Weise der Kommunikation (essenziell in der Projektarbeit!), die Qualität der Gruppenzusammenarbeit, aber auch Aspekte wie Methodenkompetenz oder die Organisation der Projektvergabe erhoben werden. Wenn die Evaluation von Studierenden im Rahmen von aufeinanderfolgenden Projekten übernommen wird, ist es sinnvoll, auf eine Kontinuität der Fragen zu achten, um eine Vergleichbarkeit zu gewährleisten.

3.2 Rollen und Kommunikationswege

Im Folgenden werden die Rollen von Betreuer, Stakeholder und dem Lehrenden bezogen auf die einzelnen Projektphasen genauer beschrieben.

3.2.1 Rolle des Betreuers

Die Teambetreuung ist ein sehr wichtiger Bestandteil der Projektdurchführung. Besteht die Möglichkeit, einen oder mehrere Betreuer für die studentischen Projekte zu gewinnen und einzusetzen, ist dies ein großer Vorteil für den Lehrenden. So können die Projekte engmaschiger begleitet werden. Dies hat den Vorteil, dass der Lehrende über den Dialog mit den Betreuern einen Überblick über den Verlauf der Projektprozesse bekommt und Hinweise, wenn Probleme auftreten. Des Weiteren ist durch die Mitarbeit von Betreuern die Verteilung der Aufgaben einfacher zu kanalisieren und zu strukturieren. Die Aufgaben der Betreuer sind im Folgenden beschrieben.

Vor Projektbeginn

Trotz des Erstkontakts des Lehrenden mit dem Stakeholder zur Themen- und Zielfindung für das Projekt sollten die Betreuer spätestens zwei bis drei Wochen vor Vorlesungsbeginn mit den Stakeholdern des zugeteilten Projekts Kontakt aufnehmen. Dies dient dem gegenseitigen Kennenlernen als Ansprechpartner im Projektverlauf, der genauen Zieldefinition und der Aufklärung über deren Rolle und Aufgaben während des Projekts. Dies geschieht am besten im persönlichen Dialog.

Idealerweise ist der Betreuer auch schon beim Erstkontakt zwischen Lehrenden und Stakeholder anwesend. Dies ersetzt allerdings nicht den Dialog des Betreuers mit dem Stakeholder zwei bis drei Wochen vor Semesterbeginn.

Der Betreuer gibt dem Stakeholder einen kurzen Einblick in die Projektmethode und klärt das Projektteam hinsichtlich des Ziels und der zu wählenden Methoden auf. Ebenso wird Beginn und Ende des Semesters und der davon abhängige Projektzeitraum besprochen und in welcher Zeitspanne das erste Treffen mit dem Team stattfinden muss. Hierdurch soll der Stakeholder motiviert werden, die Termine einzuhalten. Eventuell kann ein Zeitplan für Stakeholder erstellt werden.

Nach Festlegung der Zielvorstellung mit dem Stakeholder wird eine Kurzbeschreibung des Projekts mit Zielvorstellung für die Studierenden erstellt.

Während des Projekts

- Zu Beginn des Projekts legt der Betreuer die zuvor mit dem Stakeholder besprochenen Inhalte, Zielvorstellungen (Visionen) und Ziele (Kriterien) bei einem ersten Treffen den Teammitgliedern dar.
- Es ist sinnvoll, mehrere Treffen mit dem Projektteam anzudenken, z. B. im zwei- bis dreiwöchigen Rhythmus stattfindende Pflichttermine. Dadurch besteht die Möglichkeit, Abweichungen vom Projektziel zu korrigieren sowie den aktuellen Stand und weitere Vorgehensschritte abzuklären.

▶ Machen Sie sich nach jedem Treffen einige Notizen über z. B. Anwesenheit der Mitglieder, Fortschritte im Projekt, ihre Anmerkungen fürs Projekt (Tipps/Umsetzung der Tipps), Eindrücke der Zusammenarbeit, Motivation, etc.

- Die Betreuer sind Ansprechpartner für jegliche projektbezogenen Probleme und Vorkommnisse. Diese könnten sein:
  – Das Team findet keinen Teamleiter: Hier kann der Betreuer ein Teamgespräch führen und die Aufgaben und gewünschten Fähigkeiten den Teammitgliedern aufzeigen, sodass sich dann gemeinsam ein Teamleiter herauskristallisiert.
  – Terminabsprache mit dem Stakeholder klappt nicht, weil er z. B. auf E-Mails nicht reagiert: Hier müssen die Betreuer eingreifen, indem eine E-Mail geschrieben wird. Noch besser ist es, den direkten Kontakt über ein Telefongespräch zu wählen.

3.2 Rollen und Kommunikationswege

- Zielvorstellungen laufen nicht konform mit Absprache: Der Betreuer geht auf den Stakeholder zu und muss die Zielvorstellung möglicherweise neu definieren. Sofern ein Verständnisproblem vorliegt, besteht die Möglichkeit dieses zu klären.
- Zusammenarbeit im Team ist schwierig: In Gesprächen mit eventuell einzelnen Teammitgliedern oder dem ganzen Team sollte der Betreuer versuchen, die Gründe herauszufinden, um dadurch die Zusammenarbeit zu verbessern. Ist dies nicht möglich, ist es erforderlich, den Lehrenden zu involvieren.

- Alle Formate, die extern Verwendung finden (Schriftverkehr – auch E-Mails, Fragebögen/Umfragen, Flyer, Aushänge etc.), sollten vor der Verwendung und Veröffentlichung mit dem Betreuer besprochen werden.

▶ Es sollte beim Erstgespräch mit dem Team mit Nachdruck betont werden, dass E-Mails zuerst an die Betreuer geschickt werden, bevor sie an die Stakeholder gehen. Bei Fragebögen/Umfragen, Flyer, Poster, etc. ist es wichtig, vorab eine Endversion mit dem Betreuer abzusprechen und ggf. zu überarbeiten, bevor sie an den Stakeholder herausgegeben werden. Die Studierenden sollen dadurch lernen, den Stakeholder als Kunden zu sehen und nicht als Teammitglied.

- Überwachung der Einhaltung von Fristen, Inhalte und Ziele des Projekts bzw. notfalls eingreifen und helfen, falls Fristen nicht eingehalten werden können.

▶ Bemerkt der Betreuer, dass Fristen, Inhalte und Ziele nicht eingehalten werden oder dass der Projektverlauf in eine andere oder falsche Richtung als die Zielvorstellungen abweicht, muss der Betreuer richtungslenkend eingreifen.

- Es sollte eine regelmäßige Rückmeldung über den Projektverlauf an den Lehrenden stattfinden.
- Die Betreuer sind Ansprechpartner für die Stakeholder bei Problemen, die im Projektteam nicht gelöst werden können.

Nach Projektabschluss
Nach Abgabe der Dokumentation und Deliverables (siehe Abschn. 4.4) werden die Projekte vom Betreuer reflektiert. Dabei werden die Leistungen der Studierenden qualitativ eingeschätzt und nach einer Benotungsskala (siehe Abschn. 4.5) benotet.

Die Betreuer nehmen Kontakt mit dem Stakeholder auf, um deren Einschätzung des Teams und – wenn möglich – der einzelnen Teammitglieder, abzufragen. Die Einschätzung des Stakeholders kann auch in einer Benotungsskala eingetragen werden und fließt somit in die Gesamtbenotung ein.

Richtungsweisende Punkte könnten sein:

- Zufriedenheit mit Ergebnis, Zusammenarbeit (selbstständiges Arbeiten, Einbringen individueller Lösungsansätze, etc.)

- Verwendung der Ergebnisse
- Folgeprojekte möglich und denkbar

In Abschn. 6.2.2 finden Sie eine Aufstellung der wesentlichen Inhalte für ein Informationsblatt für den Betreuer. Dieses sollte den Betreuern frühzeitig vor Projektstart ausgehändigt werden, damit die Kontaktaufnahme mit dem Stakeholder noch realisiert werden kann.

3.2.2 Rolle und Aufgaben des Stakeholders

Allgemein sind Stakeholder eines Projekts alle Personen oder Gruppen, die ein Interesse am Projekt haben oder von ihm in irgendeiner Weise betroffen sind.

Der Betreuer klärt den Stakeholder im Vorabgespräch über seine Rolle und Aufgaben auf. Dazu wurde ein Informationsblatt erstellt, welches im Folgenden näher erläutert wird. Sie finden die spezifischen Inhalte auch näher erklärt in Abschn. 6.2.1 und die relevanten Inhalte in Tab. 6.7.

Vor Projektbeginn
Etwa zwei bis drei Wochen vor Vorlesungsbeginn wird sich der Betreuer des Projekts mit dem Stakeholder in Verbindung setzen, um ihn und seine Vorstellungen kennenzulernen.

- Besprechung der vorläufigen Projektdefinition
- Besprechung des organisatorischen Ablaufs

Etwa drei bis vier Wochen nach Vorlesungsbeginn sollte ein erster Termin mit dem Projektteam stattgefunden haben. Zur Terminabsprache kommen die Studierenden auf den Stakeholder zu.

▶ Ändert sich der Ansprechpartner oder andere Randbedingungen in der Organisation des Stakeholders, sollte er dies dem Betreuer mitteilen.

Zum Projektstart

- Der Stakeholder bespricht beim ersten Termin mit den Studierenden das Projektziel (das vom Stakeholder gewünschte Ergebnis wird als Ziel festgelegt), die Inhalte und die daraus resultierenden Aufgaben. Dabei haben sich die Studierenden schon im Vorfeld über das Thema Gedanken gemacht. Gemeinsam wird das „Pflichtenheft" erstellt.
- Die weitere Vorgehensweise zur Erreichung des Projektziels muss besprochen werden.
- Der Stakeholder teilt dem Team mit, in welcher Form er die Projektergebnisse (Deliverables) erhalten möchte.

3.2 Rollen und Kommunikationswege

Während des Projektverlaufs

- Die Aufgabe eines Stakeholders während des Projektverlaufs ist es, als Ansprechpartner für die Studierenden da zu sein. Die Studierenden benötigen eventuell auch kurzfristige Rückmeldungen.
- Bei auftretenden Problemen, die nicht mit dem Team geklärt werden können, ist es die Aufgabe des Stakeholders, den Betreuer des Projekts zu kontaktieren.

Nach Projektabschluss

Wenn der Stakeholder es wünscht, kann das Projektergebnis in seiner Organisation dargestellt werden, z. B. in Form einer Präsentation.

- Das Ergebnis kann auch gemeinsam mit dem Stakeholder publiziert werden (z. B. als Zeitungsartikel).
- Der Stakeholder wird nach Beendigung des Projekts vom Betreuer zu dem Zweck kontaktiert, über den Ablauf des Projekts zu reflektieren und eine qualitative Einschätzung der Leistung der Studierenden, der Leistungen des Projektteams und wenn möglich einzelner Teammitglieder, abzugeben. Diese Kontaktaufnahme kann telefonisch oder persönlich erfolgen.

3.2.3 Rolle des Lehrenden

Der Lehrende nimmt als Projektleiter im Metaprojekt und durch seine unterschiedlichen Aufgaben verschiedene Rollen und Funktionen ein bzw. wahr [2]. Zum einen ist er (ständiger) Berater der Teams, hat die Rolle des Coachs und die Rolle des Prüfers. In dieser Rolle gehört er nicht mehr zum Team. Und zum anderen werden die typischen Phasen des Projektmanagements (Projektdefinition und -start, Projektplanung, Projektorganisation, Projektcontrolling und Projektabschluss) um die Phasen „Akquisition" und „Evaluation" ergänzt. Der prinzipielle Phasenablauf des Metaprojekts für den Lehrenden ist in Abb. 3.4 veranschaulicht. Auf die Rolle der Präsentationen und Meilensteine bei diesem Übergang wird wir in Abb. 4.5 und generell in Abschn. 4.3 eingegangen.

Aufgaben des Lehrenden

Die Aufgaben betreffen nicht nur das eigentliche Projekt für die studentischen Teams, sondern auch das gesamte Portfolio des Semesters und den Verlauf. Die Kalibrierung/Skalierung von Projekten muss eine Balance schaffen zwischen dem Ziel und den dafür benötigten Ressourcen einerseits sowie den für das Lehrprojekt zur Verfügung stehenden Ressourcen andererseits.

1. Projektplanung
2. Stakeholdermanagement und -akquise

Abb. 3.4 Änderung der Rollen und Funktionen des Lehrenden

3. Betreuer finden, anleiten und im Dialog bleiben
4. Abstimmung der Projektliste hinsichtlich der erwarteten und tatsächlichen Studierendenzahlen

▶ Ressourcen für das Projekt sind in Personenstunden zu kalkulieren und der Lernsituation anzupassen. Dazu muss der Lehrende den notwendigen Aufwand für das Projekt mit dem bei den Lernenden zur Verfügung stehenden Aufwand (curriculare Vorgaben) abstimmen. Bei der Projektplanung sollte darauf geachtet werden, dass jedes Projekt aus möglichst der gleichen Anzahl an Teammitgliedern besteht. Dies erleichtert die Einteilung und den Wechsel zwischen den von den Studierenden gewünschten Projekten.

5. Leitung der Lehrveranstaltung und Einschätzung der einzelnen Projektverläufe durch Pflichtpräsentationen der Projektteams
6. Begleitung und Betreuung der studentischen Teams während der Projektbearbeitung (parallel zum offiziellen Betreuer)
7. Der Lehrende behält den Überblick über die Prozesse und gibt Rückmeldungen und Anregungen an die Teams

▶ Von jeder einzelnen Rückmeldung und den Präsentationen profitieren auch die studentischen Teams anderer Projekte.

8. Der Lehrende führt das Projektcontrolling anhand von Statuspräsentationen/Ampelpräsentationen durch, die wiederum die Deeskalationsstufen darstellen.

▶ Der Lehrende fragt in der Vorlesung regelmäßig (etwa zwei bis dreimal während des gesamten Projektverlaufs) die Eskalationsstufen ab, um Problemen, die im Team oder mit dem Stakeholder auftreten können, entgegenzuwirken. Dies geschieht in der Lehrveranstaltung mehr oder weniger über Zuruf.

- **Grün bedeutet:** Alles ist in Ordnung. Wenn Probleme auftraten, wurden diese im Projektteam geklärt.
- **Gelb bedeutet:** Auftretende Probleme können voraussichtlich im Projektteam geklärt werden, der Betreuer ist informiert und eingebunden.
- **Rot bedeutet:** Auftretende Probleme, gleichgültig welcher Art, erfordern Einschreiten von Betreuer oder Lehrenden.

3.2.4 Kommunikationswege

Bei der Betreuung von Projekten ergeben sich je nach Projektabschnitt unterschiedliche Kommunikationsschwerpunkte und -richtungen. Dazu gehört nicht nur, dass es beim Stakeholder (als Organisation) unterschiedliche Ansprechpartner (z. B. als Initiator, im Management, für operative Fragen, für formale oder finanzielle Fragen) gibt, sondern auch von Hochschulseite Lehrende und eventuell mehrere Betreuer eingebunden sind.

> **Kommunikationspartner im Projekt**
> Für eine Umfrage bei Schulen und in der Öffentlichkeit zum Thema Bildung für nachhaltige Entwicklung sind bei der Stadt mehrere Ämter eingebunden (Umweltamt, Kulturamt, Schulamt, Pressestelle). Fachlich wird das Projekt durch den Nachhaltigkeitsbeauftragten betreut, die Gestaltung der Fragebogen und die statistische Auswertung werden von Mitarbeitern übernommen, die dies als Querschnittsaufgabe haben.

Die Kommunikation zwischen den Projektpartnern im Speziellen und im Metaprojekt im Allgemeinen ist während des Verlaufes eines Semesters mit unterschiedlichen Schwerpunkten ausgeprägt. Entlang der Projektphasen betrachtet können unterschiedliche Schwerpunkte in der Kommunikation identifiziert werden (Abb. 3.5, 3.6).

Kommunikation im Metaprojekt

- Bei der Akquise und Projektdefinition ist der Dialog zwischen Lehrenden, Betreuer und Stakeholder wichtig.
- Bei der Vorstellung und der Vergabe der Projekte liegt der Fokus auf der Kommunikation zwischen Lehrendem und studentischem Team.
- Bei der Projektbearbeitung steht der Dialog zwischen Studierenden und Stakeholdern im Vordergrund. Diese umfasst die genaue Projektdefinition, das Erstellen eines Pflichten- und Lastenheftes bzw. Durchführung der Anforderungsanalyse und eine anschließende Spezifikation der Projektergebnisse bis zur Abschlusspräsentation und Evaluierung.
Ebenso während der Projektbearbeitung ist der Dialog zwischen Projektteam und Lehrenden sowie Betreuer als Coach, Projektpromoter, Fachmann und Wissensvermittler wichtig.

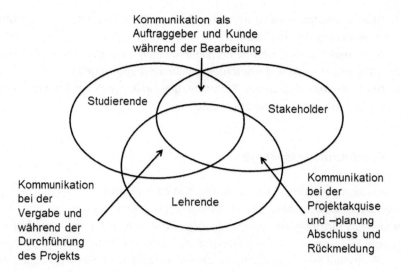

Abb. 3.5 Prinzipielle Interaktion im Rahmen des Metaprojekts

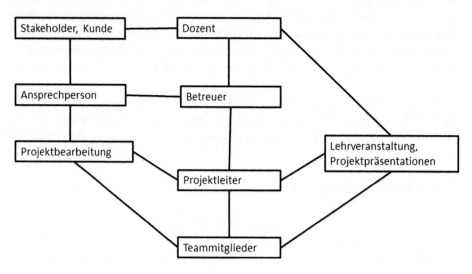

Abb. 3.6 Kommunikation und Rollen in Projekt und Metaprojekt

Auch die Kommunikation innerhalb des Teams ist ein zentraler Erfolgsfaktor, und die Studierenden lernen durch die fachbezogenen Diskussionen.
- Zum Projektabschluss tritt wieder die Kommunikation zwischen Studierenden, Stakeholder und Presseabteilung (Hochschule/Partner) in den Vordergrund. Es werden der Abschlussbericht und die Ergebnisse übergeben sowie ein Pressebericht verfasst.

- Den endgültigen Abschluss der Kommunikation bildet der Austausch zwischen Lehrenden, Betreuer und Stakeholder, um Rückmeldung über den Projektverlauf sowie eventuelle Anschlussprojekte zu erhalten.

In der Kommunikation zwischen Projektteam, Stakeholder und Betreuer ist es wichtig, die unterschiedlichen Methoden zur Beschreibung von Projektzielen klar zu differenzieren und das Ziel klar zu spezifizieren.

Zieldefinition: Begriffe

Produkt	Produkt oder Ergebnis des Projekts können physische Produkte, Software, Wissen, Konzeptionen, Dienstleistungen oder Events sein.
Deliverable	Deliverable items sind Projektergebnisse (Produkte), die in physischer oder elektronischer Form übergeben werden können.
Anforderungsanalyse	In der Anforderungsanalyse werden die Erwartungen der Stakeholder erfasst und strukturiert. Diese sollten lösungsneutral formuliert werden.
Pflichtenheft	Im Pflichtenheft beschreibt der Kunde die Anforderungen aus seiner Sicht.
Lastenheft	Das Lastenheft beschreibt die als Reaktion auf das Pflichtenheft zu erbringende Leistung aus Sicht des Lieferanten (Projektteams).
Spezifikation	Die Spezifikation beschreibt das Zielsystem (Ergebnis, Deliverables) ohne auf die Details der Implementierung einzugehen.
Prototyp	Ein Prototyp ist ein Objekt, das einige Eigenschaften des Produkts hat. Er dient als Modell bezüglich

- form: Form, Design, Aussehen
- fit: Schnittstellen, Schnittstellenverhalten
- function: Funktionalität, Verhalten, Algorithmen

▶ Durch die Lehrenden muss ein ständiger Dialog mit den Anspruchsgruppen gefördert werden. Diese Projektkommunikation ist oft Auslöser von neuen Projekten (vgl. [9]).

3.3 Projektarten

Wenn eine große Zahl von Projekten parallel gemanagt werden soll, ist es sinnvoll, nach verschiedenen Projektarten zu differenzieren. Denn die große Vielfalt an Projekten erfordert unterschiedliche Vorgehensweisen, die so vorab festgelegt werden können. Daneben werden durch eine Unterscheidung verschiedener Projektarten auch Bedarfe an speziellem Know-how deutlich, und die (unternehmensweite) Steuerung wird erleichtert (vgl. [11, S. 25]).

▶ **Projektarten** In der DIN 69901 werden Projektarten als „Gattung von Projekten, die eine ähnliche Ausprägung von Kriterien – Branche, Projektorganisation oder Projektgegenstand – aufweisen", beschrieben. Beispiele hierfür sind Forschungs- und Entwicklungsprojekte oder Organisations- und IT-Projekte.

Projekte lassen sich allgemein unter verschiedenen Gesichtspunkten bestimmten Projektarten zuordnen.

Zunächst kann der Projektauftraggeber betrachtet und so bestimmt werden, ob es sich um ein internes oder um ein externes Projekt handelt. Dann ist es sinnvoll, Projekte anhand ihrer Inhalte voneinander zu unterscheiden – z. B. Forschungsprojekte, Organisationsprojekte oder Produktentwicklungsprojekte. Daneben können auch Neuartigkeit und Komplexität erfasst werden. Handelt es sich beispielsweise um ein Innovationsprojekt oder ein Routineprojekt bzw. um ein Standardprojekt oder Potenzialprojekt (vgl. [11, S. 26])? Auch die Dauer, die Anzahl der Projektbeteiligten oder die Bedeutung des Projekts für das Unternehmen/die Institution können Kriterien für die Einordnung von Projekten bilden (vgl. [14, S. 7]).

Im Bereich der Hochschullehre wird in diesem Buch von lehrveranstaltungsbegleitenden oder reinen Lehrprojekten ausgegangen, die vor allem nach Inhalt und Ziel differenziert werden können. Im Wintersemester 2015/2016 wurden beispielsweise folgende Projektarten umgesetzt:

- (Produkt-)Entwicklung
- (Veranstaltungs-)Organisation
- Empirische Arbeit/Forschung
- Allgemeine Analyse
- Stoffaufbereitung

Wichtig ist auch, ob es sich jeweils um ein internes oder um ein externes Projekt mit hochschulexternen Stakeholdern handelt. Die Qualität der Bearbeitung ist in beiden Fällen wichtig. Jedoch ist bei externen Projekten ein besonderes Augenmerk auf die Betreuung zu legen, da ein erfolgreicher Projektverlauf der weiteren Kooperation in Folgeprojekten mit dem Stakeholder förderlich ist.

Im Folgenden werden die unterschiedlichen Projektarten, die in der Hochschullehre eingesetzt werden können, näher beschrieben und anhand eines Beispiels verdeutlicht.

3.3.1 (Produkt-)Entwicklung

Entwicklung ist die systematische Herleitung der Eigenschaften eines Produkts. Dieses Produkt kann etwas Physisches sein, aber auch in Form eines Konzeptes dargestellt werden (vgl. [2]). Somit bestehen Entwicklungsprojekte aus Innovationen und oft auch aus daraus resultierenden neuen Erkenntnissen. Wichtig in der Entwicklung ist die Gliederung in Phasen, die unter Umständen mehrmals durchlaufen werden:

- Anforderungsanalyse
- Spezifikation
- Entwurfsphasen
- Implementierung
- Validierung und Verifikation

Eine wertvolle Hilfe bei der Strukturierung von Entwicklungsprojekten ist das V-Modell, bei dem Entwicklungs- und Überprüfungsphasen einander gegenübergestellt werden (Abb. 3.7).

Auch Publikationen können Ergebnis von Entwicklungsprojekten sein. Besonders häufig wurden hier Projekte zur Entwicklung eines Flyers oder einer Broschüre durchgeführt. Wenn etwas publiziert werden soll, sind stets zwei Kernfragen zu beantworten: Was wird publiziert? (Inhalt) und Wen möchte man mit der Publikation ansprechen? (Zielgruppe). Je nachdem unterscheidet sich auch das Medium für die Herausgabe:

- Social Media
- Broschüre, Ausdruck oder Flyer
- Fachzeitschrift, Zeitschrift, Sammelband oder Buch
- pdf-Dateien zur Weitergabe über
  - E-Mail, Twitter oder News (push)
  - Downloadmöglichkeit über Webseite oder Social Media (pull)
  - Speicherung und Weitergabe auf Medien
  - Ausdrucke

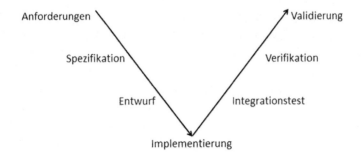

Abb. 3.7 Grundprinzip und Phasen des V-Modells

> **Beispiele zur Projektart (Produkt-)Entwicklung**

Aalener Sonnenuhr

Die Aalener Sonnenuhren sind von einem Gymnasiallehrer entwickelte didaktische Modelle. Über mehrere Projekte wurden die didaktischen Konzepte und Modelle in Konstruktionen umgesetzt und verbessert. Abschließend erfolgte die Übergabe an die Lehrwerkstatt der Firma Carl Zeiss, von der nun die Sonnenuhr hergestellt und vertrieben wird.

3-D-Druck: Offenhalter

Um die Studierenden auch mit neuen Technologien vertraut zu machen, werden zurzeit beispielsweise auch Projekte zum Thema 3-D-Druck angeboten. Im Wintersemester 2015/2016 wurde ein Werkstück entwickelt, mit dessen Hilfe man die Deckel von Müllbehältern offenhalten kann. (z. B. Müllbehälter auf einem Straßenfest). Im Anschluss an die Erstellung mit der CAD-Software wird das Werkstück mit generativen Fertigungsverfahren (3-D-Druck) hergestellt.

City Guide

Jede Stadt hat Stadtführer für Touristen. Ein interessantes Projekt für Studierende ist die Erfassung von relevanten Themen und die Erstellung eines Guides für Studierende und Lehrende aus dem Ausland. Der Guide kann auch für Erstsemester und neue Hochschulmitglieder genutzt werden.

Es wurden die Anspruchsgruppen (Stakeholder) ermittelt und mit diesen die wichtigen Komponenten wie Ämter und Ansprechpartner, Locations und Events, Firmen und Arbeitsplätze, Bildungs- und Freizeiteinrichtungen, Essen und Trinken, Geschichte und Geologie erfasst. Die Publikation erfolgte in geringem Umfang als Ausdruck, hauptsächlich aber auf den Internetseiten der Stadt und der Hochschule.

3.3.2 (Veranstaltungs-)Organisation

Bei Organisationsprojekten geht es allgemein um die Planung, Umsetzung und Betreuung organisatorischer Prozesse (vgl. [1, S. 21]).

Ziel der Organisationsprojekte ist die Durchführung von Organisationsmaßnahmen oder die Entwicklung von organisatorischen Regeln. Ein spezieller Fall von Organisationsprojekten ist die Veranstaltungsorganisation. Dies ist für Studierende immer ein attraktives Thema.

Dabei können Lehrveranstaltungsinhalte durch das Thema (z. B. Industriemesse, Nachhaltigkeit, Konstruktionswettbewerb) oder Rahmenbedingungen (Qualität, Umwelt, Logistik) eingebracht werden.

3.3 Projektarten

▶ **Wichtige Aspekte bei der Definition eines Events sind (vgl. [3]):**

- Planung und Inszenierung des Events aus Besuchersicht
- Berücksichtigung der Sicherheit, Vermeidung von negativen Eindrücken
- Aktivierung und Rückkopplung zwischen positiver Einstellung und aktiver Teilnahme
- Planung der Vielfalt von Symbolen und Sinneseindrücken
- Planung und Steuerung der Anzahl und Zusammensetzung der Teilnehmer
- Berücksichtigung der kulturellen Einstellungen und Werte der Besucher und Anspruchsgruppen (Stakeholder)
- Presse- und Öffentlichkeitsarbeit zur Erfolgssicherung

Beispiele zur Projektart (Veranstaltungs-)Organisation

AIM und TdR

Für die Studierendenmesse „Aalener Industrie Messe" (AIM) und den „Tag der Regionen" (TdR) haben Studierende Schwachstellen der Organisation analysiert, Ablaufkonzepte erstellt und Organisationshandbücher verfasst.

Repair Night Aalen

In Kooperation mit der Nachhaltigkeitsinitiative Repair Café Aalen organisierten die Studierenden die erste Aalener Repair Night an der Hochschule, bei der Möbel, Kleider, Haushaltsgeräte, Fahrräder oder Computer gemeinsam repariert und wieder in Gang gebracht wurden. Ziel war es, die Initiative vor allem beim jüngeren Publikum bekannter zu machen und nachhaltiges Denken zu fördern.

3.3.3 Empirische Arbeit/Forschung

Auch kleine Forschungsprojekte bzw. Projekte, in denen empirisch gearbeitet wird, eignen sich für den Einsatz in der Lehre, da sie zum einen mit wissenschaftlichem Arbeiten vertraut machen und zum anderen Interesse an dem Thema Forschung wecken können. Dabei steht die Forschungsfrage im Mittelpunkt. Besonders häufig wurde hier als Bearbeitungsmethode die Durchführung einer Befragung ausgewählt. Dabei muss zunächst in Absprache mit den jeweiligen Stakeholdern ein Fragebogen erstellt werden. Die Umfrage wird dann beispielsweise an der Hochschule und in der Fußgängerzone der Stadt durchgeführt. Für eine sinnvolle Auswertung der erhobenen Daten sind Grundkenntnisse in Statistik sinnvoll. Über diese sollte zumindest der Betreuer verfügen.

> **Beispiele zur Projektart Empirische Arbeit/Forschung**
>
> **Umfrage Fair Trade und nachhaltige Entwicklung in Aalen**
>
> Aalen ist seit Oktober 2014 Fairtrade-Stadt. Aber wissen das die Bürger eigentlich? In Zusammenarbeit mit der Stadt haben Studierende eine Umfrage durchgeführt und in Erfahrung gebracht, was die Bürger zu diesem Thema wissen. Umfragen dieser Art werden in regelmäßigen Abständen durchgeführt, sodass Veränderungen über die Jahre sichtbar werden.
>
> **Alkoholprävention bei Jugendlichen**
>
> Beim Projekt Alkoholprävention bei Jugendlichen handelt es sich um ein Kooperationsprojekt der Hochschule Aalen mit der Aalener Polizei. Dabei sollte untersucht werden, inwiefern Jugendliche (16 bis 21 Jahre) bereits vor dem Besuch von Bars und Klubs ihren Heimweg planen. Daneben wurden die Einlasskriterien für Jugendliche in Klubs bzw. Bars sowie der Ausschank von Hochprozentigem und Alcopops an Minderjährige genauer untersucht. Die weitläufige Umfrage (400 Fragebögen) wurde an den Standorten Schwäbisch Gmünd, Heidenheim, Ulm, Ellwangen und Aalen durchgeführt.

3.3.4 Allgemeine Analyse

Auch eine allgemeine Analyse kann Gegenstand von Projekten sein. Ein bestimmter Sachverhalt wird dabei systematisch untersucht. Auch hier steht eine Forschungsfrage im Zentrum, die durch die Analyse beantwortet werden soll. Meist geht es um die Feststellung eines bestimmten Istzustandes oder der Erforschung der Ursachen eines gewissen Istzustandes, um daraufhin wiederum ein Problem lösen zu können oder eine Situation zu verbessern. Dazu müssen zunächst Daten gesammelt werden, was auch in Form einer Umfrage geschehen kann. Entscheidend sind dann die richtige Auswertung und Interpretation der Daten, für die statistische Grundkenntnisse nötig sind. Aufbauend auf diesen Interpretationen können dann entsprechende Empfehlungen formuliert werden.

> **Beispiele zur Projektart allgemeine Analyse**
>
> **Analyse der Mensa**
>
> Das Essen in der Hochschulmensa soll analysiert werden. Dazu führt eine Gruppe Studierender für ein Semester lang regelmäßig Probeessen in der Mensa durch, die mithilfe eines eigens erstellten Bewertungsbogens bewertet werden.
>
> **Nachhaltiger Einzelhandel**
>
> Der Rewe-Supermarkt in Schwäbisch Gmünd will nachhaltiger werden, und ein studentisches Projektteam soll ihm dabei helfen. Nach einer Erfassung des Istzustandes werden konkrete Ansatzpunkte erarbeitet, wobei das Augenmerk des Teams hier auf regionalen und leicht verderblichen Lebensmitteln sowie dem allgemeinen Energieverbrauch liegt. Abschn. 7.3

3.3.5 Stoffaufbereitung/S2S-Projekte

Projekte zur Stoffaufbereitung sind im Bereich der Lehre sehr beliebt. Die meisten Seminare basieren auf diesem Prinzip. Prinzipiell bestehen sie meistens aus Recherche zu einem vorgegebenen Thema und einer anschließenden Präsentation. Diese Art Projekt bietet drei Ziele: Wissenserzeugung, Wissensvertiefung und Wissensvermittlung. Jedes Team generiert in der ersten Phase – dem eigentlichen Projekt – Wissen, das in der dritten Phase an die Kommilitonen vermittelt wird. Dazwischen steht die Phase der didaktischen Aufbereitung.

Das Projektziel besteht hier im selbstständigen Lernen und Lehren. Beim Lernen durch Lehren nutzt man den Effekt, dass Wissen durch die Vorbereitung und die Vermittlung vertieft wird. Der Schwerpunkt liegt dabei auf der Wissensvermittlung, was die Abkürzung S2S (student to student) ausdrückt. Studierende werden zu Experten in einem Thema, vermitteln dieses ihren Kommilitonen und verfestigen ihr Wissen dadurch nochmals.

Der Projektcharakter beschränkt sich bei dieser Art Projekt darauf, dass die Erarbeitung des Stoffs zu einem bestimmten Zeitpunkt abgeschlossen sein muss. Eine klare Ausrichtung der Projekte auf die Stoffabdeckung ist erforderlich und extrem wichtig. Das Portfolio der Projekte kann an Themen oder Vorlesungskapiteln (Theorie) oder Anwendungsbereichen (Praxis) orientiert sein.

> **Beispiel zur Projektart Stoffaufbereitung/S2S-Projekte**
> **CSR in ausgewählten Branchen**
> Das Thema „Corporate Social Responsibility" (kurz: CSR, unternehmerische gesellschaftliche Verantwortung) wird im Rahmen der Lehrveranstaltung „Nachhaltige Entwicklung" anhand verschiedener Branchen aufbereitet. Jedes Projektteam recherchiert über die zugewiesene Branche, wählt Unternehmen aus der Region aus und führt Interviews mit Unternehmensvertretern. Abschließend stellt jedes Team die Nachhaltigkeitsschwerpunkte der Branche und das dazu ausgewählte regionale Unternehmen mit seinen CSR-Aktivitäten dar. Diese könnten im Anschluss auch in eine Publikation oder Website integriert werden.

3.4 Anpassung der Projektmethode

Abhängig von der Lehrveranstaltung, den jeweiligen Lehrzielen, der Persönlichkeit des Lehrenden und der einzubringenden Zeit muss die in den letzten Abschnitten vorgestellte Methode angepasst und variiert werden. Die Methode wurde in der vorgestellten Art intensiv in den Fächern Projektmanagement, Qualität und Nachhaltigkeit sowie nachhaltige Entwicklung und mathematische Modellbildung praktiziert (siehe Beispiele Kap. 0). Aber auch in anderen Fächern sowie mit verschiedenen Lehrenden ausprobiert und dementsprechend angepasst. Die dabei gewonnenen Erfahrungen durch den intensiven

Austausch mit den im Projekteinsatz erfahrenen Kollegen sind in die Weiterentwicklung der Methode PPM eingeflossen.

Ziel dieses folgenden Abschnittes ist es, Ihnen aus den gesammelten Erfahrungen verschiedene Möglichkeiten aufzuzeigen und Hilfestellung zu bieten, wie Sie die Methode für Ihre Lehrveranstaltung zuschneiden können.

3.4.1 Grundprinzipien

Die Methode hat als Fundament die folgenden Ziele:

1. **Nutzen für alle Beteiligten:**
   Da bei einem Lehrprojekt die Studierenden sowie der Lehrende den Nutzen des erfolgreichen Lernens bzw. Lehrens haben und für den Kunden der Nutzen das Projektergebnis ist, wird dies bei einem Lehrprojekt immer der Fall sein.
2. **Lernziele sind Grundwissen in Projektmanagement und fachliche Inhalte der Vorlesung:**
   Das Projekt wird immer angewendet werden, um Fach- und Methodenkenntnisse des jeweiligen Faches zu erarbeiten bzw. zu vertiefen. Bei großen Projekten ist zusätzlich ein Erlernen der Projektmanagementmethoden für die Studierenden sinnvoll. Bei kleinen Projekten kann man hier von der Methode abweichen, wenn die Studierenden bei der Projektbearbeitung gut angeleitet werden und nur wenige Kenntnisse in Projektmanagement benötigen. Für Letzteres sei beispielsweise auf das Projekt „Der große Preis von Hörsaal 129" verwiesen, Abschn. 7.9.

Weiterhin baut die Methode auf den folgenden Lehrperspektiven auf:

1. **Erlebnisorientierung:**
   Erlebnisorientierung bedeutet, dass die Studierenden durch das eigene Erleben bzw. Handeln Inhalte begreifen oder vertiefen können. Dies sollte bei Lehrprojekten immer der Fall sein, da den Studierenden ein alternativer Lernweg aufzeigt wird (siehe Abschn. 2.2.2).
2. **Planspielcharakter:**
   Sobald das Projekt betreut wird, hat es immer Planspielcharakter, da der Projektbetreuer jederzeit lenkend eingreifen kann. Dies sollte auch getan werden, damit die Kundenzufriedenheit sichergestellt ist und die weitere Lernmotivation der Studierenden erhalten bleibt.
3. **Zielorientierung:**
   Die Vorgabe eines Zieles anstelle einer Aufgabe und das selbstständige Ableiten der Aufgaben bzw. deren konkrete Umsetzung ist für Lehrprojekte im Hochschulbereich von hoher Wichtigkeit, da die Studierenden diese Fertigkeit in der späteren Arbeitswelt brauchen werden und meist das Erreichen eines Zieles motivierender ist als eine

3.4 Anpassung der Projektmethode

reines „Abhaken" von Aufgaben. Allerdings bedarf dies bei jüngeren Studierenden einer intensiven Betreuung. Hierbei ist es möglich, durch Vorgabe von kleineren Zielen Betreuungsbedarf einzusparen.
4. **Projekte mit externen Kunden/Stakeholdern:**
ein Projekt mit einem Kunden durchzuführen bedeutet immer, dass eine Person außerhalb der Lehrenden-Lernenden-Umgebung Interesse an dem Projektergebnis hat.
5. **Projektportfolio:**
Das Projektportfolio ist die Gesamtheit aller Projekte in der Veranstaltung (Definition siehe Abschn. 3.1.3). In jedem einzelnen Projekt kann üblicherweise nur ein Teil des Lernstoffes und der zu erlernenden Kompetenzen der jeweiligen Veranstaltung abgedeckt werden. Die Idee der Prepared Project Method ist es nun, den kompletten Lernstoff sowie alle zu erlernenden Kompetenzen nicht im Einzelprojekt, wohl aber im Projektportfolio abzudecken.

An den ersten drei Punkten lässt sich gar nicht oder nur wenig ändern. Den meisten Spielraum zum Anpassen bieten die letzten zwei Punkte der Lehrmethode. Auf diese soll nun in den folgenden Unterkapiteln näher eingegangen werden.

3.4.2 Stakeholdermanagement

Vor und Nachteile bei Projekten mit externen Kunden/Stakeholdern
Projekte mit externen Kunden bieten zwei große Vorteile:

1. Allein dadurch, dass jemand an dem Projektergebnis Interesse zeigt und dieses umgesetzt haben möchte, führen Projekte zu einer deutlichen Motivationssteigerung der Studierenden und damit zu einem höheren Lerneffekt. Die Projekte werden nicht nur um ihrer selbst willen gemacht.
2. Durch den Einflussfaktor Kunde sind die zu bearbeitenden Projekte bereits berufsnah, da die meisten Absolventen später in irgendeiner Form mit Kundenanforderungen in Kontakt kommen werden und die Studierenden hier bereits den Umgang mit einem Kunden kennenlernen. Insgesamt stärkt dies ihre Beschäftigungsfähigkeit. Ihre Fähigkeiten in diesem Gebiet können sie im Gegensatz zu ihrem späteren Arbeitsleben noch in einer weitergehenden geschützten Umgebung weiterentwickeln.

Auf der anderen Seite gibt es auch zwei Nachteile:

1. Je nach Unterrichtsfach ist es schwierig, Kunden für Projekte zu akquirieren. Daher muss für die Akquise vor Projektstart genügend Zeit eingeplant werden.
2. Der Lehrende muss sicherstellen, dass für den Kunden ein brauchbares Ergebnis entsteht, damit der Kunde potenziell für weitere Projekte zur Verfügung steht. Um die Qualität des Ergebnisses zu sichern, bedarf es einer guten und damit einer

Tab. 3.3 Projekt mit Kunden

Vorteile	Nachteile
Motivationssteigerung für Studierende	Intensive Betreuung, um ein für den Kunden brauchbares Ergebnis sicherzustellen
Lernen des Umgangs mit Kunden	Akquise oft schwierig

aufwendigeren Betreuung der Projektgruppen (Tipps dazu können Sie in Abschn. 3.2.1 erhalten).

Das Hauptproblem besteht erfahrungsgemäß darin, Kunden zu akquirieren. In Anwendungsfächern wie beispielsweise Projektmanagement, Nachhaltigkeit, Konstruktion oder Programmierung ist dies häufig gut möglich, in Grundlagenfächern wie Mathematik, Physik oder Technische Mechanik dagegen naturgemäß schwierig.

Insbesondere wenn Sie ein Projekt in einem Anwendungsfach anbieten wollen, sollten Sie die Vor- und Nachteile gut abwägen. Für den Studierenden ist ein Projekt mit externem Kunden sicherlich sehr viel motivierender und alleine durch den Kundenkontakt auch lehrreicher. Wenn sich aber keine sinnvollen Projekte mit Kunden finden lassen, kann der Lehrende zumindest einen fiktiven Projektauftrag stellen. Hierbei lernen die Studierenden zwar nicht den direkten Umgang mit einem Kunden, aber zumindest müssen sie sich mit der Sichtweise der Kunden auseinandersetzen, um ein gutes Ergebnis zu liefern.

▶ Wenn die Möglichkeit besteht, Projekte mit externen Kunden anzubieten, hat das große Vorteile für die Studierenden.

Abschließend sind in Tab. 3.3 noch einmal die Vor- und Nachteile zusammengefasst.

3.4.3 Projektportfolio

Vor- und Nachteile bei Abdeckung des gesamten Lehrstoffes durch das Projektportfolio

Normalerweise werden in einer Lehrveranstaltung zeitgleich Projekte an mehrere Projektgruppen vergeben. Hierzu gibt es verschiedene Möglichkeiten, wie das Projektportfolio (Definition Abschn. 3.1.3) und damit die Gesamtheit aller Projekte zusammengesetzt werden kann. Eine Möglichkeit besteht darin, alle Projektgruppen das gleiche Projekt bearbeiten zu lassen. Eine andere Möglichkeit wäre, thematisch unterschiedliche Projekte an die Projektgruppen zu vergeben. Die Projekte können dabei so gewählt werden, dass der gesamte behandelte Lehrstoff im Projektportfolio abgedeckt ist. Letzteres bietet folgende Vorteile:

1. Jede Projektgruppe ist „Experte" in einem Teil des behandelten Lehrstoffes der Veranstaltung. Wenn die Projektarbeit derart gestaltet wird, dass sich alle Projektgruppen ihre Ergebnisse gegenseitig präsentieren, dann wird der gesamte Lehrstoff von den Studierenden wiederholt. Um einen möglichst großen Lern- bzw. Wiederholungseffekt zu erzielen, sollte ein erklärtes Ziel der Projektarbeit darin bestehen, dass die Studierenden ihre Ergebnisse explizit für ihre Kommilitonen darstellen und erklären.
2. Die große Auswahl an thematisch unterschiedlichen Projekten bietet die Möglichkeit für die Studierenden, sich nach ihrer Interessenlage ein Projekt auszusuchen. Die Auswahlmöglichkeit der Projekte nach eigenem Interesse führt zur erhöhten intrinsischen Motivation und dadurch zu einem besseren Projektergebnis, was einen höheren Lerneffekt bewirkt (Tipps zur Verteilung siehe Abschn. 4.2.2).

Allerdings weist die Methode auch Nachteile auf:

1. Soll der gesamte Lehrstoff abgebildet werden, müssen viele unterschiedliche, aufeinander abgestimmte Projekte akquiriert werden. Bei der Zusammenarbeit mit externen Stakeholdern benötigt man mehr Zeit, um für das Portfolio die passenden Projekte zu finden.
2. Wenn sich die Projekte und die Anforderungen an das Projektergebnis stark unterscheiden, sind die einzelnen Projekte schwer vergleichbar, wodurch eine faire Bewertung eventuell schwierig wird.

Als letzter Punkt sollte bedacht werden, dass für die Studierenden eine Wettbewerbssituation auftritt, wenn alle das gleiche Projekt bearbeiten. Je nach Veranlagung kann dies zu einer Motivationssteigerung oder zu einer Demotivation führen.

Als Kompromiss zwischen den beiden Polen besteht natürlich immer die Möglichkeit, zwar nicht gleiche, aber doch sehr ähnliche Projekte zu vergeben. Ähnlich bedeutet dabei, dass die Projektanforderungen gleich sind, sich aber in der konkreten Ausführung oder im Bereich des Stakeholders gegeneinander abgrenzen. Um mit diesem Ansatz mehrere Projekte durchzuführen, ist es notwendig, gleichartige Aufgaben zu akquirieren.

In Tab. 3.4 sind die Vor- und Nachteile zusammengefasst.

Tab. 3.4 Vor- und Nachteile bei Abdeckung des gesamten Lehrstoffes durch das Projektportfolio

Vorteile	Nachteile
Wiederholung des gesamten Lehrstoffes in allen Projektarbeiten	Projektakquise aufwendiger und zeitintensiver
Motivationssteigerung durch größere Auswahl an Projekten	Projekte unter Umständen schwer zu vergleichen und zu bewerten

> **Beispiel**
>
> Abschließend sind in der Tab. 3.5 alle Ziele und in Tab. 3.6 alle Methoden mit unserer Einschätzung, ob eine Änderung möglich ist oder nicht, aufgelistet. Abhängig davon, was mit der Projektarbeit erreicht werden soll und wie die Umsetzungsmöglichkeiten sind, wird deutlich, welche Anpassung sinnvoll erscheint.

3.5 Curriculare Verankerung

Es gibt viele Wege, Projekte in die Curricula einzubinden. Zunächst sollte ein Blick in die jeweilige Studien- und Prüfungsordnung (SPO) geworfen werden, um die dort festgelegten Rahmenbedingungen und den Umfang des zu unterrichtenden Faches festzustellen. Wenn es grundsätzlich möglich ist, Projekte in die Module zu integrieren, kann die Modulbeschreibung des jeweiligen Faches durch den Lehrenden frei gestaltet werden.

Auf die Frage, wie man eine Einbindung der Projektmethode in die Lehre strategisch fördern kann, wird in Abschn. 4.6 eingegangen. Im Folgenden werden zunächst die operativen Punkte bei der Gestaltung von Lehrkonzept und Modulbeschreibung besprochen.

▶ Es gibt drei Möglichkeiten, Projekte in der Hochschullehre einzusetzen. Projekte können direkt in die Lehre integriert sein, parallel laufen oder eine eigenständige Kurseinheit bilden (siehe Tab. 3.7, 3.8 und 3.9).

Sollen Themen wie Projektmanagement, Soft Skills oder Ethik und Nachhaltigkeit in das Curriculum eingebunden werden, ergeben sich im Grunde zwei Hauptstrategien:

Tab. 3.5 Änderungsmöglichkeiten der Ziele

Ziel	Änderung möglich
Nutzen für alle Beteiligten	Nein
Lernziele sind Grundwissen in Projektmanagement und fachliche Inhalte der Vorlesung	Ja, abhängig von Projekt kaum/keine Projektmanagementkenntnisse nötig

Tab. 3.6 Änderungsmöglichkeiten der Methodenbausteine

Methodenbausteine	Änderung möglich
Erlebnisorientierung	Nein
Planspielcharakter	Nein
Zielorientierung:	Ja, abhängig von der Erfahrung der Studierenden
Projekte mit externen Kunden	Ja, abhängig vom Lehrziel und Lehrgebiet und damit den Akquisemöglichkeiten des Lehrenden
Projektportfolio	Ja, abhängig vom Lehrziel und der aufzubringenden Zeit

Tab. 3.7 Modulbeschreibung für eine Lehrveranstaltung mit integriertem Projekt (lehreorientiert, integriert)

Methode	Vorlesung und Präsentationen „Learning by doing" in einem praktischen Projekt und im Projektportfolio		
Prüfung	Art der Prüfung und interne Gewichtung	Prüfung (mündlich oder schriftlich)	50 %
		Lehrveranstaltungsbegleitendes Projekt davon	50 %
		Projektplan, -arbeit und Präsentationen	40 %
		Projektarbeit und Reflexion	60 %
Workload	Semesterwochenstunde (SWS)	22 × 2 h fachspezifische Lehre 4 × 2 h Projektmanagement 3 × 2 h Präsentationen 2 × 1 h Projektbesprechungen	60 h
	Eigenständige Arbeit	Projektarbeit und Recherche im Team	50 h
	Selbststudium	Theorie (Kurs- und Projektthema)	40 h
	Summe	5 Credit points	150 h

Tab. 3.8 Modulbeschreibung für eine projektorientierte Lehrveranstaltung (projektfokussiert; parallel)

Methode	Vorlesung und Präsentationen „Learning by doing" in einem praktischen Projekt und im Projektportfolio		
Prüfung	Art der Prüfung und interne Gewichtung	Bewertet wird das Lehrveranstaltungsbegleitende Projekt anhand von	
		Projektplan und Projektarbeit	10 %
		LV-bezogene Projektarbeit & Reflexion	60 %
		Ergebnisdokumentation und -präsentation	30 %
Workload	Semesterwochenstunde (SWS)	8 × 2 h Fachspezifische Lehre 2 × 2 h Projektmanagement 4 × 2 h Präsentationen 2 × 1 h Projektbesprechungen	30 h
	Eigenständige Arbeit	Projektarbeit und Recherche im Team	90 h
	Selbststudium	Theorie (Kurs- und Projektthema)	30 h
	Summe	5 Credit points	150 h

entweder durch eine gezielte Lehrveranstaltung zu diesem Thema oder im Rahmen einer fachlichen Lehrveranstaltung mit entsprechender Perspektive.

In jedem Fall ist es wichtig, die Projekte nicht isoliert zu betrachten, sondern das gesamte Projektportfolio, das alle relevanten Themen und zu erlernenden Kompetenzen des jeweiligen Kurses abbilden sollte. Daneben sollte der gesamte Studiengang betrachtet werden. Denn wenn die Projektmethode in jedem Fach zum Einsatz kommt, wird es schnell zu viel für die Studierenden. Es ist also wichtig, dass sich die Lehrenden eines Studiengangs vorher abstimmen.

Tab. 3.9 Modulbeschreibung für eine Projektmanagement-Lehrveranstaltung (projektbasiert; eigenständig)

Methode	Vorlesung und Präsentationen „Learning by doing" in einem praktischen Projekt und im Projektportfolio		
Prüfung	Art der Prüfung und interne Gewichtung	Bewertet wird das Projekt anhand von Prüfung oder individuellem Projektbericht Projektplan, -arbeit und Präsentationen Ergebnisdokumentation	30 % 40 % 30 %
Workload	Semesterwochenstunde (SWS)	14 × 2 h PM Vorlesung 4 × 2 h Präsentationen 4 × 1 h Projekt Besprechungen	40 h
	Eigenständige Arbeit	Projektarbeit und Recherche im Team	90 h
	Selbststudium	Theorie (Kurs- und Projektthema)	20 h
	Summe	5 Credit points	150 h

PPM kann eingesetzt werden, um Projektmanagement zu vermitteln und praktische Aspekte sämtlicher Fächer durch reale Projekte zu veranschaulichen.

Für PPM ist es wichtig, dass Vorlesung und Projektarbeit miteinander kombiniert werden. In der Modulbeschreibung sollte also neben dem Workload für die Projektarbeit auch Workload für die Anwesenheit während der Vorlesung angesetzt werden. Zur Verbesserung des Lerneffekts durch die Projektarbeit ist es sinnvoll, regelmäßig verpflichtende Projektpräsentationen durchzuführen, an denen alle Studierenden teilnehmen. Auf diese Weise erhalten die Teams nicht nur einen Einblick in ihr projektspezifisches Thema, sondern lernen das gesamte Projektportfolio kennen und können zugleich aus den Rückschlägen und Fortschritten der Kommilitonen lernen. Auch die Teilnahme an Projektpräsentationen der Kommilitonen sollte für alle Kursteilnehmer verpflichtend sein und zum offiziellen Workload gehören.

Die drei Tab. 3.7, 3.8 und 3.9 zeigen beispielhafte Modulbeschreibungen für mögliche Einsätze von Projekten in der Lehre, ob lehreorientiert (integriert), projektfokussiert (parallel) oder projektbasiert als eigenständige Kurseinheit.

In projektunterstützten Modulen oder Kursen, wie sie in Tab. 3.7 beschrieben sind, liegt der Fokus auf der Lehre, die durch die Projekte lediglich unterstützt wird. Auf diese Weise können Projekte in einer gezielten Lehrveranstaltung zur Vertiefung von Wissen, Veranschaulichung von Anwendungsbeispielen und zur Motivationssteigerung eingesetzt werden.

Selbst wenn die Bewertung laut Curriculum nur auf einer schriftlichen oder mündlichen Prüfung beruht, können Projekte integriert werden, indem projektbezogene Fragen in der Prüfung gestellt werden.

Tab. 3.8 zeigt eine beispielhafte Modulbeschreibung für projektfokussierte Module. Das Projekt kann dabei das Thema der Lehrveranstaltung aufgreifen oder ein anderes

Thema behandeln. In diesem Modul kann die Gewichtung von Projekt und Projektbewertung sowie Vorlesung und Prüfung stark variieren von 1:3 bis 3:1 oder typischerweise von 2:1 bis 1:2. Je nach Gewichtung von Projekt und Vorlesung ergibt sich auch eine andere Gewichtung der jeweils zu bewertenden Teilkomponenten.

In projektbasierten Modulen wie in Tab. 3.9 dargestellt, ist das Projekt das wichtigste Instrument um Fachwissen und Kompetenzen zu vermitteln.

Allgemein ist bei der Modulbeschreibung darauf zu achten, dass das gesamte Arbeitspensum (Workload) sowohl die individuelle Projekt- und Recherchearbeit also auch die Projektarbeit im Team, die Präsentationen und die Projektbesprechungen mit Betreuern und Stakeholdern umfasst.

Die Anzahl der Studierenden kann dabei variieren von drei in einem homogenen Team bis zu zwölf Personen in Projekten, die mehrere Unterprojekte beinhalten oder aus Semester übergreifenden Teams bestehen. Dadurch kann auch die absolute Projektgröße zwischen 180 h (ein Personen-Monat) und 1800 h (ein Personen-Jahr) letztlich variieren. Die Bildung von semesterübergreifenden Teams kann für die Projektarbeit sehr zuträglich sein. Dies ist am einfachsten, wenn der Lehrende mehrere Lehrveranstaltungen hat. Eine gute Möglichkeit zur Förderung von Interdisziplinarität ist darüber hinaus die studiengangs-, fakultäts- oder sogar hochschulübergreifende Bildung von Projektteams.

▶ Um Studierenden die Möglichkeit zu geben, ihre Studiensemester als Projekt vom jeweiligen Semesterbeginn bis zu den Prüfungen zu sehen und ihnen das Handwerkszeug für die Arbeit im Studium zu geben [4], ist es sinnvoll, die Lehrveranstaltung Projektmanagement im Curriculum in der Studieneingangsphase zu verankern. Damit erhält die Lehrveranstaltung Projektmanagement einen Grundlagencharakter und eine Servicefunktion gegenüber den Lehrveranstaltungen höherer Semester.

Ergänzend dazu kann ein fachübergreifendes Projekt in den Abschlusssemestern die im Studium erworbenen Kompetenzen nutzen. Die Curricula sollten aus diesem Grund weiterentwickelt werden, um solche innovativen Lehrformen zu ermöglichen.

3.6 Zusammenfassung

Die Projektmethode Prepared Project Method PPM wurde umfassend vorgestellt. Mit dieser Methode ist es möglich, Projekte ergebnisorientiert in der Lehre einzusetzen.

Dies wird anhand der folgenden Tab. 3.10 deutlich, in der die umgesetzten Projekte des Studiengangs Wirtschaftsingenieurwesen aus dem Jahr 2006 aufgeführt sind. Es wurde ein Blick auf die Projekte aus heutiger Sicht ergänzt. Dadurch ist ersichtlich, dass es nicht nur um die alleinige Anwendung der Methode geht, sondern darum, einen realen Effekt zu erzeugen.

Tab. 3.10 Beispiel: Projekte aus dem Sommersemester 2006

Titel	Zielformulierung (Originalformulierung 2006)	Projektergebnis aus Sicht 2016
Eventmanagement und Zielgruppenerreichung	Planung für das Event 30 Jahre Studiengang Wirtschaftsingenieurwesen: Anforderungsanalyse, Konzeption des Tages, Referenten, Veranstaltungen.Grobplanung Event, Einbindung „Studium und Praxis"	Veranstaltung wurde wie von den Studierenden erarbeitet umgesetzt
Qualitätsmanagement im Dienstleistungsbereich: Arztpraxis	Umsetzung der Qualitätsmanagementsysteme auf einen Dienstleister, hier eine Gemeinschaftspraxis. Prozess- und Schwachstellenanalyse. Fortführung des Projekts. Aufzeigen des Wegs zur Zertifizierung (Projektplan, roadmap)	Wurde von der Praxis als Einstieg in das Qualitätsmanagement genutzt
Qualitätsmanagement Hochschule: Messung der Lehrqualität	Konzeption eines Fragebogens zur Messung der Lehrqualität und Professorenbeurteilung; Schwerpunkte: die möglichen Probleme und Vorteile sowie deren Entdeckung.	Ist in die Aktualisierung und Verbesserung des Evaluierungsfragebogens eingeflossen
Umweltmanagement light für Schulen	Begleitung und Dokumentation eines Projekts zum EMAS light „Grüner Aal". Umsetzung von EMAS in eine leicht machbare Version für Schulen. Erstellung einer Konzeption analog zum Grünen Bibberle	Der Grüne Aal wurde erfolgreich an Schulen umgesetzt und inzwischen mehrfach ausgezeichnet (siehe Abschn. 7.4)
Qualität W – Zukunftswerkstatt Motivation	Planung, Durchführung und Dokumentation einer Zukunftswerkstatt zum Thema Qualität des Studiengangs Wirtschaftsingenieurwesen. Schwerpunkt: Motivation und Engagement von Studierenden und Personal	Fokus der Ergebnisse waren Punkte, wie man die Studierenden motivieren kann
Qualität W – Qualitätsforderungen und Marktanalyse Master	Analyse der Anforderungen und Wünsche der Studienabsichten für den Master Wirtschaftsingenieurwesen aus Sicht der Diplom- und Bachelor-Studierenden	Durch die Analyse konnten politische Hürden überwunden werden. Der Master Industrial Management wurde erfolgreich umgesetzt.

(Fortsetzung)

3.6 Zusammenfassung

Tab. 3.10 (Fortsetzung)

Titel	Zielformulierung (Originalformulierung 2006)	Projektergebnis aus Sicht 2016
Regionalmarketing. Tag der Region 2006 Feinplanung	Planung des Tags der Regionen als Projekt der Lokalen Agenda 21. Umsetzung von Umweltmarketing und Regionalvermarktung, Erstellung eines Projektplans auf Basis der Roadmap des Vorsemesters.	Seit 2006 wird der Tag der Regionen in Aalen jährlich erfolgreich veranstaltet. Die Planung und Durchführung erfolgt durch lokale Akteure.
Qualitätsfaktoren Innenstadt Barrierefreiheit	Analyse des Qualitätsfaktors „Barrierefreiheit" als Komponente der Qualität einer Stadt für Anwohner und Touristen. Bestandsaufnahme bezüglich der Barrierefreiheit der Aalener City und der Ladengeschäfte	War der Ausgangspunkt für einen Führer „Aalen Barrierefrei" und viele Nachfolgeprojekte
Qualitätsfaktoren Innenstadt Sicherheitsgefühl am Gmünder Torplatz	Analyse der Einflussfaktoren auf das Sicherheitsgefühl von Besuchern des Gmünder Torplatzes: Störfaktoren in Abhängigkeit von Person (Alter, Geschlecht), Situation, Rolle, Zeit	Ergebnis wurde an Ordnungsamt und Polizei übergeben und intern umgesetzt
Eventqualität und Jugendschutz: Ostalb-Kinder	Evaluierung der Präventionsmaßnahmen zur Gewalt-, Drogen- und Verkehrsprävention im Ostalbkreis. Gesamtprojekt „Unsere Ostalb-Kinder sind's uns wert", Einzelprojekte wie „Einer bleibt nüchtern", „fifty-fifty-Taxi", „Max besser"	Ergebnis wurde der Polizeidirektion übergeben. Nachfolgeprojekte zu Eventqualität haben einzelne Ergebnisse aufgegriffen.
Zielgruppenerreichung Verkehrsprävention Senioren	Analyse der Möglichkeiten, die Zielgruppe Senioren für die Prävention zu erreichen	Ergebnis wurde der Polizeidirektion übergeben; 2016 wurde eine Neuauflage gestartet.
Qualitätsfaktoren von Vereinen	Analyse der Anforderungen an die Leistungen eines Sportvereins aus Sicht der Stakeholder, vor allem der Vereinsmitglieder am Beispiel des SSV Aalen	Ergebnisse wurden an die Vereinsleitung übergeben und intern umgesetzt.
Kommunales Umweltmanagement	Umweltmanagement für Stadtverwaltung (Rathaus, Bauhof, etc.). Schwerpunkte: Umweltmanagementsystem, Einkauf/Energieverbrauch Analogie Grüner Aal für Abteilungen der Stadtverwaltung	Wurde als Anregung aufgenommen und umgesetzt, hat aber nicht zur Zertifizierung geführt

> **Zusammenfassung**
> Sie kennen nun den theoretischen Hintergrund der Prepared Project Method und wissen, wie Sie diese Ihren Bedürfnissen anpassen können. Des Weiteren haben Sie einige unterschiedliche Projektarten kennengelernt sowie Möglichkeiten aufgezeigt bekommen, wie Projekte als Lehrmethode in die Curricula integriert werden können.

Literatur

1. Drews, G., Hillebrand, N., Kärner, M., Peipe, S., & Rohrschneider, U. (2014). *Praxishandbuch Projektmanagement*. Freiburg: Haufe.
2. Holzbaur, U. (2007). *Entwicklungsmanagement*. Heidelberg: Springer.
3. Holzbaur, U. (2010). Prepared Project Method – Systematische Integration von Projekten in die Lehre mit systematisch vorbereiteten Projekten. Lehre erlebnis- und ergebnisorientiert unterstützen. In B. Berendt, H.-P. Voss, & J. Wildt (Hrsg.), *Neues Handbuch Hochschullehre*, E 4.3 (S. 1–30). Berlin: Raabe.
4. Holzbaur, U. (2014). *Projektmanagement für Studierende*. Wiesbaden: Springer Gabler.
5. Holzbaur, U., & Kropp, A. (2016). Implementation of Education for Sustainable Development in Universities of Applied Sciences. In W. L. Filho & M. Zint (Hrsg.), *The Contribution of Social Sciences to Sustainable Development at Universities*. World Sustainability Series. Zurich: Springer. doi:10.1007/978-3-319-26866-8_11.
6. Holzbaur, U., & Marx, I. (Hrsg.). (2011). *Handlungs- und Erlebnisorientierung in der tertiären Bildung*. Aachen: Shaker.
7. Holzbaur, U., & Venus, C. (2013). Projektmethode. In B. Rathje & A. Beyer (Hrsg.), *Didaktik für Wirtschaftswissenschaften* (S. 167–182). München: Oldenbourg.
8. Holzbaur, U., Bühr, M., & Theiss, M. (2013). Regionale Stakeholderkooperation einer Hochschule zur Umsetzung der Nachhaltigen Entwicklung in Projekten. *Umwelt Wirtschafts Forum*, *21*, 179–186.
9. Holzbaur, U., Wenzel, T., & Bühr, M. (2013). Curricular aspects of students' projects in the Bologna Framework – linking prepared projects method with curricular requirements, EDULEARN 2013 proceedings, IATED, Barcelona, Spain, 1611-1621.
10. Kriz, W. C., & Nöbauer, B. (2006). *Teamkompetenz. Konzepte, Trainingsmethoden, Praxis*. Göttingen: Vandenhoeck & Ruprecht.
11. Pfetzing, K., & Rohde, A. (2014). *Ganzheitliches Projektmanagement* (5. Aufl.). Zürich: Versus.
12. Rummler, M. (Hrsg.). (2012). *Innovative Lehrformen: Projektarbeit in der Hochschule*. Weinheim: Beltz.
13. Ulrich, M. (2003). Mit Planspielen nachhaltige Entwicklung erleben! Der Beitrag der Planspielmethodik zur Bildung für eine nachhaltige Entwicklung, *DGU Nachrichten*, 27/28, 6. http://www.ucs.ch/service/download/docs/artikelpsnaha.pdf. Zugegriffen: 03. Febr. 2015.
14. Zell, H. (2007). *Projektmanagement – lernen, lehren und für die Praxis*. Norderstedt: Books on Demand GmbH.

4 Detaillierte Durchführung des Metaprojekts

▶ Dieses Kapitel zeigt unsere Vorgehensweise und Durchführung des Metaprojekts des Lehrenden praxisnah auf und ist eine Anleitung und Möglichkeit, projektbasierte Lehre durchzuführen. Hier wird dargestellt, auf was in der praxisbezogenen Projektmethode geachtet werden muss. Tipps werden gegeben, um zum einen unsere Erfahrungen mitzuteilen und zum anderen unsere Handlungsweisen zu verstehen. Der Verlauf des Metaprojekts wird von Anfang an bis zur abschließenden Benotung in Einzelschritten beschrieben. Es ist nicht zwingend jeder Schritt oder jede Phase, die wir hier aufzeigen, identisch nachzuvollziehen. Vielmehr soll dieses Kapitel ein roter Faden sein, wie projektbasierte Lehre durchgeführt werden kann. Gleichwohl ist es eine Anregung, projektbasierte Lehre im eigenen Fach einzuführen und umzusetzen.

Seit ungefähr 15 Jahren wird im Studiengang Wirtschaftsingenieurwesen an der Hochschule Aalen projektbasierte Lehre erfolgreich praktiziert [9]. In der Hochschullehre kommen durch vielfältige Fächer und abwechslungsreiche Projektziele verschiedene Projektarten mit unterschiedlichen Methoden zum Einsatz.

Diese Form der Projekte zeichnet sich durch Verknüpfung von der Theorie in den Vorlesungen und der Praxis durch reale, erlebnisorientierte Elemente mit internen und/oder externen Kunden aus. Projekte werden hierbei als ein Mittel der Lehre eingesetzt.

4.1 Vorbereitungsphase

Das Metaprojekt startet nicht zum gleichen Zeitpunkt wie das Semester. Durch die Notwendigkeit, externe Stakeholder zu finden und zu akquirieren, ist der Start des Metaprojekts möglichst früh anzusetzen bzw. über das ganze Jahr hinweg kontinuierlich durchzuführen.

4.1.1 Projektdefinition im Metaprojekt

Die Projektdefinition bekommt Impulse von zwei Richtungen:

1. Aus den Lehrinhalten und zu vermittelnden Kompetenzen ergeben sich Themen
2. Aus der Stakeholderarbeit ergeben sich mögliche Aufgaben und Ziele

Diese sich daraus ergebenden Ideen sind zu Beginn des Semesters so zu integrieren, dass sich ein Projektportfolio mit der passenden Anzahl adäquater Projekte in den jeweiligen Themenbereichen und Lehrveranstaltungen ergibt.

Das Projektportfolio sollte den Lernstoff und die zu erlernenden fachlichen, methodischen und sozialen Kompetenzen der jeweiligen Lehrveranstaltung abdecken. Dabei muss der Lehrende entscheiden, wie viele der Inhalte in wie vielen Projekten abgedeckt werden müssen. Die Projektdefinition und die Erstellung des Portfolios können auf zwei Arten erfolgen, die sich in der Praxis ergänzen:

1. Top-down: Zunächst wird das Portfolio von der Modulbeschreibung abgeleitet und die Lehrinhalte, Themen und Methoden ausgewählt. Dazu werden geeignete Projekte und Partner gesucht.
2. Bottom-up: Die Projekte ergeben sich aus der Arbeit mit den Stakeholdern. Geeignete Projekte werden ausgewählt und zum Portfolio kombiniert.

Die obige Unterscheidung der Herleitung von Projekten betrifft auch den Impuls des Initiators. Dabei können Stakeholder Probleme bzw. Ideen von sich aus einbringen. Im Normalfall aber wird das Projekt vom Lehrenden konzipiert, der dann auf potenzielle Stakeholder zugeht. Man muss also bei den durch den Lehrenden initiierten Projekten verschiedene Aspekte betrachten, die als Grund oder Anregung dienen:

4.1.1.1 Die Abdeckung des Lehrinhalts

Projektanregung durch Lerninhalt

In der Lehrveranstaltung „Nachhaltige Entwicklung" sollte die Etablierung und abschließende Zertifizierung eines Managementsystems thematisiert und auch in einem Projekt durchgeführt werden. Dazu werden mögliche Partner gesucht und angesprochen. So ergaben sich Projekte mit Schulen und Kindergärten (Umweltmanagement), Unternehmen und Vereinen (EMAS), der Hochschulmensa (Bio-Zertifizierung) und der Hochschule (Fairtrade-Zertifikat).

Ein weiteres Beispiel zeigt Tab. 4.1, in der zu den Sustainable Development Goals (Informationen beispielsweise beim BMZ [3]) Projektthemen aufgezeigt werden.

Auf dieser Grundlage lassen sich nun Projekte konkretisieren und Projektpartner gewinnen.

4.1 Vorbereitungsphase

Tab. 4.1 Themenauswahl für Projekte zu den SDG

SDG Ziel	Stichworte/Themenbereiche zur Umsetzung in Projekten
Ziel 1 u. 2: Armut und Hunger beenden	Mobilisierung von Ressourcen (Finanzen, Personal); Verbesserte Entwicklungszusammenarbeit
Ziel 3: gesundes Leben und Wohlergehen	Prävention aller Art, z. B. Drogen, Alkohol, Unfälle; Gesundheitsvorsorge
Ziel 4: inklusive, gleichberechtigte und hochwertige Bildung und Möglichkeiten lebenslangen Lernens	Projekte zur Bildung; Übergänge zwischen den Systemen; Bildung für nachhaltige Entwicklung Trainingsprojekte mit Partnern im globalen Süden
Ziel 7: Zugang zu bezahlbarer, verlässlicher, nachhaltiger und moderner Energie für alle	Projekte zu regenerativen Energien; Entwicklungsprojekte zu Energie
Ziel 8: dauerhaftes, breitenwirksames und nachhaltiges Wirtschaftswachstum, produktive Vollbeschäftigung und menschenwürdige Arbeit	Projekte zur Ausbildung und Training, zur Förderung von verantwortlichem Unternehmertum. Förderung von Fair Trade
Ziel 12: nachhaltige Konsum- und Produktionsmuster	Sensibilisierung; Analysen von Auswirkungen von Konsum und Produktion; Nachhaltiger Tourismus
Ziel 13: Bekämpfung des Klimawandels und seiner Auswirkungen	Klimaschutzprojekte und Analysen; Risikoanalysen bzgl. Klimawandel
Ziel 16: friedliche und inklusive Gesellschaften für eine nachhaltige Entwicklung sowie leistungsfähige, rechenschaftspflichtige und inklusive Institutionen	Hochschulkooperationen; Studierendenaustausch und „internationalisation at home" an der Heimat- und an Partnerhochschulen; Projekte zum Thema Transparenz und Bürgerbeteiligung: Korruptionsprävention durch Sensibilisierung
Ziel 17. Umsetzungsmittel stärken und die Globale Partnerschaft für nachhaltige Entwicklung mit neuem Leben erfüllen	Kooperationsprojekte aller Art; Förderung von Austauschprojekten; Unterstützung von Aktivitäten von Kommunen, Vereinen und Unternehmen

4.1.1.2 Die Abdeckung der Projektarten und Methoden

Projektanregung durch Projektarten und Methoden

In der Lehrveranstaltung Qualitätsmanagement sollte die Organisation eines Workshops enthalten sein, damit die Studierenden verschiedene Workshop-Formate kennenlernen. Als Methode bieten sich beispielsweise Open Space oder Zukunftswerkstatt in einer verkürzten Form an. Die Themen können aus der Hochschule, dem Studiengang, von Partnern oder der Gesellschaft kommen.

4.1.1.3 Die Erfassung gesellschaftlicher Anforderungen

Projektanregung durch gesellschaftliche Anforderungen

Der Lehrende kann von sich aus Anforderungen aufgreifen und zum Thema von Projekten machen. Auf diese Weise werden die Studierenden dazu gebracht, sich mit aktuellen Entwicklungen und. Themen wie Demografie, Migration, Digitalisierung, künstliche Intelligenz zu beschäftigen.

4.1.1.4 Die Erfassung möglicher individueller Bedarfe

Aus der täglichen Arbeit, der Presse oder Gesprächen können sich Fragestellungen ergeben, die sich als Projekt eignen.

Projektanregung durch Bedarfe

Nachdem in der Presse mehrmals über das schlechte Image eines Stadtteils (Quartiers) bzw. Vereins berichtet wurde, wurden jeweils Projekte aufgesetzt, um

1. die interne und externe Wahrnehmung und ihre Gründe zu überprüfen
2. Maßnahmen für die Verbesserung der realen Situation, der Kommunikation und der Wahrnehmung vorzuschlagen

4.1.1.5 Initiative durch Studierende

Studierende können von sich aus Ideen entwickeln. Im Idealfall beschäftigen sie sich mit dem Vorlesungsstoff und leiten daraus Themen ab. Aber auch aus dem eigenen Umfeld oder früheren Projekten können Anregungen an den Lehrenden herangetragen werden.

Projektanregung durch Studierende

Studierende bringen öfters Anregungen für Projekte ein, die zu Verbesserungen im eigenen Verein oder der Kommune führen sollen oder die Organisation bzw. Evaluierung von eigenen Events betreffen.

So ergab sich aufgrund der Nachfrage „Machen wir wieder ein Alkoholprojekt"?" ein Nachfolgeprojekt im Bereich Alkoholprävention.

Auf Anfrage eines Studierenden, der eine Mitfahr-App entwickeln wollte, wurde die Modellierung der Prozesse bei einer Mitfahr-App als Projekt aufgenommen.

4.1.1.6 Nachfolgeprojekte

Häufig ergibt sich bei der Planung oder in der Umsetzung eines Projekts der Bedarf oder die Idee für ein Nachfolgeprojekt. In diesem werden beispielsweise die entwickelten Konzepte oder Entwürfe umgesetzt, die in Befragungen erkannten Defizite oder Chancen ausgeglichen bzw. ergriffen. Zudem kann auch das Ergebnis des vorherigen Projekts verstetigt oder überprüft werden.

> **Projektanregung durch Projektvorgänger**
> Beispiele für aufeinanderfolgende Projekte sind:
>
> - Beim Tag der Region: Nach der Initiierung folgte ein Projekt, das eine Verstetigung umsetzte und ein Projekthandbuch für die Organisation entwickelte.
> - Detaillierung des Objekts und Gewährleistung der Prozesssicherheit für den in der ersten Phase entwickelten 3-D-Druck.
> - Nach der erfolgreichen Vorarbeit für eine Zertifizierung (fairtrade, UNESCO, ISO, ...) erfolgen die Antragstellung und die Organisation der Auszeichnungsfeier als Event.

4.1.2 Konkretisierung

Die weitere Konkretisierung bis zur letztendlichen Projektdefinition erfolgt schrittweise. Die Projektdefinition ist selbst ein Entwicklungsprojekt und kann auch nach den Methoden des Entwicklungsmanagements (vgl. [7]) geschehen.

> **Smart City**
> Die langjährige Kooperation mit der Stadt bringt immer neue Projekte hervor. 2016 wurde das Thema Smart City durch den Oberbürgermeister initiiert. In einer Sitzung mit Amtsleitern und Hochschulvertretern wurden mehrere potenzielle Projektthemen identifiziert:
>
> - Smart City App für Geodaten – Anforderungsanalyse
> - Smart Events und nachhaltige Events
> - Virtueller Lehrpfad für Nachhaltige Entwicklung
> - Virtuelle Umwelterklärung eines Gymnasiums in Kooperation mit einer amerikanischen Partnerschule
> - Nutzung von additiven Fertigungsverfahren (3-D-Druck) am Beispiel Druck von Ammoniten
>
> Diese können nun in konkrete Projekte umgesetzt werden.

Wenn für ein Projekt das grundlegende Thema und der Stakeholder feststehen, muss es so konkretisiert werden, dass es mit der zugehörigen Zielbeschreibung an das studentische Team übergeben werden kann. Dazu muss der Lehrende das Projekt so weit aufarbeiten, dass der zu erwartende Aufwand klar ist und zur Modulbeschreibung passt.

> **Konkretisierung von Projekten**
>
> **Virtueller Lehrpfad für nachhaltige Entwicklung**
> Zielsetzung des Projekts ist die Konzeption und Einrichtung eines virtuellen Lehrpfads entlang der Hauptbäche in Aalen und in Ergänzung des vorhandenen Panoramawegs. Der Lehrpfad soll intelligente Endgeräte und Social Media nutzen und ortsbezogen Informationen zur nachhaltigen Entwicklung und zu einzelnen Bildungsinhalten präsentieren. Gleichzeitig können die Spaziergänger Inhalte z. B. auf der Facebook-Seite hochladen. Die Grundidee des virtuellen Lehrpfads besteht darin, dass er vor Ort nur minimal beschildert ist und an markanten Punkten mit einer kleinen Tafel und QR-Codes auf die Informationen verweist. Damit ergeben sich mehrere Projekte mit unterschiedlichen Stakeholdern über mehrere Semester hinweg.
>
> **Smart Events**
> Ziel des Projekts ist eine Analyse der möglichen Umsetzung von Smart-Events im Rahmen der Veranstaltungen der Stadt. Wie können die Logistik und Retrologistik optimiert werden? Was ist im Rahmen von Festen der Stadt wirklich sinnvoll und nutzbringend für Besucher, Gastronomen und Organisatoren? Nach Abschluss des mit den Akteuren entwickelten Konzepts soll dieses den zuständigen Amtsleitern übergeben werden.

Rollendefinition

Im Rahmen der Projektdefinition ist es wichtig, die Rollen festzulegen und einen Ausgleich zu schaffen zwischen dem Nutzen, den ein Stakeholder hat, und dem Aufwand, den er in das Projekt einbringt.

Rollen und Stakeholder: Begriffe

Stakeholder allgemein	Alle Anspruchsgruppen und Betroffenen des Projekts.
Haupt-Stakeholder/Kunde	Als DEN Stakeholder, Haupt-Stakeholder oder Kunden bezeichnen wir diejenige Organisation (oder Gruppe von Organisationen), die im Rahmen des Lehrprojekts als wichtigste Anspruchsgruppe auftritt, oder den Kunden, der Nutzen aus dem Projekt zieht und für das Projektteam den Ansprechpartner stellt.
Ansprechpartner	Ansprechpartner sind diejenigen Personen, die vom Management des Haupt-Stakeholders benannt werden und die den Stakeholder gegenüber dem studentischen Team repräsentieren.
Weitere Stakeholder	Als weitere Stakeholder bezeichnen wir alle Anspruchsgruppen, die im Rahmen des Projekts berücksichtigt werden müssen, aber nicht als Haupt-Stakeholder fungieren und nicht die Ansprechperson stellen.

Die Rolle des Haupt-Stakeholders kann auch von mehreren Organisationen, die auch als Team von Ansprechpartnern fungieren, gemeinsam wahrgenommen werden.

> **Beispiele für Stakeholder**
>
> **Haupt-Stakeholder im Präventionsprojekt**
>
> In Projekten zur Prävention hat es sich bewährt, auf die etablierte Kooperation der Präventionsstellen von Stadt, Landkreis und Polizei zurückzugreifen und mit diesem Team (drei von der jeweiligen Leitung nominierte Personen) als Ansprechpartner zu arbeiten.
>
> **Haupt-Stakeholder Aalen für alle**
>
> Für die Erstellung eines Leitfadens zum barrierefreien Tourismus fungierten der Leiter Tourismus der Stadt Aalen und die Sprecherin der Agenda21-Gruppe „Aalen Barrierefrei" gemeinsam als Stakeholder bzw. Ansprechpartner.

Erfassung der Stakeholderanforderungen

Die detaillierte Erfassung der Stakeholderanforderungen ist Aufgabe des Projektteams. Der Lehrende muss sich aber in der Projektdefinition über die unterschiedlichen Ansprüche der Anspruchsgruppen klar werden. Dies ist insbesondere dann wichtig, wenn in einem Oberprojekt viele Ansprüche erfüllt werden müssen und deshalb mehrere Projekte definiert werden.

> **Tag der offenen Tür**
>
> Am Beispiel „Tag der offenen Tür der Hochschule" [10] können wir die unterschiedlichen Stakeholder identifizieren und ihre Anforderungen konkretisieren. Dabei treten diese Stakeholder nicht als Projektkunden auf. Haupt-Stakeholder bzw. Projektkunde wäre die Stabsstelle Öffentlichkeitsarbeit als Organisator des Events (Tab. 4.2).
>
> Damit könnte man auch mehrere Projekte für bestimmte Stakeholder oder Zielgruppen definieren.

Projektliste

Um als Lehrender den Überblick über die angedachten Projekte zu behalten, eignet sich die Darstellung in einem Tabellenkalkulationsprogramm. Hier können alle relevanten Parameter erfasst werden und der Bedarf an Studierenden in den jeweiligen Projekten sowie entsprechende Anpassungen überwacht werden. Bewährt haben sich beispielsweise folgende Parameter: Projektname, Stakeholder, Studienfach/Semester, Gesamtzahl der Studierenden im Projekt, Betreuer, Status des Projekts (Idee, Konzeption, fest eingeplant). Hier ist eine individuelle Anpassung nach den jeweiligen Ansprüchen erforderlich (siehe Abschn. 6.3.1).

4.1.3 Anpassung und Kalibrierung

Sind externe Stakeholder gefunden, beginnt das Projekt bereits vor dem eigentlichen Semesterbeginn. Mit den akquirierten Stakeholdern muss ein Erstgespräch stattfinden,

Tab. 4.2 Stakeholder-Interessen

Stakeholdergruppe	Hauptinteresse/Schwerpunkt
Stabsstelle Öffentlichkeitsarbeit	Sichere und erfolgreiche Organisation des Events
Aussteller (Professoren und Mitarbeiter) und deren Organisationen	Bekanntheit, positive Darstellung bei den Zielgruppen (Schüler, Eltern, Industrie); Konkrete Ergebnisse bei den einzelnen Zielgruppen, Eigenen Arbeitsplatz vorstellen
Personal mit Familien	Umfeld der Bezugspersonen kennenlernen
Hochschulleitung, Rektorat	Positive Darstellung der Hochschule; Einhaltung des Kostenrahmens, Sicherheit
Besuchergruppe Öffentlichkeit und Bürger	Information über die Aktivitäten der Hochschule
Besuchergruppe Wirtschaft	Nutzen für die Industrie, Kompetenz der Hochschule
Besuchergruppe Schüler, Lehrer, Studierende mit Familien	Studiengänge und die Hochschule kennenlernen
Anlieger	Geräuschpegel am Veranstaltungstag
Presse	Interessantes für einen Artikel, Themen

um den Themenwunsch und die Zielvorstellungen zu klären, aber auch um die Wichtigkeit der realen Projekte für die Studierenden und die Hochschule darzustellen. Des Weiteren kann sich der Lehrende ein Bild machen, welchen Umfang das Projekt einnimmt, um dadurch abzuschätzen, wie viele Studierende das Projekt bearbeiten können. Der Lehrende kalibriert die Projekte.

▶ Eine gesunde Gruppengröße/Teamgröße umfasst drei bis fünf Studierende.

Im Rahmen der Lehrveranstaltung muss das Projekt an die Möglichkeiten des Projektteams und die Anforderungen der Stakeholder angepasst werden. Wichtige Akteure dabei sind:

- die Stakeholder, insbesondere der Haupt-Stakeholder (Kunde)
- die Hochschule mit ihrem akademischen Anspruch an die Projektqualität
- der Lehrende mit seinen Ansprüchen an Stoffvermittlung, Nutzen und Machbarkeit

Damit ergibt sich ein Anspruchsdreieck (Abb. 4.1).

Es kristallisieren sich somit unterschiedliche Anforderungen heraus, die bei der Vorbereitung des Projekts durch den Lehrenden und den Kunden sowie in der detaillierten Projektdefinition durch das Projektteam und die Stakeholder berücksichtigt werden müssen.

4.1 Vorbereitungsphase

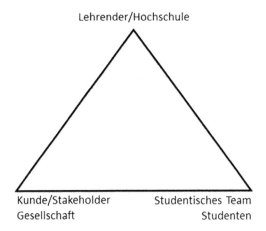

Abb. 4.1 Dreieck der Ansprüche an ein ergebnisorientiertes studentisches Lehrprojekt

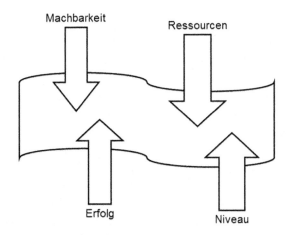

Abb. 4.2 Anforderungen an das Projekt

Im Vorfeld muss der Lehrende das Projekt so kalibrieren, dass die Anforderungen der Stakeholder und die Angemessenheit der Aufgabe sowie der studentische Workload berücksichtigt werden (Abb. 4.2) und die Anforderungen ausgewogen (Abb. 4.3) und im Rahmen des Projektdreiecks stimmig (Abb. 4.4) sind (vgl. [11]).

Kriterien bei der Projektvorbereitung
Bei der Definition von Projekten wird nicht nur das Ziel festgelegt, sondern der Lehrende muss das gesamte Projektdreieck im Auge behalten. Über die SMART-Formel (siehe Abschn. 5.2.1) hinaus müssen die Kriterien des Lehrenden, der Studierenden und der Kunden berücksichtigt werden. Es folgt ein tabellarischer Überblick in Tab. 4.3 zur notwendigen Konkretisierung durch den Lehrenden bei der Kalibrierung der Projekte. Die Anpassung erfolgt hinsichtlich der eigentlichen Auswahl, der Ziele und des Umfangs

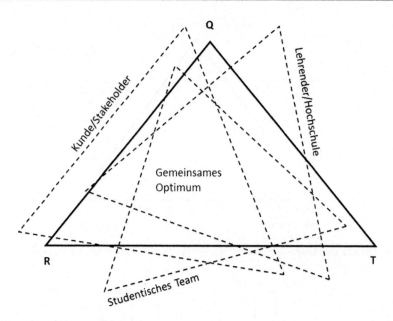

Abb. 4.3 Kalibrierung des Projekts

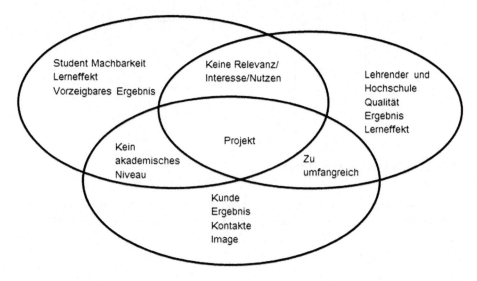

Abb. 4.4 Unterschiedliche Projektdreiecke

der möglichen Projekte. Die einzelnen Überlegungen wirken dabei wie ein Filter, die für oder gegen eine Realisierung des Projekts sprechen können und auch die Größe des Projekts nach oben oder unten beeinflussen können.

4.1 Vorbereitungsphase

Tab. 4.3 Kriterien bei der Projektauswahl und -kalibrierung

Stakeholder	Herausforderung (Niveau anhebend)	Zulässigkeit (Niveau begrenzend)
Lehrender	Unterstützt es das Verständnis der Lerninhalte? Wird es zukünftige Projekte und Forschung unterstützen? Passt es zu den laufenden Projekten?	Ist es von der Arbeitsbelastung (CP) her machbar? Kann es von der Kapazität und Kompetenz her betreut, bewertet und benotet werden?
Student	Ist es ein anspruchsvolles Ziel und eine interessante und herausfordernde Aufgabe? Trägt es zu meiner Bildung und Karriere bei? Passt es zu meinen erworbenen Kompetenzen?	Kann das Ziel erreicht werden? Kann man die Aufgabe bewältigen? Wird es möglich sein, ein gutes Ergebnis und eine gute Note zu bekommen? Werde ich das lernen, was ich aus dem Kurs mitnehmen möchte?
Hochschule	Ist das Projekt dem Niveau der Lehrveranstaltung, des Moduls und des Abschlusses angemessen? Ist das Projekt Erfolg versprechend?	Kann das Projekt rechtssicher bewertet und benotet werden? Erfüllt das Projekt die rechtlichen (Compliance) und finanziellen (Budget) Anforderungen?
Haupt-Stakeholder Kunde	Bekommen wir genügend Nutzen aus dem Projekt? Bekommen wir dadurch einen Vorteil?	Benötigt das Projekt viel Betreuung oder anderen Aufwand? Investieren wir eigenes Wissen in das Projekt?
Gesellschaft Weitere Stakeholder	Hat das Projekt einen Nutzen für die Allgemeinheit?	Ist sichergestellt, dass das Projekt nicht einer einzelnen Gruppe einen unfairen Vorteil verschafft?

Ein Problem, welches immer auftritt, ist die zu Semesterbeginn fehlende Information bezüglich der Anzahl der definitiv eingeschriebenen Studierenden. Die Anzahl der Immatrikulationen ist erst zwei bis drei Wochen vor Semesterbeginn bekannt. Dann kommen noch eventuell Studierende im Zweitversuch oder Quereinsteiger hinzu. Oder Projektmanagement wird als Wahlfach von Studierenden gewählt. Deshalb sollte der Lehrende zwei bis fünf Projekte zusätzlich generiert haben, um einen Überhang von Studierenden ausgleichen zu können. Es besteht auch die Möglichkeit, dass ein Stakeholder aus irgendeinem Grund von der Zusammenarbeit absieht.

4.1.4 Stakeholder-/Kundenmanagement

Stakeholdermanagement heißt u. a., dass sich mit der Zeit ein Netzwerk aus unterschiedlichen Bereichen bilden sollte, sodass ein facettenreiches Portfolio dargestellt werden kann und somit alle Arten von Projekten abgedeckt werden können.

▶ Stakeholder kann man über ein Alumni-Netzwerk, über Werbung durch eventuelle Zeitungsartikel, direkten Kontakt mit der Industrie, an der Hochschule (andere Fakultäten, Mitarbeiter), in Behörden, in Vereinen oder durch persönliche Bekanntschaft finden und akquirieren. Oft ist es auch möglich, selbst der Stakeholder zu sein. Wenn sich ein Netzwerk gebildet hat, kommen auch potenzielle „Kunden" auf einen zu und haben eine Projektidee, die die Studierenden bearbeiten können.

4.2 Projektstart

Die hier aufgeführten Aktionen beziehen sich auf die Prepared Project Method in einer Lehrveranstaltung des Projektmanagements. Wird die Methode in einer anderen Lehrveranstaltung eingesetzt, können und müssen eventuell einige Aktionen gestrichen werden.

4.2.1 Erste Schritte

Auf einer Hochschulplattform (an der Hochschule Aalen ist es Moodle) befinden sich alle Hinweise und Vorlagen für die Studierenden, die in der nachfolgenden Verlaufsbeschreibung erwähnt werden. Es wird trotzdem immer darauf hingewiesen.

4.2.1.1 Erste Informationen
Die Studierenden werden vom Lehrenden aufgeklärt, was in dem Semester auf sie zukommen wird und wo sie alle notwendigen, semesterrelevanten Unterlagen finden können.

▶ Am ersten Tag müssen die Studierenden sehr viel kognitiv aufnehmen. Deshalb ist es sinnvoll, immer wieder im Semesterverlauf auf die relevante Plattform hinzuweisen. Aus Erfahrung wissen wir, dass die Studierenden die Hinweise nur lückenhaft lesen.

Die Kurzbeschreibungen der Projekte, welche die Betreuer vor dem Metaprojektstart erstellt haben, werden am ersten Vorlesungstag vorgetragen, um den Studierenden einen ersten Eindruck zur Entscheidungsfindung zu vermitteln, die Betreuer des Einzelprojekts kennenzulernen und in welcher Projektart sie sich wiederfinden können. Die Liste mit den Beschreibungen der Projekte wird ausgeteilt und/oder zusätzlich über einen Beamer an die Wand gestrahlt, sodass mitgelesen werden kann. Zudem finden die Studierenden die Kurzbeschreibungen auf der Hochschulplattform. Wenn unmittelbar Fragen auftreten, können diese auch gleich geklärt werden. Die Projekte sollten in Blöcken von Projektarten vorgetragen werden.

- Die Vorstellung der Projekte sollte moderiert werden, (beispielsweise die Projekteinteilung erklären).
- Die Vorstellung der Projekte sollte so präzise wie möglich und so ausführlich wie nötig sein (Zeitrahmen jeweils zwei bis drei Minuten).
- Vorteilhaft wäre es, alle Sinne anzusprechen und zu jedem Projekt ein Bild zur Visualisierung hinzuzufügen.
- Nach jedem Block der jeweiligen Projektart ist es sinnvoll, Zeit für Fragen vorzusehen.
- Wenn Betreuer angedacht sind, sollten diese ihr Projekt selbst vorstellen.

Zusätzlich sollte die weitere Vorgehensweise und Organisation dargelegt und beschrieben werden. Wenn noch Zeit ist, kann mit dem Vermitteln von Lehrstoff begonnen werden.

4.2.1.2 Teambildung

Im Projekt müssen die Teammitglieder lernen, ihre jeweiligen Kompetenzen, Arbeitsweisen und Persönlichkeiten miteinander zu verbinden, um gemeinsam eine Aufgabe optimal lösen zu können. Des Weiteren werden in der Teamarbeit die jeweiligen Dispositionen (siehe Abschn. 2.3.3) gefördert und gefordert. Wenige der Studierenden haben bis zum Beginn des Studiums eng im Team miteinander eine Aufgabe bewältigen müssen. Vor allem im ersten Semester kennen sich die Studierenden erst wenige Wochen. Deshalb ist es wichtig, den Studierenden die Rollen, die sie während der Teamarbeit einnehmen können, zu offerieren. Nur wenn eine Auseinandersetzung mit den Rollen im Team stattfinden kann, ist es möglich, sich mit einer oder mehreren Rollen zu identifizieren. Aus diesem Grund ist es sinnvoll, zwischen erster Lehrveranstaltung und Projektvergabe ein Teamspiel durchzuführen und über die Rollen im Team aufzuklären.

▶ Die Bildung eines Teams mit einem gemeinsamen Verständnis für Vision und Aufgabe darf nicht unterschätzt werden. Teambildende Maßnahmen sind für den Erfolg des Projekts wichtig. Dies gilt vor allem für das erste Semester, da sich die Studierenden noch gar nicht kennen. Bei höheren Semestern können die teambildenden Maßnahmen wegfallen.

Teamspiele und Rollen im Team
Wie finden die Teams zusammen? Wer passt zu wem?

Nach unseren Erfahrungen bietet es sich an, in einer Seminareinheit die Rollen im Team darzustellen sowie ein Teamspiel durchzuführen, damit die Studierenden animiert werden, über sich selbst und über ihre Kommilitonen zu reflektieren und ihren Blick zu schärfen sowie zu sensibilisieren.

Teamspiele gibt es in großer Zahl. Es gibt Auswahlkriterien, um das passende Teamspiel zu finden. Anleitungen zu zwei Teamspielen gibt es im zweiten Teil des vorliegenden Buches. Diese Anleitungen haben sich in der Praxis bewährt.

Vorgehensweise (Teambuilding)

Die in Abschn. 6.2.3 aufgeführte Tab. 6.9 wird im Seminar bzw. in der Einführungsvorlesung an die Wand projiziert. Um Transparenz zu schaffen, werden die Studierenden über ihre Rollen im Team eingewiesen. Zudem wird erläutert, weshalb ein Teamspiel gespielt wird.

Menschen entwickeln sich aufgrund verschiedener und sich gegenseitig beeinflussender Faktoren unterschiedlich. Dadurch bilden sich gewisse Charakteristika des Persönlichkeitsprofils und somit auch des Rollenverhaltens in Teams heraus. Jeder Mensch verfügt über bestimmte Stärken und Schwächen, dies kommt auch im Teamrollenprofil zum Vorschein.

Nach Belbin [1] arbeiten Teams dann effektiv, wenn sie aus einer Vielzahl heterogener Persönlichkeits- und Rollentypen bestehen. Die Teamarbeit ist dann befruchtender, facettenreicher und effektiver.

Belbin unterscheidet:

- Drei handlungsorientierte Rollen: Macher, Umsetzer, Perfektionist
- Drei kommunikationsorientierte Rollen: Koordinator/Integrator, Wegbereitet/Weichensteller, Teamarbeiter/Mitspieler
- Drei wissensorientierte Rollen: Neuerer/Erfinder, Beobachter, Spezialist

Bei der Teamzusammenstellung zum Teamspiel (das muss und sollte nicht die endgültige Teamzusammenstellung für die Projektdurchführung sein) wäre es vorteilhaft, wenn sich die Studierenden zusammenfinden, die sich nicht gut oder gar nicht kennen. Wenn sich Menschen zu gut kennen, können sie nicht mehr objektiv urteilen.

▶ Am Ende des Spiels wird reflektiert und die Frage nach der Rollenverteilung im Team gestellt. Wer hat wen in welcher Rolle gesehen? Die Abfrage kann ganz zwanglos stattfinden, wenn alle wieder auf ihrem Platz im Seminarraum sitzen und auf die „Bewertung" warten.

Die Rollen werden nacheinander vom Lehrenden vorgelesen, dabei sollen die Studierenden gegenseitig bei der passenden Rolle aufeinander zeigen.

4.2.2 Projektvergabe

Die Projektvergabe sollte kurz nach der ersten oder in der zweiten Lehrveranstaltung erfolgen. Es bestehen verschiedene Möglichkeiten, die Projekte zu vergeben. Im Folgenden werden einige aufgeführt.

1. Der Lehrende übernimmt die Auswahl der Themen und Teammitglieder und geht dabei direktiv vor und teilt somit die Teams ein und die Themen zu. Dies kann durch eine mehr oder weniger umfangreiche Erklärung der Projekte und Diskussion der Gründe begleitet werden. Die Vergabe kann auch an die Semestersprecher delegiert werden.

   ▶ Eine Projektvergabe durch den Lehrenden kann demotivierend sein, weil die Studierenden nicht selbst bestimmen können.

2. Der Lehrende eröffnet ein Bewerbungsverfahren für Projektleiter/Teamleiter, in dem die Studierenden begründen müssen, warum sie die Geeigneten wären. Nach Beendigung des Auswahlverfahrens bestimmen die ausgewählten Teamleiter ihre Teammitglieder oder führen wiederum ein Bewerbungsverfahren durch.

   ▶ Diese Form der Vergabe eignet sich bei einem Metaprojekt mit unterschiedlicher Anzahl von Teammitgliedern in den Einzelprojekten. Der Zeitaufwand für diese Vergabevariante ist zwar recht groß, aber sehr motivationssteigernd für die Studierenden.

3. Der Lehrende eröffnet ein Bewerbungsverfahren für Projektleiter/Teamleiter (siehe 2). Die Bestimmung der Teammitglieder erfolgt danach über Listen, in die sich die „restlichen" Studierenden eintragen. Dazu werden die Projekte in Papierform an die Wand geheftet, und die Studierenden tragen sich in ihre Wunschprojekte ein.

   ▶ Diese Form der Vergabe eignet sich bei einem Metaprojekt mit unterschiedlicher Anzahl von Teammitgliedern in den Einzelprojekten. Ist die Liste der möglichen Teammitglieder voll, ist das Team komplett.

   ▶ Der Zeitaufwand ist groß, aber motivationssteigernd, um aus r Sicht der Studierenden, das jeweilige Wunschprojekt zu bekommen. Ein Problem ergibt sich, wenn sich mehr Studierende in eine Projektliste eintragen, als für das Projekt vorgesehen ist. Lösung: Nur so viele Tabellenfächer einrichten, wie Teammitglieder vorgesehen sind.

4. Nach Vorstellung der Projekte wird die Projektliste in der Vorlesung ausgegeben oder (z. B. an der Bürotür des Lehrenden) ausgehängt. Somit können sich die Studierenden einzeln oder als Team eintragen. Der Projektleiter wird durch das Team bestimmt.

   ▶ Einige Studierende haben sich zwar schon zum Team zusammengefunden. Doch ist es schwierig für einzelne Studierende, die sich dann zu dem Projekt eintragen, sie haben meistens nachher Schwierigkeiten, sich in das Team einzufinden.

5. Die Projekte werden an die Teilnehmer verlost, in einem losähnlichen Verfahren (z. B. nach Alphabet oder Matr.-Nr.) oder direktiv anhand der erzielten Noten vergeben. Alternativ kann man die Teams sich bilden lassen, danach werden die Projekte vergeben.

▶ Eine zeitsparende Möglichkeit, die durch die Verlosung meist demotivierend ist. Einige Studierende haben Affinitäten zu bestimmten Projektthemen, die sie dann eventuell nicht bekommen.
Haben sich die Teams schon gebildet, müssen Teamgröße und Projektgröße passen.

Unsere Methode: Das Team findet sich selbst nach einem eventuell durchgeführten Teamspiel aufgrund von fachlichen Interessen (Projektthema), methodischen Interessen (Projektart) oder aus persönlichen Gründen (Wohn- oder Fahrgemeinschaften, persönliches Interesse an Thema oder Stakeholder). Die Eintragung ins Projekt erfolgt an einem bestimmten zeitnahen Tag, um eine bestimmte Uhrzeit an einem bestimmten Ort (z. B. ab 7:30 Uhr im Büro des Lehrenden oder der Mitarbeiter). Es besteht die Möglichkeit, dass nur ein Teammitglied alle Teammitglieder ins Projekt einträgt.

▶ Bei dieser Projektvergabe empfiehlt es sich, Projekte mit der gleichen Anzahl von Teammitgliedern anzubieten. Dann fällt es den Studierenden leichter, auf ein anderes Projekt zu wechseln, wenn das Wunschprojekt schon vergeben ist.
Die Anwesenheit des Lehrenden oder Betreuers ist gegenüber einem reinen Aushang zu bevorzugen, da die Beratung der Teams ein wichtiger Erfolgsfaktor für die Projektvergabe und den Start ist.

Diese Methode hat den Vorteil, dass die Studierenden schon als Team zur Projekteintragung kommen und pünktlich vor Ort sind, um das Wunschprojekt zu bekommen.

4.2.3 Nach der Projektvergabe

Die Teams brauchen eine Person, die die Position des Teamleiters übernimmt. Der Teamleiter nimmt dabei eine besondere Rolle ein.

▶ Für die Kommunikation mit den Lehrenden sowie den Anspruchsgruppen (Stakeholdern) sollte es jeweils einen festen Ansprechpartner im Projektteam geben. Die Komplexität der Kommunikation wird dadurch verringert. Zudem erhält man einen besseren Überblick über die studentischen Anfragen.

4.2 Projektstart

Um eine nachvollziehbare Struktur anzubieten, ist folgender Weg sinnvoll:

- Der Teamleiter meldet das Projekt per E-Mail beim Lehrenden an. Die E-Mail sollte den Namen des Projekts sowie alle Namen und E-Mail-Adressen der Teammitglieder beinhalten.
- Die E-Mail muss bis zur zweiten Lehrveranstaltung beim Lehrenden eingehen (sonst ist das Team nicht angemeldet).

▶ Bei einer Anmeldung per E-Mail hat der Lehrende die richtig geschriebenen Namen und die korrekten E-Mail-Adressen dokumentiert.

- Nachdem der Lehrende die E-Mail bekommen hat, teilt er über eine Begrüßungsmail dem Teamleiter den Namen und die E-Mail-Adresse des Betreuers mit, verbunden mit der Bitte zur Kontaktaufnahme und Terminabsprache mit dem Betreuer bis zur folgenden Lehrveranstaltung.

▶ Die E-Mail an alle Projektteams dient der gegenseitigen Kontaktaufnahme und der Terminabsprache mit dem Betreuer.
Die Treffen sollten durch die Studierenden zeitnah festgelegt werden.

4.2.3.1 „Kick-off"-Präsentation
Bis zur zweiten Lehrveranstaltung müssen sich die Studierenden selbst über ihr Projekt Gedanken machen: über die Vision, die möglichen Ziele und die Mission. Das Ergebnis sowie die Vorstellung der Teams und ihre Mitglieder erfolgt in einer drei bis fünf minütige „Kick-off"- Präsentation in der zweiten Lehrveranstaltung.

Zweck: Die Studierenden treffen sich im Team und diskutieren über das Projektthema und kommen ins Gespräch. Dabei kristallisiert sich heraus, ob das Projektthema verstanden wurde.

Um die Präsentation der Projekte einheitlich zu gestalten, sollte sich eine Vorlage auf der Plattform befinden.

4.2.3.2 Erstes Treffen mit dem Betreuer
Wenn es zeitlich möglich ist, können sich die Studierenden vor der zweiten Lehrveranstaltung mit dem Betreuer treffen. Falls nicht, sollte das Treffen möglichst kurz danach stattfinden.

Beim ersten Treffen mit dem Betreuer sind u. a. folgende Aspekte angedacht:

- Gegenseitiges kennenlernen
- Aufklärung über Zielvorstellungen und Inhalte des Projekts durch den Betreuer
- Fragen zum Projekt und Ablauf im Allgemeinen
- Absprachen weiterer Modalitäten: E-Mail-Verkehr, Vorgehensweisen: Wie erfolgt beispielsweise die unaufgeforderte Zusendung der vom Team hergestellten Medien und Druckstücke (Präsentationen, Umfragen, Flyer, etc.) an den Betreuer?

- Abstimmung eines nächsten Treffens bzw. der Treffmodalitäten
- Bekanntgabe der Stakeholder-Daten zur Kontaktaufnahme

4.2.3.3 Erstes Treffen mit dem Stakeholder

Das erste Treffen mit dem Stakeholder sollte zwischen der zweiten und fünften Lehrveranstaltung stattfinden. Zur Terminabsprache schreiben die Studierenden eine E-Mail, die zuvor durch den Betreuer kontrolliert werden sollte (inhaltlich und sprachlich).

Das Treffen selbst hat u. a. folgende Ziele bzw. Inhalte:

- Gegenseitiges Kennenlernen
- Genaue Aufklärung über Zielvorstellungen, Wünsche und Inhalte des Projekts
- Klärung von Fragen
- Eventuelles Einbringen von Ideen der Studierenden
- Absprachen weiterer Vorgehensweisen (z. B. ein nächstes Treffen: Punkte, die beim nächsten Treffen besprochen werden könnten; Zielvorstellung für das nächste Treffen)
- Abgabe einer „Visitenkarte" (für eine schnelle Erreichbarkeit der Studierenden durch den Stakeholder)

4.2.3.4 Eine Woche nach dem Treffen mit dem Stakeholder

Eine Woche nach dem Termin mit dem Stakeholder müssen die Studierenden zwei Deliverables abgeben:

1. einen virtuellen Pressebericht und
2. die Projektanmeldung in Papierform

Beides wird nachfolgend erläutert.

Virtueller Pressebericht

Nach dem Treffen des Teams mit dem Stakeholder sind die Zielvorstellungen für die Teammitglieder deutlich erkennbar und können eine Woche nach dem Treffen mit dem Stakeholder in Form eines virtuellen Presseberichts verschriftlicht werden.

▶ Zum Abschluss des Projekts müssen alle Teams einen Pressebericht abgeben. Zu Beginn des Projekts dient dieser zur eindeutigen Klarstellung der Aufgaben und der Zieldefinition des Projekts. Im Blickpunkt steht das, was zu einer zielorientierten, effektiven Umsetzung des Projekts führt. Der Pressebericht wird abschließend angepasst und möglicherweise publiziert.

Der virtuelle Pressebericht sollte unaufgefordert per E-Mail beim Betreuer und beim Lehrenden eingehen. Ein Hinweis zur Erstellung des Presseberichts sollte auf der Hochschulplattform bereitstehen (Abschn. 6.3.3).

4.2 Projektstart

Projektanmeldeformular in Papierform
Das Projektformular in der in Abschn. 6.2.4 vorgeschlagen Form ist zweimal beim Lehrenden in Papierform abzugeben:

- Das erste Mal zu Beginn des Projekts eine Woche nach dem Stakeholder-Gespräch zur Planung für die Studierenden. Dies ist die formale Festlegung des Projekts.
- Die zweite Abgabe erfolgt ebenfalls in Papierform mit der Abgabe der Projektdokumentation. Bei der zweiten Abgabe sind entweder die grau unterlegten Felder auszufüllen, oder es können für Projektanmeldung und Projektabschluss zwei Formulare vorgehalten werden.

▶ Die Studierenden werden in dem Formular Projektplanung angeregt, ihr Projekt nach dem Stakeholder-Gespräch und aufbauend auf die „Kick-off"-Präsentation zu überdenken. Es soll eine Diskussion über Projektplanung, Inhalte, Ziele (Vision) Ressourcen (in studentischen Projekten meist nur Personenstunden) und mögliche (wichtigste) Ergebnisse angeregt werden.
Zusätzlich werden noch einmal die Namen und E-Mail-Adressen des Teams schriftlich niedergelegt.

Zu diesem Projektanmeldeformular gibt es ein Hinweisblatt, das ebenfalls auf der Hochschulplattform unter Hinweise zu finden ist.

4.2.3.5 Planungspräsentation

Die Planungspräsentation ist eine kurze Präsentation von etwa sieben bis zehn Minuten Länge.

Sie dient der Kontrolle für den Lehrenden: Befinden sich die Studierenden bzw. die Projektgruppen auf dem richtigen Weg? Sie kann ungefähr in der fünften Lehrveranstaltung gehalten werden.

Die Studierenden stellen sich folgende Fragen:

- Was ist Ziel und wie das Vorgehen des Projekts?
- Was soll im Rahmen des Projekts umgesetzt und erreicht werden?
- Ist das Thema und Projektziel identifiziert und richtig verstanden?
- Ist der Arbeitsstrukturplan komplett und passend?
- Ist der Terminplan komplett und passend?
- Sind Stakeholder, Projektpartner und Kunden identifiziert und kontaktiert?
- Sind die Deliverables identifiziert?

Für die Beantwortung dieser Fragen sollte es eine Präsentationsvorlage für die Studierenden geben. Dies hat den Vorteil, dass sich alle Teams in der gleichen Struktur bewegen. Die Folien können in folgender Weise gegliedert sein:

- **Titelfolie:**
  - Lehrveranstaltung
  - Projektname
  - Team
  - Betreuer
- **Ziel:**
  - Ergebnis
  - Stakeholder/Ansprechpartner
  - Deliverables
- **Planung:**
  - Projektdreieck mit Ergebnis, Ressourcen, Termin
  - Vorgehensweise mit Maßnahmen und Methodik (Forschungsansatz)
  - Arbeitsstrukturplan
  - Terminplan (typischerweise als Gantt-Diagramm, Meilensteine)
  - Risikoanalyse
  - Aktueller Projektstand

4.3 Projektverlauf

Nach der Planungspräsentation arbeiten die Teams für sich, indem sie die Konzeption verbessern, ausarbeiten, testen, durchführen, auswerten, die Ergebnisse erstellen und mit dem Stakeholder abstimmen.

▶ Der Betreuer sollte in dieser Phase den Status zwei bis dreimal abfragen und eventuell dem Lehrenden mitteilen. Dies ist auch über E-Mail möglich.

4.3.1 Zwischenpräsentation

Etwa zur achten Lehrveranstaltung sollte eine kurze Zwischenpräsentation von ca. sieben Minuten stattfinden, damit der Lehrende und die Kommilitonen über den aktuellen Projektstand informiert werden. Sie dient dem Projektcontrolling, d. h. der Bestimmung des Projektstatus und der Beantwortung der Fragen:

- Ist das Projekt im Plan, oder gibt es signifikante Abweichungen?
- Was sind die bis jetzt erzielten Ergebnisse? Welche Ergebnisse sind zu erwarten?
- Müssen Ziel und Vorgehen des Projekts angepasst werden?
- Müssen Arbeitsstrukturplan und Terminplan angepasst werden?

Auch für die Zwischenpräsentation sollte eine Vorlage auf der Hochschulplattform bereitgestellt werden.

4.3 Projektverlauf

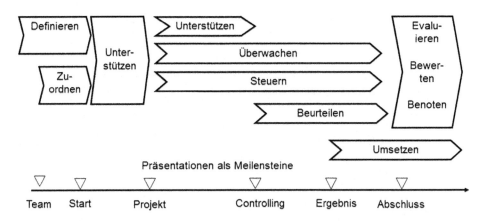

Abb. 4.5 Präsentationen als Meilensteine im Übergang von der Projektdefinition zur Prüfungssituation

▶ Die Präsentationen bedeuten für das studentische Team jeweils auch einen Meilenstein im Projekt und den Übergang in die nächste Projektphase. Die anfängliche gemeinsame Definition des Projekts und die Rolle des Lehrenden (Abb. 4.5) als auch des Betreuers gehen langsam über in die Prüfungssituation [8].

4.3.2 Ampelpräsentationen

Während des Projektverlaufs können zwei bis drei kurze Ampelpräsentationen zur Statusabfrage stattfinden (Dauer etwa zwei Minuten). Dabei werden die Deeskalationsstufen der Teams vom Lehrenden abgefragt. Die Eskalationsstufen wurden bereits in Abschn. 3.2.3 erläutert. Das heißt, die Projektteams geben analog zur Ampel grünes Licht, wenn alles nach Plan läuft, gelbes Licht bei auftretenden Problemen, die voraussichtlich geklärt werden können und rotes Licht, wenn ein Eingriff des Betreuers oder Lehrenden notwendig erscheint.

Des Weiteren sind folgende Punkte und Fragen in den Statuspräsentationen zu klären:

- Wie ist der derzeitige Projektstatus?
- Was sind die im Berichtszeitraum erzielten Ergebnisse und Erkenntnisse?
- Wo besteht Handlungs- oder Entscheidungsbedarf?

Zum Status des Projekts:

- Zu erwartendes Ergebnis – voraussichtliche Zielerreichung – bereits erreichte Ergebnisse
- Zu erwartende Termineinhaltung – voraussichtliche Verzögerung – aktuelle Verzögerungen

- Zu erwartende Kosten und Ressourcen – voraussichtlicher Workload – aktueller Workload

▶ Zur Statuspräsentation müssen nicht alle Teammitglieder anwesend sein, wobei es durchaus von Vorteil wäre.

4.4 Projektabschluss

4.4.1 Abschluss- und Ergebnispräsentation

Die Abschlusspräsentation vor den Kommilitonen, den Kunden und eventuell weiteren Stakeholdern und der (Hochschul-)Öffentlichkeit ist ein wichtiger Erfolgs- und Motivationsfaktor. Dabei kann man die Abschlusspräsentation (Ergebnisse, Projekt und Reflexion, Leistungsnachweis, Vortrag vor dem gesamten Semester) und die Ergebnispräsentation (beim Stakeholder) trennen.

Die Gesamtpräsentationsdauer sollte 15 min nicht überschreiten und Zeit für Rückfragen lassen. Es hat sich bewährt, die Präsentationen in halbstündiger Einteilung einschließlich fünf- bis zehnminütiger Umbaupause stattfinden zu lassen. Je nach Semestergröße müssen so ein bis drei Tage für die Präsentationen eingeplant werden.

▶ Wenn die Möglichkeit besteht, sollte die Abschlusspräsentation nicht in einem gewöhnlichen Seminarraum stattfinden. Das Durchführen der Abschlusspräsentation z. B. in der Aula hebt die Wichtigkeit der Präsentationen hervor. Auch sollte ein zeitlicher Strukturplan den Präsentationsablauf vereinfachen.

Die Stakeholder sollten persönlich zur jeweiligen Präsentation eingeladen werden, um ihnen die Bedeutsamkeit ihrer Projekte und ihre Unentbehrlichkeit zu verdeutlichen.

Die Inhalte der Abschluss- und Ergebnispräsentation können auf der Grundlage folgender Fragen erstellt werden. (Dazu sollte es eine Vorlage der Präsentation auf der Hochschulplattform geben.)

Abschlusspräsentation

- Wurde das Projektziel erreicht?
- Wie ist das Projekt verlaufen? Wodurch wurden Abweichungen verursacht?
- Wie war die Leistung des Teams? Wurden die erwarteten Leistungen erbracht?
- Was sind die Lessons Learned?
- Was sind Ergebnisse des Projekts im Lichte der Lehrveranstaltung?
- Sind die Ergebnisse und Deliverables erreicht?
- Gab es Abweichungen in der Vorgehensweise (Soll- Ist-Darstellung)?

4.4 Projektabschluss

Ergebnispräsentation

- Was ist das Ergebnis des Projekts? Wie gut basiert sind die Ergebnisse?
- Welche Erkenntnisse wurden erarbeitet?
- Wie fundiert sind die Erkenntnisse?
- Welche Erkenntnisse und Modelle wurden hergeleitet?
- Welche Lehren und Konsequenzen können gezogen werden?
- Welche Ergebnisse werden/wurden wie publiziert?
- Wo sind offene Fragen?

▶ **Tipp zur Ergebnispräsentation** Sämtliche Projekte sollten mit den angestrebten oder zumindest einem abschließenden Ergebnis, notfalls mit einem klaren Konzept für die Kunden, abschließen. Der Lehrende darf ein „Man sollte mal" oder den Verweis auf Nachfolgeprojekte nicht akzeptieren, sondern muss zumindest eine anschlussfähige Planung fordern.

4.4.2 Abschlussdokumentationen

Alle Teams sind verpflichtet, zum Abschluss ihres Projekts eine Dokumentation zu erstellen. Diese Dokumentation setzt sich aus folgenden drei Teilen zusammen:

- Eine Projektmanagementdokumentation beschreibt kurz den Projektverlauf, wenn dies nicht Inhalt der Lehrveranstaltung ist. Hier ist es auf jeden Fall empfehlenswert, einen Arbeitsstrukturplan und eine Meilensteintrendanalyse darzustellen, auch wenn Projektmanagement nicht im Vordergrund steht. Es sind einfach sehr wichtige Hilfsmittel, um ein Projekt strukturiert durchführen zu können und Fehler in der Planungsphase sichtbar zu machen. Die Projektmanagementdokumentation muss folgende Inhalte abdecken:
  - Projektplanung: Die Projektplanung wird mit dem Soll-Ist-Vergleich des Projekts dargestellt
  - Magisches Projektdreieck
  - WBS/Arbeitsstrukturplan
  - Termin-, Zeitplan (z. B. Gantt-Diagramm) und Meilensteine
  - Kostenplan
  - Projektcontrolling über Meilensteintrendanalyse
- Eine Beschreibung des lehrveranstaltungsspezifischen Projektinhalts und zur Reflexion des Projekts im Rahmen der Lehrveranstaltung.
- Eine Ergebnisdokumentation (Abschn. 4.4.3), die das hergeleitete Ergebnis und den Herleitungsprozess beschreibt.

Form, Umfang und Abgrenzung hängen dabei von Inhalt, Umfang und Modulbeschreibung der Lehrveranstaltung ab.

Projektdokumentation

Um einheitliche Projektdokumentationen zu erhalten, bietet es sich an, einige formale Vorgaben zu machen. Diese können beispielsweise Folgendes beinhalten:

- Abgabe in Papierform mit maximal 25 Seiten in einem Schnellheftstreifen (dadurch ist es leichter, die Dokumentationen gesammelt in einem Ordner zu archivieren)
- Schriftart ist Arial, Größe 11pt, der Zeilenabstand beträgt zwischen 1,3 und 1,5.

Auch den Inhalt betreffend lohnen sich konkrete Vorgaben. Eine mögliche Kurzauflistung finden Sie hier.

Allgemeines

- Deckblatt: befindet sich zwecks Förderung der Einheitlichkeit als Vorlage auf der Hochschulseite.
- Kurzbeschreibung des Projekts: Die Kurzbeschreibung des Projekts sollte nicht mehr als 400–500 Zeichen (inklusive Leerzeichen) lang sein.
- Teamvorstellung: idealerweise mit Foto, zur leichteren Zuordnung.
- Rahmenbedingungen des Projekts: Hintergrundinformationen und Theorie.
- Zielformulierung darstellen und zusätzlich anhand der Kriterien von SMART überprüfen (vgl. Abschn. 5.2.1).
- Aufgabendefinition: Pflichten- und Lastenheft oder Anforderungsanalyse.
- Eidesstattliche Erklärung: am Ende der Dokumentation, unterschrieben vom gesamten Projektteam.

4.4.3 Ergebnisdokumentation

In der Ergebnisdokumentation wird der Verlauf bzw. der Prozess zur Ergebnisdarstellung beschrieben:

- Wie wurde das Ziel erreicht bzw. das Ergebnis erhalten? Es stehen je nach Projektart unterschiedliche Faktoren im Vordergrund.

Ergebnisdokumentationen verschiedener Projektarten

- Projekte der Produktentwicklung
    - Hier ist das Ergebnis das Produkt selbst.
    - Was muss beachtet werden, um das Produkt zu entwickeln?

4.4 Projektabschluss

- Organisationsprojekte
  - Organisation von Vorträgen: Wie kommt man zu den Referenten? Welche Inhalte sind interessant?
  - Organisation von Events etc.: Was sind die Erfolgskriterien, und was muss bei der Organisation beachtet werden? Wie war die Durchführung?
- Projekte mit empirischem Hintergrund
  - Erstellung von Fragebögen: Wie wurde der Fragebogen erstellt? Gab es schon eine Vorlage und welchen Hintergrund haben die Einzelfragen?
- Projekte als allgemeine Analyse
  - Auf welche Vorarbeit konnte aufgebaut werden?

Die Ergebnisse sollen, wenn möglich, grafisch dargestellt werden. Dabei steht die Sinnhaftigkeit im Vordergrund.

Individueller Projektbericht
Neben der Projektdokumentation muss ein individueller Projektbericht (Umfang ca. zwei Seiten) abgegeben werden – die sogenannten Lessons Learned. Hier sollen die Studierenden reflektieren und auf Papier bringen, was sie aus der Projektarbeit gelernt haben. Zudem sollen sie ihre Teammitglieder bewerten bzw. beschreiben, wie die Zusammenarbeit funktioniert hat und ob sich jemand besonders hervorgetan oder zurückgehalten hat. Diese gegenseitige Einschätzung, die auch in der Form einer Benotung durchgeführt werden kann, soll nicht denunzieren, sondern so zur Reflexion anregen, wie es im späteren Berufsleben auf der Tagesordnung steht. Es gilt, eine andere Person zu beurteilen und einzuschätzen. Außerdem bieten diese individuellen Rückmeldungen wichtige Erkenntnisse zur Bewertung des Prozesses durch den Lehrenden.

Deliverables
Des Weiteren werden bei Projektabschluss auch sämtliche Deliverables abgegeben, also alle entstandenen Projektergebnisse. Zur besseren Archivierung und Weitergabe sollten alle Deliverables auch digital vorliegen.
    Deliverables sind z. B.:

- Dokumentation als .doc und .pdf
- Alle Präsentationen
- Eventuell einzelne Ergebnisse für den Stakeholder (z. B. Flyer)
- Komplett ausgefüllte Projektanmeldung
- Individueller Projektbericht (jedes Teammitglied)
- Protokolle der Teamsitzungen
- Alle Rohdaten (z. B. Umfragebögen und -ergebnisse; Fotos)
- Pressebericht, virtuell und real
  - Zum Abschluss des Projekts müssen alle Teams einen End-Pressebericht abgeben. Er wurde bereits zu Projektbeginn ein Pressebericht erstellt, der zur Klärung der

Aufgaben und der Zieldefinition des Projekts diente. Dieser virtuelle Pressebericht wird abschließend angepasst und möglicherweise publiziert. Dies bedeutet einen Erfolgsfaktor für die Projektteilnehmer.

- Poster
  - Jedes Team erstellt außerdem ein Poster, das das Projekt vorstellt. Die Vorgabe, das Wesentliche des Projektthemas auf einer Seite darzustellen, ist eine große Herausforderung für die Studierenden. Sie fördert die Reflexion über das Gesamtprojekt und seine wichtigsten Inhalte.

Weitere Informationen zu Pressebericht und Poster finden Sie in Abschn. 6.3.3.

Zusammenfassung

Dieses Kapitel führte Sie Schritt für Schritt durch das Metaprojekt und kann anhand von Tipps und der grundlegenden Struktur 1:1 umgesetzt werden. Je nach Fach wird die Prepared Project Method angepasst, dafür wird eine gewisse Flexibilität und Souveränität vorausgesetzt.

Die zeitlichen Angaben sind Richtwerte, die sich in der Praxis bewährt haben.

▶ **Tipps für das Metaprojekt**
Tipps im Allgemeinen:

- Machen Sie sich Ihre Ziele klar.
- Stellen Sie Machbarkeit und Unterstützung sicher.
- Planen Sie strukturiert und rechtzeitig.
- Passen Sie die Planung flexibel der Realität an.
- Reagieren Sie im Allgemeinen flexibel.

4.5 Bewertung und Benotung

Viele Lehrende meiden die Projektarbeit, da ihnen unklar ist, welche Leistungen wie bewertet werden können. Insbesondere deshalb, weil in Projekten im Gegensatz zu traditionellen Benotungen nicht nur die entstandenen Ergebnisse und Produkte, sondern auch der Prozess mitbeurteilt werden sollte (vgl. [13]). „Dabei bewegen sich Prüfende und Prüflinge immer im Spannungsfeld, denn die Bewertung eines Produktes ist eindeutiger und damit prüfungsrechtlich viel leichter zu begründen als beispielsweise die Bewertung eines Prozesses" [2, S. 183].

Die folgenden Unterkapitel sollen einen Überblick über die Schwierigkeiten und Möglichkeiten für Lösungsansätze aufzeigen. Abschließend wird in Abschn. 4.5.4 exemplarisch ein Benotungsschema für die Vorlesung Projektmanagement vorgestellt.

4.5.1 Grundlegendes

4.5.1.1 Rückmeldung der Leistungen

Studierende sollten immer eine Rückmeldung über ihren Leistungsstand erhalten, dabei sollte die entsprechende Beurteilung „grundsätzlich nicht als Mittel zur Selektion, sondern als notwendiges Mittel zur Steuerung von Lernprozessen [...], von Entwicklungsprozessen aufgefasst werden" [12, S. 215]. Die Rückmeldung kann als Note oder als persönliches Feedback erfolgen. Dabei sollte man sich bewusst sein, dass zur Erzielung eines maximalen Lernerfolges für die Studierenden auch bei einer benoteten Leistung immer ein Feedbackgespräch nötig ist. Bevor wir uns mit den Nachteilen und Vorteilen der Benotung auseinandersetzen, listen wir zunächst die auftretenden Schwierigkeiten, welche gegen eine Benotung sprechen, und mögliche Lösungsansätze für diese auf.

4.5.1.2 Schwierigkeiten und Lösungsansätze

Nachfolgend sind häufig auftretende Schwierigkeiten aufgelistet, wie sie Görts [6, S. 90] zusammengestellt hat:

1. „Das fachliche Ergebnis ist immer ein Gruppenergebnis, bei dem der Beitrag des einzelnen Studierenden weder quantitativ noch qualitativ genau festzustellen ist.
2. Für den Lernfortschritt im überfachlichen Bereich fehlt es an geeigneten Messinstrumenten.
3. Die Betreuer sind immer – mal mehr, mal weniger- am Zustandekommen der Lernfortschritte und der Ergebnisse beteiligt.
4. Es ist schwierig die gewünschten Lernergebnisse vorab genau zu definieren, denn beim Ergebnis sollten neben der Richtigkeit einer Lösung, auch die Kreativität, der Umfang der geleisteten Arbeit u. Ä. zählen"

Dem stellen wir folgende Lösungsansätze gegenüber:

Das fachliche Ergebnis ist immer ein Gruppenergebnis

Zunächst soll festgehalten werden, dass es Projekte gibt, in denen Einzelleistungen im fachlichen Bereich direkt zugeordnet werden können. Dies ist dann der Fall, wenn parallelisierbare oder phasenverschobene Aufgaben umgesetzt werden müssen, von denen jedes Teammitglied eine übernimmt. Beispielsweise kann bei der Programmierung einer Website jeder für einen Bereich die Programmierung des Quellcodes übernommen haben. Aber auch bei anderen Projekten besteht die Möglichkeit, sich die Aufgaben jedes Teammitglieds aufschlüsseln zu lassen.

Ungeachtet dieser Fälle bleibt das fachliche Ergebnis im Allgemeinen trotzdem ein Gruppenergebnis. Dies widerspricht der prüfungsrechtlichen Forderung, dass Prüfungsleistungen individuell zugeordnet werden müssen.

Insgesamt existieren drei Möglichkeiten der Benotung:

- Nur individuelle Note:
  Hier wird beispielsweise fachlich nur der zugeteilte/eingeteilte Aufgabenteil bewertet.
- Nur Gruppennote:
  Diese Art der Benotung ist dann interessant, wenn zusätzlich zur Note aus dem Projekt noch eine individuell zuordenbare Note vergeben wird. Beispielsweise könnte sich die Gesamtnote in einer Lehrveranstaltung aus der Projektnote und einer schriftlichen oder mündlichen Prüfung zusammensetzen.
- Eine Mischform aus Gruppennote und individueller Note:
  Die Mischformen lassen sich in zwei Kategorien aufteilen. Erstens die einzelnen Prüfungsleistungen der Projektnote setzen sich aus Gruppenleistungen und Einzelleistungen zusammen. Beispielsweise bietet es sich an, das Projektergebnis sowie die Dokumentation als Teamleistung zu bewerten. Im Gegensatz dazu kann die Projektpräsentation auch sehr gut individuell benotet werden. Eine weitere Möglichkeit besteht darin, in mündlichen oder schriftlichen Prüfungen explizit Fragen zum Projekt zustellen (vgl. [5]). Hierbei können auch die konkreten Aufgaben des einzelnen Teammitglieds geklärt werden. Die zweite Kategorie stellt die Poolnote dar. Hier erhält das Team eine Gruppennote. Die Einzelnoten kommen durch die gegenseitige Bewertung der Gruppenmitglieder anhand vorher festgelegter Kriterien zustande, dabei muss natürlich der Durchschnitt der Einzelnoten der Gruppennote entsprechen (vgl. [15]).

Letzteres, die Mischform aus Gruppen- und Einzelnote, hat sich in der Praxis durchgesetzt, vermutlich deshalb, weil es den meisten Lehrenden sowohl als didaktisch sinnvoll wie auch prüfungsrechtlich abgesichert zu sein scheint (vgl. [13]).

Anwenden von Messinstrumenten im überfachlichen Bereich, sofern vorhanden
Wenn keine Messinstrumente vorhanden sind, wie beispielsweise im Bereich der Sozialkompetenz, sollte dies auch nicht benotet werden, sondern nur in Feedbackgesprächen thematisiert werden. Allerdings gibt es Kompetenzen aus dem überfachlichen Bereich, für die Messinstrumente existieren, z. B. für Präsentationstechniken, sodass diese durchaus benotet werden können.

Die Betreuer sind immer am Zustandekommen der Ergebnisse beteiligt
Dass ein Betreuer helfend eingreift, wenn dies erforderlich ist, sollte selbstverständlich sein. Dadurch wird die Motivation der Studierenden erhalten und damit der Lerneffekt erhöht (vgl. Abschn. 3.2.1). Da dies bei jedem Projekt unterschiedlich stark sein wird, erschwert dies die Vergleichbarkeit der Projekte. Dem lässt sich entgegenwirken, indem die Eigenleistung der Projektgruppe aus Sicht des Betreuers mit in die Bewertung einfließt.

4.5 Bewertung und Benotung

Schwierigkeit, gewünschte Lernergebnisse vorab genau zu definieren

Die Lernergebnisse können vorab nicht genau festgelegt werden. Insbesondere im Bereich der Sozialkompetenz hängt der Lerneffekt, was und wie gelernt wurde, sehr stark vom einzelnen Projektteam ab. Wenn es im Team keine Schwierigkeiten gab und deshalb auch kein Lerneffekt in diesem Fall erzielt wurde, sollte das Team nicht für die äußeren Umstände mit einer schlechteren Note bestraft werden. Auf der anderen Seite sollte ein Team, welches mit größeren Teamschwierigkeiten zu kämpfen hatte, diese erfolgreich gelöst hat und ein sehr gutes Projektergebnis abgeliefert hat, trotzdem dafür mit einer besseren Note belohnt werden.

Bei vielen anderen Leistungskriterien (beispielsweise Kreativität, Umfang der geleisteten Arbeit) hat der Lehrende bei jedem Projekt eine Musterlösung im Kopf. Qualitativ lässt sich gut feststellen, ob eine Gruppe positiv oder negativ in einem Bereich besonders heraussticht und dies sollte natürlich auch in der Benotung berücksichtigt werden. Quantitativ lässt sich dies schlecht bestimmen, allerdings ist eine Abstufung bzw. Rangfolge zwischen den verschiedenen Projektgruppen durch Vergleich der Arbeiten gut möglich.

4.5.1.3 Benotung oder Feedback

Gegen eine Benotung sprechen die im letzten Abschnitt aufgelisteten Schwierigkeiten. Für eine Benotung sprechen wiederum folgende Gründe:

- Die Studierenden sind im Allgemeinen sehr auf Noten fixiert, sodass bei fehlender Benotung die Motivation am Ende der Lehrveranstaltung stark abfallen wird. Für Lehrveranstaltungen, in denen sie Noten erhalten, werden sie viel mehr arbeiten, schon allein deswegen, weil ihnen diese Art der Prüfung vertraut ist (vgl. [13]).
- An den Hochschulen stehen heutzutage in den Modulbeschreibungen häufig anspruchsvolle und komplexe Kompetenzziele wie z. B. Problemlösefähigkeit. Für diese Ziele bedarf es auch komplexe Prüfungen mit komplexen Aufgabenstellungen, in denen nicht nur Methoden und Fachwissen, sondern auch Handlungskompetenz und Kompetenzen auf der sozialen und personalen Ebene geprüft werden. Projekte bilden genau eine derartige komplexe Aufgabenstellung ab (vgl. ebd.). „Die Projektmethode berücksichtigt Fähigkeiten, die andere Methoden vernachlässigen. Die Noten aus Projekten ergänzen die übrigen Noten. Will man das ganze Leistungsspektrum eines Lernenden berücksichtigen, sind Zensuren aus Projekten unerlässlich" [5, S. 248].

In der Praxis wir häufig eine Mischform aus Notengebung (meist eine Mischung aus Gruppen und Einzelnote) und Feedback angewandt wird. Die Sozialkompetenz wird bei der Benotung ausgespart und wird zusätzlich zu den anderen Kompetenzen nur im Feedbackgespräch angesprochen.

Mittelbarer Einfluss des Projekts in die Benotung
Sofern die Modulhandbuchbeschreibung eine Klausur vorsieht, kann eine Projektarbeit dadurch eingebunden werden, dass zu dem bearbeiteten Projekt eine Frage in der Klausur gestellt wird. Die Projektarbeit kann so als Vorbereitungsphase für die Klausur verstanden werden und die Motivation, sich an dem Projekt zu beteiligen, wird auch ohne abschließende Bewertung des Projekts erzeugt (siehe Beispiel im Abschn. 7.9). Hier wurde in der schriftlichen Klausur eine Aufgabe zum Themengebiet des Projekts gestellt (etwa 20 % der Prüfungsleistung), welche einfach beantwortet werden konnte, sofern am Projekt gearbeitet wurde.

> **Beispiel**
>
> In den Lehrveranstaltungen Wirtschaftsingenieurwesen war zusätzlich zum Projekt, das 60 % der Bewertungsbasis ausmachte, eine Klausur mit 40 % Gewichtung enthalten. In dieser wurden sowohl der Lernstoff als auch die Inhalte der anderen Projekte thematisiert.

Die Prüfungsrelevanz der Projektarbeit erhöht die Motivation der Studierenden sich die Abschlusspräsentationen der Kommilitonen anzuhören. Sofern die praktische Umsetzung von Lerninhalten Teil verschiedener Projekte war, wird den Studierenden so eine Vertiefung des Lernstoffes ermöglicht.

4.5.1.4 Projekte ohne Benotung
Werden Projekte nicht benotet, stellt sich trotzdem die Frage nach den Kriterien, hier aber nur in binärer Form im Sinne von: Bestanden oder Nicht bestanden. Der Lehrende muss in diesem Fall ebenso Rechenschaft ablegen wie bei benoteten Leistungsnachweisen. Das Dilemma zwischen Ergebnisorientierung und Prozessorientierung wird hier eher verschärft, wie Tab. 4.4 zeigt. In dieser wird deutlich, dass es zwar eindeutige Fälle

Tab. 4.4 Matrix zur Einschätzung des Leistungsnachweises

Prozessaspekt:	Ergebnisaspekt:	
	Ziel nicht erreicht	Ziel erreicht
Planung oder Umsetzung fehlerhaft	Nicht bestanden (eindeutige Einschätzung möglich)	Unsystematische Zielerreichung, die nicht im Sinne der Lehrveranstaltung liegt (problematisch in der Einschätzung)
Gut geplant und bemüht	Äußere Einflüsse. Das Scheitern kann aber auch in mangelnder Risikoanalyse und fehlender Anpassung an Veränderungen liegen (problematisch in der Einschätzung)	Bestanden (eindeutige Einschätzung möglich)

des Bestehens oder des nicht Bestehens gibt. Allerdings liegt es aber sehr in der individuellen Betrachtung des Lehrenden, wie sich das Produkt aus Ergebnis und Prozess bei Störungen einschätzen lässt.

An diesem Aspekt der Bewertung wird deutlich, dass sich der Lehrende intensiv damit auseinandersetzen muss. Solche Spannungsverhältnisse lassen sich durch die Gestaltung des Metaprojekts bis zu einem gewissen Grad steuern und sind auch von der Art und dem Ziel der Lehrveranstaltung abhängig.

4.5.2 Leistungsbeurteilung von Projekten

Es gibt einige grundlegende Fragen, die sich ein Lehrender vor Projektstart stellen sollte, wenn er Projekte bewerten möchte. Diese werden im ersten Unterabschnitt behandelt. Als Hilfestellung für die Wahl des Leistungsnachweises sind im zweiten Unterabschnitt Möglichkeiten für Leistungsnachweise mit ihren Kriterien aufgelistet.

Unabhängig von der Art der Projektbewertung sollte diese immer transparent hinsichtlich der Beurteilungskriterien, der Notengewichtung und des Verhältnisses von Einzel- zu Gesamtnote sein. Ist die Transparenz gegeben, führt dies zu einem guten Arbeitsklima und zu stärker motivierten Studierenden (vgl. [13]).

4.5.2.1 Generelle Fragen zur Bewertung

Die Fragen zur Bewertung werden natürlich auch von den Studierenden vor Start des Projekts, vor der Abgabe und nach der Benotung gestellt. Wichtig ist, dass sich der Lehrende und der Betreuer über die Prinzipien der Benotung einig sind. Wir werden auf diese Themen und auf die Beziehung zwischen Voraussetzungen (Befähiger, Eingangsvoraussetzungen), Anstrengung (Wollen, Engagement), Prozess (Umsetzung, Verlauf) und Ergebnis noch mehrfach in unterschiedlichen Aspekten zurückkommen.

Die Fragen lassen sich in vier Kategorien zusammenfassen: Was; Wie; Wer; Wann. Im Folgenden ist ein Überblick über Fragen in den jeweiligen Kategorien aufgelistet:

1. **Was wird bewertet?**
Welche Kompetenzen werden durch die Projektarbeit gelehrt?
Welche Kompetenzen möchten Sie als Lehrender bewerten und welche Kompetenzen können bewertet werden?
In welchen Leistungsnachweisen bzw. Bewertungsobjekten und an welchen Kriterien soll die Leistung gemessen werden?
Welche Notengewichtung sollen die Teilleistungen erhalten?
2. **Wie wird bewertet?**
Auf welche Art und Weise können diese bewertet werden?
Welche Möglichkeiten der Benotung gibt es, Gruppen-, Einzelnote oder Mischform?
3. **Wer nimmt am Bewertungsprozess teil?**
4. **Wann ist es sinnvoll den Studierenden Rückmeldung zu geben?**

Was wird bewertet?
Nach der Analyse der im Projekt erwerbbaren Kompetenzen müssen diesen jeweils passende Bewertungskriterien, die in Leistungsnachweise beurteilt werden können, zugeordnet werden. Dabei werden in einem Leistungsnachweis üblicherweise verschiedene Kompetenzen abgeprüft. Zudem müssen die Leistungsnachweise derart ausgewählt werden, dass sie den eigenen Prioritäten entsprechen. Dabei müssen die zu prüfenden Kompetenzen fassbar und damit messbar sein, wenn Noten vergeben werden sollen.

Bei der Aufstellung der Leistungsnachweise und Kriterien muss klar getrennt werden zwischen der Bewertung des Projektergebnisses und des Prozesses. Prozess bezeichnet hier sowohl den inhaltlichen Entstehungsprozess des Ergebnisses als auch die internen Arbeits- und Gruppenprozesse, die schwer fassbar sind. Dabei sollte bedacht werden, dass eine sehr hohe Qualität des Ergebnisses keine eindeutigen Rückschlüsse auf eine gute Gruppenarbeit zulässt und umgekehrt [15]. Beispiele für Leistungsnachweise und -kriterien befinden sich in Abschn. 4.5.2.

Falls die Projektarbeit benotet werden soll, muss zuletzt abhängig von der Prioritätensetzung eine Gewichtung für die unterschiedlichen Kompetenzen und die Leistungsnachweise aufgestellt werden.

Wie wird bewertet?
Für jede Kompetenz gibt es zwei Arten der Bewertung, entweder geschieht die Rückmeldung des Leistungsstands des Studierenden durch Benotung oder durch ein Feedbackgespräch. Die Vor- und Nachteile sind in Abschn. 4.5.1, Unterpunkt „Benotung oder nur persönliches Feedback", zusammengefasst. Da in einem Projekt eine Vielzahl von Kompetenzen bewertet werden und diese Entscheidung für jede Kompetenz einzelnen getroffen werden muss, führt dies üblicherweise zu einer Mischform bei der Rückmeldung des Leistungsstandes in Projekten.

Da bei Projekten im Allgemeinen im Team gearbeitet wird, stellt sich hier die Frage, ob das Projektteam eine Gruppennote oder die einzelnen Mitglieder Einzelnoten erhalten. Hinweise dazu befinden sich in Abschn. 4.5.1, Unterpunkt „Das fachliche Ergebnis ist immer ein Gruppenergebnis".

Wer nimmt am Bewertungsprozess teil?
Der Lehrende ist immer derjenige, der letztendlich die Bewertung vornimmt. Teile der Bewertung können aber durchaus an andere im Projekt eingebunden Mitglieder ausgelagert werden. Im Folgenden sind diese mit dem Gebiet, welches sie einschätzen können, aufgelistet:

1. **Betreuer:**
   Durch den regelmäßigen Kontakt des Betreuers mit dem Team hat der Betreuer einen guten Einblick in den Entstehungsprozess des Ergebnisses und damit auf den Arbeitsprozess. Er erhält Informationen darüber, wie das Team gearbeitet hat, welche Probleme aufgetaucht sind und wie diese gelöst wurden. Da er bei Problemen der erste

Ansprechpartner ist und eventuell Hilfestellungen gibt, ist er derjenige, der am besten die Eigenleistung des studentischen Teams beurteilen kann. Außerdem kann er teilweise Einblicke in die internen Gruppenprozesse bekommen. Beispielsweise erfährt er, welches Teammitglied welche Rolle übernommen hat und wie die Teilaufgaben verteilt waren und damit auch wie der Umfang der Leistung der einzelnen Teammitglieder war. Nach Projektende sollte der Betreuer das Feedback zu den Kompetenzen im Gruppenprozess und Arbeitsprozess geben, da er hierzu einen besseren Einblick hat, als der Lehrende.

2. **Stakeholder:**
Da die Stakeholder am Projektergebnis interessiert sind, können diese am besten einschätzen, ob und in welchem Maße das Ergebnis dem geforderten Projektziel entspricht. Zudem können sie am besten beurteilen, wie der Umgang mit einem Kunden realisiert wurde. Allerdings sollte man eine Note oder Einschätzung eines Stakeholders nicht ungefiltert übernehmen. Möchte man das Feedback des Stakeholders in die Benotung einfließen lassen, ist an dieser Stelle Menschenkenntnis und Gespür vom Lehrenden gefragt, um die Bewertung des Stakeholders im Vergleich zu anderen Stakeholdern richtig einzuordnen.

3. **Einzelne Projektteammitglieder:**
Da Projektteams üblicherweise nach außen hin geschlossen auftreten, haben ihre Mitglieder den umfassenden Einblick in die inneren Gruppenprozesse und in das Gebiet der Sozialkompetenz der anderen Mitglieder. Damit können sie beispielsweise am besten beurteilen, wie die individuellen Mitglieder im Team gearbeitet haben und wie die Einzelleistungen verteilt waren. Die übliche Methode ist dabei die Poolnote (siehe Abschn. 4.5.1 Unterpunkt „Das fachliche Ergebnis ist immer ein Gruppenergebnis"). Da die Studierenden dabei die Leistungen der anderen Gruppenmitglieder und gegebenenfalls auch die eigenen Leistungen in einer individuellen Selbstbeurteilung benoten, ist es sehr wichtig, vorher klar definierte Kriterien zur Benotung festzulegen. Diese Kriterien sollten sich an den Lernzielen orientieren. Sie können wie bei der Beurteilung durch die Lehrenden eher generell oder sehr detailliert und abgestuft sein. Im Allgemeinen bevorzugen Studierende eine grobe Einschätzung (Beitrag zum Ergebnis).

Wann ist es sinnvoll den Studierenden Rückmeldung zu geben?
Die Studierenden sollten nicht nur nach Beendigung des Projekts, sondern regelmäßig in allen Projektphasen Rückmeldungen über ihren Leistungsstand erhalten, sodass sie das erworbene Feedback im weiteren Verlauf anwenden können. Auch in einer klassischen Vorlesung erhalten die Studierenden regelmäßig Feedback über ihren Stand, indem üblicherweise spezifische Aufgaben, die Art und Niveau des entsprechenden Leistungsnachweises entsprechen, bearbeitet werden (z. B. Übungsaufgaben in einer Mathevorlesung).

Eine Rückmeldung bekommen die Studierenden üblicherweise durch den Betreuer, der sich regelmäßig den Projektstand mitteilen lassen sollte, um unter Umständen zur

Sicherung eines erfolgreichen Projektergebnisses eingreifen zu können. Die Rückmeldung kann über persönliche Treffen, Zwischenpräsentationen oder Statusberichte erfolgen. Besonders wichtig ist die Rückmeldung in der Planungsphase, insbesondere bei der Anforderungsanalyse, der Zieldefinition und den daraus abgeleiteten Aufgaben des Projekts.

Ein gutes Feedback über die Arbeitsprozesse gelingt dabei nur unter Beteiligung der Studierenden. „Sie müssen Auskunft über Ziele und Arbeitsprozesse geben und selbst Einschätzungen zum Arbeitsprozess und zur Güte der Arbeit vornehmen, vor allem aber ihre Prozesserfahrung und die dort erbrachten Leistungen reflektieren" [13, S. 54].

4.5.2.2 Kriterien für die Notenvergabe

Für die Notenvergabe spielen die Intention und die Ziele des Projekts (Lerninhalte, Projektmanagement, Forschung) sowie die vorgegebenen Zielsetzungen und deren Gewichtung eine wichtige Rolle. Entsprechend wird die Gewichtung der einzelnen Punkte (Ergebnisse, Bearbeitung, Kompetenzerwerb) unterschiedlich sein. Generell fließen ein:

1. Qualität und Brauchbarkeit des Ansatzes: Vollständigkeit, Aufbereitung der Anforderungsanalyse (Lastenheft, Requirements) und Umsetzung in ein Design (Pflichtenheft, Spezifikation)
2. Qualität und Relevanz der wissenschaftlichen Erkenntnisse, Qualität und Darstellung der Ergebnisse in der Publikation
3. Wissenschaftliche Fundierung: Umfang und Abdeckung, Aufbereitung und Integration der Literaturrecherche
4. Kreativität, Angemessenheit und Klarheit der Zielsetzung, Angemessenheit und Qualität des Lösungsansatzes
5. Qualität und Dokumentation der Projektdurchführung und
6. Nachweis der eingesetzten Methoden sowie Kenntnisse und Kompetenzen.
7. Qualität und Brauchbarkeit der Deliverables und des Projektergebnisses
8. Reflexion des Projekts in der Relation zum Lehrveranstaltungsthema und Fragenstellung
9. Reflexion des Projekts bezüglich des Gelernten und der erworbenen Kompetenzen und Erfahrungen (Lessons Learned)

4.5.3 Leistungsnachweise und Bewertung

Ein Leistungsnachweis ist immer ein Objekt, anhand dessen eine Bewertung durchgeführt wird. Die Kompetenz, die abgeprüft wird, spiegelt sich dabei in den gewählten Bewertungskriterien wider. Dabei lassen sich die Leistungsnachweise weitestgehend in zwei Kategorien einteilen: Erstens diejenigen, in denen das Produkt und seine inhaltliche Entstehung beurteilt wird (bei Projekten bezogen auf den Herleitungsprozess von Teilen der Ergebnisse) und zweitens diejenigen, in denen der Arbeits-, Gruppen- und

4.5 Bewertung und Benotung

Lernprozess beurteilt wird. Im Folgenden werden einige für die Projektarbeit typische Leistungsnachweise vorgestellt, die sowohl das Ergebnis als auch den Entstehungsprozess berücksichtigen:

- Projektergebnis selbst, also Produkte, Konzepte, Analysen usw.
- schriftliche Projektdokumentation am Ende des Projekts
- Präsentationen
- Projektskizzen
- Zwischenberichte, Statusreports
- Individuelle Berichte über den Arbeitsprozess in der Gruppe, die Gruppenprozesse und/oder den individuellen Lernfortschritt, welche sich an vorgegebenen Fragen orientieren
- Protokolle der Teamsitzungen und/oder der Treffen mit dem Betreuer
- Regelmäßig ausgefüllte Prozessbögen

4.5.3.1 Leistungsnachweise für die Ergebnisbewertung

Schriftliche Projektdokumentation

Die schriftliche Projektdokumentation ist der Leistungsnachweis, der der am häufigsten eingesetzt wird. Im Allgemeinen sind als Kern der inhaltliche Entstehungsprozess des Endproduktes sowie das Endprodukt selbst oder eine Abbildung dokumentiert und dargestellt. Damit erhält hier der Lehrende Rückschlüsse auf die Qualität des Ergebnisses sowie die inhaltliche Vorgehensweise des Projektteams. Durch Erweiterung des geforderten Inhalts, z. B. einer Projektmanagementdokumentation, kann der Lehrende deutlich mehr Information über die Entstehung des Produktes oder über die Fachkompetenz in dem zu lehrenden Fach erhalten.

Für die Bewertung einer schriftlichen Dokumentation gelten die Standardkriterien (vgl. [4]) wie

- Qualität des Ergebnisses
- Art und Schwierigkeit des Projekts
- Qualität der Argumentation
- Qualität der Darstellungen
- Kreativität
- Struktur und Aufbau
- Sprache und Ausdruck

Präsentationen

Präsentationen können am Ende des Projekts gehalten werden. In ihnen wird üblicherweise das Projektergebnis sowie das Vorgehen vorgestellt. Damit erhält wie bei der schriftlichen Dokumentation der Lehrende Rückschlüsse auf die Qualität des Ergebnisses sowie die inhaltliche Vorgehensweise des Projektteams. Allerdings üblicherweise in kompakterer Form als bei den schriftlichen Dokumentationen. Dies wird dazu führen, dass die Vorgehensweise nicht so detailliert ausgeführt wird. Zusätzlich können anstelle von Zwischenberichten Präsentationen gehalten werden, um die Zwischenstände abzufragen. Die Summe der Zwischenpräsentationen liefert dann wiederum ein genaueres Bild der Vorgehensweise.

Bei Präsentationen bieten sich die gängigen Bewertungskriterien an (vgl. [4]):

- Inhalt und Struktur (Informationsgehalt, Gliederung, Darstellung richtig und sinnvoll, formale Aspekte)
- Sprache (deutlich, gut verständlich)
- Auftreten (Haltung, zum Publikum gewandt)
- Medieneinsatz (Auswahl sinnvoll)

4.5.3.2 Leistungsnachweise für die Prozessbewertung

Um einen Prozess richtig beurteilen zu können, ist es wichtig, Informationen über diesen zu erhalten. Dies ist das grundlegende Problem bei der Prozessbeurteilung. Mit gezielten Reflexionsfragen erhält man am besten die fehlenden Informationen. Dies kann entweder in einem Bericht, den alle Teammitglieder individuell verfassen müssen, oder in einem Gespräch mit dem Betreuer geschehen. Im Folgenden werden mögliche Reflexionsfragen zur Erhebung des Arbeitsprozesses im Team, des Gruppenprozesses und der individuellen Lernreflexion vorgestellt:

Fragen zum Arbeitsprozess im Team

- Was war schwierig? Was lief gut?
- Was hat die Arbeit vorangebracht?
- Was ist der jetzige Projektstand? Was ist fertig, was fehlt noch?
- Was sind die nächsten Schritte?

Fragen zum Gruppenprozess

- Wie war die Arbeit mit und in der Gruppe?
- Wie habe ich mich in der Gruppe gefühlt?
- Konnte ich mich in die Gruppe einbringen?
- Wurde ich angehört und ernst genommen?
- Haben wir uns gegenseitig zugehört und ausreden lassen?
- Wie sind wir in Situationen umgegangen, in denen wir unterschiedlicher Meinung waren? Wie wurden diese Situationen gelöst?
- Waren einzelne Teammitglieder zu zurückhaltend oder dominant?

Fragen zur individuellen Lernreflexion

- Welche Arbeitsschritte waren schwierig, welche leicht?

4.5 Bewertung und Benotung

- Welche individuellen Stärken haben bei der Bewältigung der Aufgabenstellung geholfen?
- Was ist mir gut gelungen?
- Was habe ich für mich gelernt und wo habe ich mich weiterentwickelt?
- Wie kann ich das Gelernte (z. B. das Arbeiten im Team) auf andere Situationen (auch persönliche) übertragen?
- Wie zufrieden bin ich mit dem Projektergebnis? Begründung?
- Was würde ich beim nächsten Mal noch bezüglich Produkt, Projekt und Prozess optimieren? Begründung?
- Wo lagen Schwierigkeiten?

Alle als Leistungsnachweis eingeforderten Unterlagen sollten unabhängig von der Benotung korrigiert und die Anmerkungen mit den Studierenden durchgesprochen werden, um den Lernprozess dieser zu fördern. Insbesondere die Antworten auf die Reflexionsfragen müssen mit den Studierenden besprochen werden und ggf. relativiert werden, damit sie sich besser selbst einzuschätzen lernen (vgl. [13]).

4.5.4 Bewertung für das Fach Projektmanagement

Nach den theoretischen Überlegungen der letzten Unterkapitel folgt hier nun eine beispielhafte Umsetzung für das Fach Projektmanagement.

Das Vorgehen zur Bewertung wurde während des Projekts ESPRESSO im ersten Semester des Studienganges Wirtschaftsingenieurwesens entwickelt und intensiv erprobt. Erste Überlegungen dazu liefert Venus [14]. Als weitere Rahmenbedingung ist gegeben, dass alle Projekte einen Stakeholder besitzen, mit dem die Studierenden intensiv in Kontakt treten müssen (Abschn. 4.1). Da sich die Projektarten während eines Semesters unterscheiden, ist die Vergleichbarkeit erschwert; beispielsweise gibt es Projekte, in denen eine Umfrage mit Auswertung durchgeführt wird, während in anderen ein Flyer hergestellt oder eine Veranstaltung geplant wird.

Es werden zuerst die Fragen gestellt, die man sich wie in Abschn. 4.5.2 vorgestellt, vorab beantworten sollte. Im Anschluss wird das Bewertungsverfahren vorgestellt. Dieses enthält ein grundsätzliches Punkteschema, dass auf alle zu bewertenden Leistungsnachweise anwendbar und in Tab. 4.5. abgebildet ist. Daran schließt sich eine ebenso grundsätzliche Tab. 4.6 zur Einschätzung der Umsetzung des Lehrstoffs an. Das Kapitel schließt mit einigen Anmerkungen zur Bewertung von Präsentationen.

4.5.4.1 Beantwortung der Fragen vor Projektstart

Was wird bewertet?
Die Lehrveranstaltung hat folgende Kompetenzen als Lehrziele:

- Einsatz der Projektmanagementmethoden für eigene Projekte. Hierzu zählt beispielsweise die Fähigkeit, den Projektplan mittels eines Arbeitsstrukturplans erstellen zu können oder den Projektverlauf mit der Meilensteintrendanalyse kontrollieren zu können.
- Ergebnisse adressatenbezogen darstellen bzw. dokumentieren können (zielgruppenadäquat).
- Präsentieren können.
- Erweiterung der eigenen Teamkompetenz.
- Kenntnisse im Arbeitsprozess bei der Projektbearbeitung verbessern; eine strukturierte, nachvollziehbare, wissenschaftliche Vorgehensweise bei der Bearbeitung von Projekten beherrschen.

Im Abschn. 6.1.4 wird in Tab. 6.4 eine zusammenfassende Übersicht vorgestellt, welche Komponenten des Leistungsnachweises welche Kompetenzen abprüfen können. Diese kann insbesondere unerfahrenen Kollegen als Hilfestellung dienen.

Wie wird bewertet?
Für die Bewertung wurde eine Mischform aus Benotung und Feedbackgespräch gewählt. Aus dem individuellen Projektbericht wird nur herausgezogen, wie groß die Leistung des Einzelnen am Gesamtergebnis war. Um eine möglichst ehrliche Reflexion in dem Bericht zu erhalten, wird auf eine inhaltliche Benotung zugunsten eines Feedbackgespräches verzichtet. Es wird lediglich benotet, ob der Studierende sich die Mühe gemacht hat, wirklich zu reflektieren. Auch die Einschätzung des Betreuers sowie des Kundenumgangs im Hinblick auf den Gruppenprozess fließt nur im Feedbackgespräch ein.

Gleichzeitig wurde für einige Komponenten der Bewertung eine Gruppennote und für andere eine Einzelnote vergeben. Einzelnoten gab es für den Präsentationsteil jedes Teammitglieds und für den Individualbericht. Außerdem wird die Gruppennote am Ende durch die erbrachte Leistung jedes Teammitglieds und die Einschätzung der anderen Teammitglieder individualisiert angepasst. Natürlich muss der Mittelwert der angepassten Noten der Gruppennote entsprechen. Generell werden der Eindruck der Eigenleistung aus dem individuellen Projektbericht sowie die gegenseitige Einschätzung der Teammitglieder nicht blind übernommen, sondern mit der Einschätzung des Betreuers abgeglichen und ggf. in einem Gespräch nochmals erörtert.

Wer nimmt am Bewertungsprozess teil?
In den Bewertungsprozess werden der Betreuer (hierzu zählt auch der Lehrende, da er ein Teil der Betreuung während der Vorlesungszeit übernimmt), die Meinung des Stakeholders bezüglich der Erreichung des Projektzieles und des Umgangs mit einem Kunden sowie die einzelnen Projektmitglieder, welche die anderen nach vorher festgelegten Kriterien einschätzen sollten, einbezogen.

Wann erhalten die Studierenden Rückmeldung?
Die Studierenden müssen vor der Endpräsentation bereits drei Präsentationen über ihre Zwischenergebnisse halten. Zusätzlich findet alle vier Wochen ein Treffen mit dem Projektbetreuer statt, bei dem die Studierenden einen Statusbericht (mündlich) liefern müssen.

4.5.4.2 Vorstellung des Bewertungsverfahrens

Da die Wahl der Leistungsnachweise und die Zuordnung der Bewertungskriterien nur grobe Anhaltspunkte für eine Benotung liefern und jeder Betreuer diese unterschiedlich durchführen wird, wurde hier versucht, ein Bewertungsschema zu erstellen, welches die Bewertung strukturiert.

Grundidee ist, dass für alle Komponenten des Leistungsnachweises Punkte verteilt werden, wobei die Wahl der Punkte durch ein Punkteschema (siehe Tab. 4.5) konkretisiert wird. Dabei wurde ein Punkteschema von −2 (negativ) bis +2 (positiv) gewählt. Es entsprechen 0 Punkte einem im Ganzen noch befriedigenden aber nicht herausragenden Ergebnis, also etwa der Note 3.

Die absolute Skalierung der Noten und die Frage, wo die Noten 4 (ausreichend, bestanden trotz einiger Mängel), 3 (befriedigend, erfüllt durchschnittliche Anforderungen), 2 (gut, über dem Durchschnitt) und 1 (sehr gut, hervorragend, erheblich über dem Durchschnitt) liegen, muss dazu im Team der Betreuer geklärt sein. In diesem Zusammenhang spielen auch die Ansprüche der Lehrenden und der Hochschule eine Rolle. Wichtig ist auch hier, die Ziele der Lehrveranstaltung und des studentischen Projekts von den (selbst gesteckten) Zielen des Projektteams zu unterscheiden. So kann ein deutlich übererfülltes Zielkriterium auch ein Zeichen dafür sein, dass der Prozess der Zieldefinition nicht richtig durchgeführt wurde.

> **Internationales Studiengangs-Poster**
> Ziel des Projekts war ein Poster, das den Studiengang in möglich vielen Sprachen beschreibt. Neben der Abstimmung der Formulierungen sind Übersetzungen zu sammeln. Eine Zielvorgabe von „sechs Sprachen" wäre an einer international ausgerichteten Hochschule unter dem möglichen Niveau. Ein Ergebnis mit 12 Sprachen wäre also keinesfalls mit +100 % eine „sehr gute" Leistung.

Für jeden Teilleistungsnachweis und jedes Teilkriterium erhält jeder Studierende Punkte, wobei die Punkte unterschiedlicher Teil-Leistungsnachweise mit unterschiedlicher Gewichtung in die Gesamtpunktzahl einfließen können. Die Auswertung kann mittels eines Tabellenkalkulationsprogrammes einfach ausgeführt werden, indem jede Zeile einem Studierenden entspricht und jede Spalte einem Leistungsnachweis zugeordnet ist. Die Summe über alle Spalten ergibt dann die Gesamtpunktzahl, die einer Note zugeordnet werden kann.

Dabei erhalten die Studierenden eines Teams für die Gruppenleistung alle die gleichen Punkte. Zusätzlich zu den in Tab. 6.4 aufgeführten Leistungen und Teilergebnisse, die teilweise noch weiter aufgeschlüsselt sind, werden noch individuelle Punkte eingeführt, welche die Unterschiede in der Leistung, im Beitrag zum Projekterfolg sowie der Einschätzung in der Interaktion mit Betreuer, Lehrenden und Stakeholdern sowie die Beurteilung durch die Teammitglieder berücksichtigen.

Beispiele für Kriterien für die individuelle Beurteilung sind Aussagen wie „nimmt Ideen auf, bringt eigene Gedanken ein, übernimmt Teilaufgaben" [13, S. 53]. Hierbei ist es sinnvoll, die Kriterien in einem Bewertungsbogen oder einer entsprechenden Tabelle auf Papier oder auf dem Computer zu sammeln. Bei Kriterien, die in einer Präsentation oder Interaktion beobachtet werden können, kann das für jede Präsentation als Beobachtungsbogen operationalisiert werden, in dem kontinuierlich die gemachten Beobachtungen eingetragen werden. „Dieser Beobachtungsbogen kann als Grundlage für die Notenfindung zum Beispiel im Bereich Teamkompetenz herangezogen werden" (ebd., S. 53) oder als Grundlage für ein Feedbackgespräch dienen.

4.5.4.3 Bewertungsbögen

Punkteschema
Die Endbewertung der Studierenden wird in Zusammenhang mit den Bewertungspunkten aus dem Bewertungsbogen Präsentation (siehe Tab. 6.5) verknüpft. Die Vergabe der Punkte kann nach der Beschreibung von Tab. 4.5 erfolgen.

Die in Abschn. 4.5.2 aufgezählten Leistungsnachweise können in das Punkteschema in Tab. 4.5 eingeordnet werden.

Eine Bewertungsperspektive kann und muss auch sein, inwieweit der Lernstoff umgesetzt wurde. Hierzu befinden sich zwei Beispiele in Tab. 4.6. Es müssen nicht nur die Methoden des Projektmanagements korrekt angewendet, sondern auch fachliche Inhalte erfolgreich umgesetzt werden. In Tab. 4.6 werden exemplarisch die Qualität des umgesetzten Lerninhalts und die entsprechende Bewertung zu den Fächern „Projektmanagement" und „Reflexion von Nachhaltigkeitsaspekten" aufgezeigt.

4.5.4.4 Bewertung von Präsentationen
Bei der Bewertung von Präsentationen sind zu den in Tab. 4.5 genannten Kriterien weitere Punkte zu beachten.

Es ist beispielsweise darauf zu achten, dass Methoden wie statistische Verfahren korrekt angewendet wurden und Grundsätze des Projektmanagements beachtet wurden. Mit Prozesskompetenz ist gemeint, dass die Studierenden in der Lage sind, den gesamten Projektprozess strukturiert und im passenden Ausmaß darstellen zu können.

Insgesamt werden bei Präsentationen sowohl der fachliche Inhalt als auch die Art und Weise des Präsentierens bewertet. Eine ausführliche Übersicht der anwendbaren Kriterien und möglichen abzuprüfenden Kompetenzen gibt es in Tab. 6.5.

Tab. 4.5 Beispiel eines Punkteschemas

Punkte	Note	Kriterium (Schlagworte)	Ergänzungen
+2	1 (sehr gut)	Alle Anforderungen sind vollständig und zur Zufriedenheit aller Beteiligten erfüllt. Man erkennt das Engagement und eigene Ideen. Wissenschaftliches Arbeiten im Rahmen der Zielsetzung	Eigene Überlegungen sind auf die Projektziele ausgerichtet, kreative und konstruktive Ideen
+1	2	Die Zielsetzung wurde umgesetzt und die Aufgabenstellung abgearbeitet. „Hat alles gemacht wie aufgetragen"	Ideen dienen meist der eigenen Arbeitserleichterung
0	3	Trotz einiger Mängel ein brauchbares Ergebnis. Hat sich Mühe gegeben und die gegebene Aufgabe erfüllt	Zielsetzungen und Aufgaben wurden nicht hinterfragt. Wissen basiert auf einer einzigen Quelle
−1	4	Deutliche Mängel, aber insgesamt noch zu akzeptieren	Resistent gegen Verbesserungsvorschläge
−2	5	So nicht zu akzeptieren. Wesentliche Elemente der Projektplanung oder inhaltliche Betrachtungen fehlen. Wissensbasiertes Arbeiten ist nicht zu erkennen	Planungsfehler, beispielsweise kein Terminplan. Die Zielsetzung wurde teils ignoriert und die Aufgaben schlecht umgesetzt. Keinerlei fachliche Reflexion

4.6 Strategie zur Verankerung der Projektmethode

Zum Schluss des Kapitels sei auf einen Punkt verwiesen, der über das Spektrum dieses Leitfadens weit hinausgeht, für die Umsetzung der Projektmethode aber essenziell ist: die Frage nach der Strategie für die Einführung und Verstetigung der Projektmethode.

Wie integriere ich die Projektmethode in die Lehre der Hochschule?
Je nachdem ob Sie sich die Frage aus Sicht des Lehrenden, der Leitung oder der für das Curriculum Verantwortlichen stellen und ob Sie die Projektmethode generell in die Hochschule, in ein Curriculum oder in einem Modul integrieren wollen, sind verschiedene Punkte zu beachten.

Dies betrifft nicht nur die Leitenden der entsprechenden Einheiten. Auch als Lehrender kann man darauf hinwirken, die Projektmethode in die Lehre der übergeordneten Organisationseinheiten zu integrieren.

Im Folgenden werden Hinweise zur Einbindung der Projektmethode bezogen auf verschiedene Organisationsebenen gegeben. Projekte als Lehrmethode können hinsichtlich ihres Einsatzes hochschulübergreifend, in einzelnen Studiengängen oder auf der Ebene der Lehrenden betrachtet werden.

4.6.1 Hochschule

Die Einführung der Projektmethode kann und sollte eine strategische Entscheidung der jeweiligen verantwortlichen organisatorischen Einheit sein. Das kann eine Hochschule, eine Fakultät, ein Institut oder die für die Organisation eines oder mehrerer Studiengänge zuständige Einheit sein. Dabei hat jede dieser Einheiten typischerweise ein Leitungsteam und einen Leiter, ein gewähltes Gremium mit Vertretern der Lehrenden und Studierenden und eine Verwaltungsorganisation.

Generelle Entscheidung der Hochschulleitung
Die Vorteile der Projektmethode können in mehreren Bereichen gesehen werden:

- Verbesserung der Lehrqualität durch Nutzung der Projektmethode, um den Stoff vertieft zu vermitteln
- Verbesserung der Qualität des Studiums durch Erleichterung des Übergangs, bessere Motivation der Studierenden
- Verbesserung von allgemeinen Kompetenzen der Studierenden, Sozialkompetenzen, gesellschaftlicher Verantwortung und Beschäftigungsfähigkeit

Tab. 4.6 Beispielhafte Bewertung zur Umsetzung der Lerninhalte

Punkte	Lerninhalt Projektmanagement	Lerninhalt Reflexion von Nachhaltigkeitsaspekten
+2	Die einzelnen Phasen des Projekt-managements wurden fachlich korrekt und sehr selbstständig umgesetzt, Teamarbeit hat gut funktioniert	Reflexion bezüglich der nachhaltigen Entwicklung inklusive der Generationengerechtigkeit und anerkannter Kriterien (z. B. SDG), eigene Gedanken und Gestaltungsmöglichkeiten werden expliziert
+1	Gut gemacht	Auf Aspekte der nachhaltigen Entwicklung wird sich bezogen
0	Gemacht, damit es gemacht ist	Reflexion bezüglich der drei Säulen Ökologie, Ökonomie und Soziales
−1	Fachlichkeit und Selbstständigkeit unzureichend	Kein Verständnis für das Konzept der nachhaltigen Entwicklung erkennbar
−2	Wesentliche Aspekte des Projektmanagements wurden ignoriert. Endhektik als Folge von Planungsschwächen: „hingepfuscht"	Kein Ansatz der nachhaltigen Entwicklung angewandt; verschwenderischer Umgang mit Ressourcen im Projekt: „Das Projekt ist nachhaltig, weil es im kommenden Semester weitergemacht werden muss"

- Möglichkeit, konkrete Ergebnisse zu erzielen
- Öffentlichkeitswirksamkeit der Projektmethode und der Projektergebnisse

Themen

Ein wesentlicher Punkt bei der flächendeckenden Einführung der Projektmethode ist die Frage nach möglichen Projekten. Dafür sind Projektpartner, Themenbereiche und Aufgabenbereiche notwendig. Die möglichen Aufgabenbereiche und Partner zeigt Tab. 4.7.

Details und die Umsetzbarkeit hängen natürlich von den einzelnen Strukturen der Hochschulen und Fachbereiche ab.

Den möglichen internen Nutzen und die Projekteinbindung zeigt Abb. 4.6.

Aus Sicht der Hochschule besteht die Aufgabe darin, Lehrende für die Projektmethode zu gewinnen. Dies ist sicher nicht einfach, da diese Methode ein hohes Engagement und einen im Vergleich zur Vorlesung höheren Zeitaufwand bedeutet. Hochschule und Studiengang können die Umsetzung durch Gestaltung der Deputate, Bereitstellung von Personal (Stellen, Mitarbeiter, Hilfskräfte) und Mitteln (Sachmittel, Honorare) unterstützen und im Rahmen der Leistungsbewertungen honorieren. Dies stellt je nach den externen (Ministerium, Aufsichtsrat, Öffentlichkeit) und internen (Rektorat, Fakultät, Institut, Studierende, Verwaltung) Prioritäten sicher eine größere Herausforderung dar.

4.6.2 Curriculumsverantwortliche

Optimal ist die Einbettung der Projektmethode ins Curriculum. Damit hat der Lehrende die Rechtssicherheit und Sicherheit der Argumentation gegenüber Studierenden und Kollegen. Außerdem stellt eine systematische Einbindung der Projektmethode in das Studium sicher, dass Projekte angemessen und ausgewogen eingesetzt werden.

Die Integration der Projektmethode ins Curriculum kann Bottom-up durch die einzelnen Modulverantwortlichen oder die Studiengänge oder Top-down durch die für die Lehre oder die Gestaltung der curricularen Rahmenbedingungen Verantwortlichen geschehen. Dabei kann die Initiative von den Mitgliedern der entsprechenden Gremien oder den jeweiligen Leitern bzw. Stabsstellen (je nach Struktur der Hochschule) ausgehen.

Gesamtcurriculum

Im Gesamtcurriculum solle die Projektmethode und Projekte als Leistungsnachweis systematisch eingeplant werden. So könnten Projekte von der Kompetenz her systematisch aufgebaut werden und vom Wissen und Können auf entsprechende Lehrveranstaltungen zurückgreifen.

In Tab. 4.8 zeigt sich auch ein Spannungsfeld im Zusammenhang mit dem Einsatz der Projektmethode.

In Tab. 4.9 ist beispielhaft die Verankerung von Projekten über das gesamte Curriculum im Studiengang Wirtschaftsinformatik dargestellt.

Tab. 4.7 Liste potenzieller Partner und Aufgabenbereiche für Projekte

Stakeholder/Partner	Aufgabenbereiche	Beispiel
Kommune	Gesellschaftliche Veränderungen	Reallabor Stadt
Industrie	Entwicklungsprojekte Marktforschungen	Innovationsprojekte Umfragen
Wirtschaft und Wirtschaftsorganisationen	Empirische Projekte Gemeinsame Entwicklungen	Innovationsprojekte Umfragen
Vereine	Verbesserung	Imageanalysen technische Ideen
Region	Konzepte für Bildung, Tourismus und Wirtschaft	Regelmäßige Evaluierungen und Konzeptentwicklung
Region	Umsetzung technischer Innovationen und Trends	Studie zur Innovationsregion
Schulen und Bildungsträger	Gemeinsame Weiterentwicklung von Methoden und Inhalten	Unterrichtseinheiten zu MINT oder BNE
Hochschule	Selbst gesetzte Ziele	Bau und Verbesserung autonomer Fahrzeuge; regelmäßige Teilnehme an Wettbewerben
Hochschule	Jede Art von Thema als Einführung in das Studium	Einsatz im Rahmen eines Einführungs- oder Orientierungssemesters
Hochschule	Verbesserung der Prozesse oder Strukturen	Workshop zur Lehre
Hochschule	Nachhaltige Entwicklung	Einsatz im Rahmen eines Einführungs- oder Orientierungssemesters
Institute und Labore	Einbindung in Forschung und Betrieb	Fertigungsprojekte Forschungsprojekte
Hochschulverwaltung	Prozessverbesserung Technische Optimierung	Qualitätsmanagement

Abgrenzung der Projektmethode

Der Begriff Projekt sollte von anderen Lehr- und Lernformen differenziert werden. Das Lesen eines Lehrbuchteils mit anschließender Präsentation vor den Kommilitonen kann zwar als Projekt organisiert und aufgefasst werden, verfehlt aber wesentliche Ziele der Projektmethode.

Durch eine klare Abgrenzung wird den Studierenden auch der Schwerpunkt der jeweiligen Lehrveranstaltung vermittelt und der Eindruck vermieden, dass man „nur noch Projekte macht".

4.6 Strategie zur Verankerung der Projektmethode

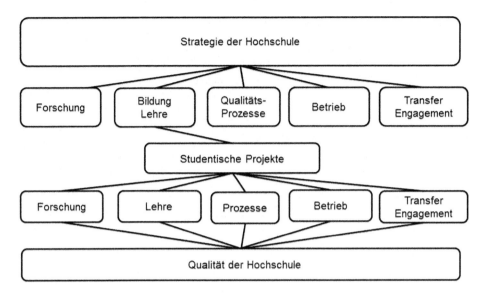

Abb. 4.6 Projekte in der Hochschule im Hinblick auf Strategie und Qualität

Tab. 4.8 Argumente bezüglich des Einsatzes der Projektmethode im Curriculum

Positionierung des Projekts	Vorteil	Nachteil
Erstes Semester oder Vorsemester	Kennenlernen der Projektmethode, Basis für das Studium; Kompetenzerwerb und Persönlichkeitsbildung; frühe Entscheidungsbasis	Noch keine fachlichen Kenntnisse, auf die man im Projekt zurückgreifen kann
Mitte des Studiums	Vertiefung von Stoff	Zu spät als Kompetenzerwerb für das Studium und für die Integration im Semester
Abschlussphase	Integration Gesamtkonzept Fächerübergreifend möglich	Zu spät als Kompetenzerwerb für das Studium Frage der Abgrenzung zur Abschlussarbeit

Projektbasierte Lehre in das Curriculum

Wenn ein Curriculum neu entwickelt wird oder eine Änderung ansteht, besteht die Chance, die Projektmethode zu integrieren:

1. Einführung einer Veranstaltung mit dem Inhalt „Projekt" bzw. „Projekt XY"
2. Integration der Projektmethode in einzelne Lehrveranstaltungen
3. Einführung von Projektmodulen

Tab. 4.9 Einbindung von Projekten im Studiengang Wirtschaftsinformatik

Semester	Lehrveranstaltung	Inhalt
1	Projektmanagement	Entwicklung Projektplan für eine Umfrage
1	Programmieren 1	Einfache Programmieraufgabe
2	Projektmanagement	Umsetzung des Projektplans aus Semester 1
2	Betriebliche Software	Test einer betrieblichen Software
3	Marketing	Marktanalyse für ein SW-System
3	Datenbanken	Entwicklung einer Datenbanklösung
4	Software-Engineering	Entwicklung einer komplexen Softwarelösung
4	Marktforschung	Test/Einführung einer Marketing-Software
5	Betriebliche Software	Konzeption und Einführung eines Systems für einen Betrieb
5	Künstliche Intelligenz	Konzeption und Entwicklung eines intelligenten Agenten
...		

Projektbasierte Lehre in die Lehrveranstaltung

Um Projekte in einer einzelnen Lehrveranstaltung zu verankern, ist die Modulbeschreibung entsprechend zu ändern. Sicher ist dies die schnellste und komplikationsfreieste Form der Einbindung von Projekten in die eigene Lehre. Die oben erwähnten Hinweise zur curricularen Einbindung gelten auch hier auf Veranstaltungsebene.

Projektbasierte Lehre eignet sich in allen Bereichen, in denen die angestrebten Kompetenzen und das zu vermittelnde Wissen im Rahmen von realitätsnahen Aufgabenstellungen erworben werden können. Wenn ein ganzheitlicher Überblick und eine komplette Abdeckung des Fachgebiets wichtig sind, muss auf die Gestaltung des Projektportfolios (Abschn. 3.1.3) geachtet werden.

4.6.3 Lehrende

Ein Lehrender kann Projekte begleitend zu den traditionellen Methoden in einzelne seiner Lehrveranstaltungen einbinden oder als alleinige Methode einsetzen.

Wenn die Projektmethode nicht explizit im Curriculum verankert ist, können Projekte auch im Rahmen des Workload erbracht werden, beispielsweise um den Prozess des selbstständigen Wissenserwerbs zu steuern. Das Projektergebnis und die Leistung der Beteiligten können dann beispielsweise als Teil einer abschließenden Klausur abgefragt werden.

Unabhängig davon, auf welcher organisationalen Ebene die Projektmethode verankert werden soll, empfiehlt es sich, Partner zu suchen. Denn durch die Vernetzung von Projekten über Fach- und Fakultätsbereiche hinweg werden die Studierenden an die im beruflichen Kontext anzutreffende Transdisziplinarität herangeführt.

4.7 Zusammenfassung

In diesem Kapitel wurde deutlich, welchen Stellenwert die Vorbereitung für die tatsächlich durch die Studierenden durchzuführenden Projekte hat. Wenn diese gelingt, werden die Studierenden gut durch den Projektprozess geleitet und können die induzierten Kompetenzen sowie fachliche Inhalte durch das Projekt erreichen. Auch für den Lehrenden und den Betreuer ist es wichtig, auf ein funktionierendes Grundgerüst in Form von definierten Prozessen und Kriterien zurückgreifen zu können, um sowohl die Planung und die Durchführung als auch die Bewertung der Projektergebnisse strukturiert vornehmen zu können. Bezüglich der Verankerung in der Hochschulstrategie ist es als Chance zu sehen, die Projektmethode als Vernetzung der Fachbereiche aufzufassen und die dabei notwendige Flexibilität einzubringen.

> **Die Projektmethode ist mehr als ein Projekt**
> Die Projektmethode lebt davon, dass übergreifend zu den einzelnen studentischen Projekten im Metaprojekt und im Projektportfolio Projekte vorbereitet und gut geplant durchgeführt werden.
>
> Der Lehrende versteht sich dabei nicht nur als Wissensvermittler, sondern auch als Manager der Metaprojekte und Oberprojekte auf den unterschiedlichen Ebenen.

Literatur

1. Belbin, R. M. (2010). *Management teams: Why they succeed or fail* (3. Aufl.). Oxford: Butterworth-Heinemann.
2. Brinker, T. & Schumacher, E. (2008). Kompetenzen in großen Gruppen prüfen. In S. Dany, B. Szczyrba, & J. Wildt (Hrsg.) *Prüfungen auf die Agenda* (S. 180-187). Bielefeld: Wilhelm-Bertelsmann.
3. Bundesministerium für wirtschaftliche Zusammenarbeit und Entwicklung, Agenda 2030. http://www.bmz.de/de/ministerium/ziele/2030_agenda/index.html. Zugegriffen: 31. Okt. 2016.
4. Dummann, K., Jung, K., Lexa, S., & Niekrenz, Y. (2007). *Einsteigerhandbuch Hochschullehre. Aus der Praxis für die Praxis.* Darmstadt: Wissenschaftliche Buchgesellschaft.
5. Frey, K. (1998). *Die Projektmethode* (8. Aufl.). Weinheim und Basel: Beltz.
6. Görts, W. (2009). *Projektveranstaltungen – und wie man sie richtig macht.* Bielefeld: Universitätsverlag Weber.
7. Holzbaur, U. (2007a). *Entwicklungsmanagement.* Heidelberg: Springer.
8. Holzbaur, U. (2007b). Project and thesis supervision – from leadership to examination: A German perspective. *Journal for New Generation Science, 4*(2), 1–21.
9. Holzbaur, U. (2010). Prepared Project Method – systematische Integration von Projekten in die Lehre. Mit systematisch vorbereiteten Projekten Lehre erlebnis- und ergebnisorientiert unterstützen. In B. Berendt, H.-P. Voss, & J. Wildt (Hrsg.), *Neues Handbuch Hochschullehre E 4.3* (S. 1–30). Stuttgart: Raabe.
10. Holzbaur, U., & Theiss, M. (2011). Tag der offenen Tür. In U. Holzbaur & I. Marx (Hrsg.), *Handlungs- und Erlebnisorientierung in der tertiären Bildung* (S. 206–223). Aachen: Shaker.

11. Holzbaur, U., Wenzel, T., & Bühr, M. (2013). Curricular aspects of students' projects in the Bologna Framework – linking prepared projects method with curricular requirements. EDU-LEARN 2013 proceedings, IATED, Barcelona, Spain (S. 1611–1621).
12. Olechowski, R. (2003). Alternative Leistungsbeurteilung – Humanisierung der Schule. In I. Babosik & R. Olechowski (Hrsg.), *Lehren – Lernen – Prüfen* (S. 215–232). Frankfurt a. M.: Lang.
13. Rummler, M. (Hrsg.). (2012). *Innovative Lehrformen: Projektarbeit in der Hochschule*. Weinheim: Beltz.
14. Venus, C. (2013). *Kompetenzmessung in der Prepared Project Method (PPM): Entwicklung und Erprobung eines Instruments zur Benotung der studentischen Projekte im Wirtschaftsingenieurwesen.* Abschlussarbeit, FU Hagen, Aalen.
15. Walzik, S. (2011). Gruppenarbeit sinnvoll gestalten (Teil1). In B. Berendt, H.-P. Voss, & J. Wildt (Hrsg.), *Neues Handbuch Hochschullehre Lehre und Lernen effizient gestalten, C 2.19* (S. 1–30). Berlin: Raabe.

Teil II
Hilfsmittel und Beispiele

▶ Im zweiten, praxisorientierten Teil finden Sie eine Zusammenfassung der Grundlagen des Projektmanagements, nützliche Checklisten, Vorlagen und Formblätter sowie zahlreiche Projektbeispiele.

Grundlagen Projektmanagement 5

▶ Die folgende Einführung fasst das Fach „Projektmanagement" kurz zusammen: zum einen als Basis für das eigene Verständnis aber auch der Notationen und zum anderen als Basis für eine Unterrichtseinheit „Projektmanagement" für Studierende, die Projekte in einer allgemeinen Lehrveranstaltung durchführen, aber selbst noch keine Vorkenntnisse zum Projektmanagement haben.

Schon der Bau der Pyramiden war ein Großprojekt, das gut organisiert und geplant werden musste. Damals gelang dies durch den Einsatz des gesunden Menschenverstandes. Heute steht ein großer Pool von Projektmanagementmethoden zur Verfügung, mit denen sich Projekte sehr viel besser, schneller, zielgenauer und fehlerfreier durchführen lassen [7]. Eine gut und leicht verständliche Einführung in das Projektmanagement bieten z. B. [7] sowie Kessler und Winkelhofer [5]. Auf das Projektmanagement speziell für das Studium [1 und 7] gehen Holzbaur und Ströhler [3, 6] ein.

Im Folgenden sollen lediglich die wichtigsten Grundlagen des Projektmanagements grob skizziert werden.

5.1 Definition Projektmanagement

▶ **Projektmanagement** Nach DIN 69901 ist Projektmanagement „die Gesamtheit von Führungsaufgaben, -organisation, -techniken und -mittel für die Abwicklung eines Projekts".

Es lassen sich zwei Arten des Projektmanagements unterscheiden: strategisches und operatives Projektmanagement (PM); denn Projektmanagement ist gleichermaßen eine Organisationsform (strategisches PM) als auch eine Arbeitsform (operatives PM).

Projektmanagement: Begriffe

Strategisches Projektmanagement	Strategisches Projektmanagement umfasst alle Maßnahmen zur Verankerung von Projekten in der Organisation und zur Sicherstellung des Erfolgs des individuellen Projektmanagements für die Projekte der Organisation.
Operatives Projektmanagement	Operatives Projektmanagement umfasst alle Maßnahmen zur operativen Durchführung, Überwachung und Unterstützung von Projekten.

5.2 Projektvorbereitung und Projektstart

Um den Erfolg eines Projekts zu gewährleisten, müssen Projekte gut vorbereitet werden. Der Begriff Projektstart kann ein Ereignis wie etwa der Tag der Vertragsunterzeichnung, oder eine eigenständige Projektphase von gewisser Dauer sein. Dieses Teilkapitel erläutert das zweite Verständnis von „Projektstart", also der Phase, in der das Projekt vorbereitet wird. Trotz häufig vorherrschenden Zeitdrucks sollte diese erste Phase sehr sorgfältig durchgeführt werden, da sonst der Projekterfolg gefährdet wird.

Auch wenn sich die Ziele und Anforderungen in Projekten ändern, und die Praxis flexiblere Entwicklungsprozesse erfordert, ist eine generelle Festlegung der Projektziele und der Inhalte (nicht von Form und Inhalt der Ergebnisse) immer wichtig. Diese dienen ggf. als Basis für ein Änderungsmanagement.

5.2.1 Projektziele festlegen

▶ Das Wichtigste am Projekt ist das Ziel.

Die Definition von Projektzielen zum Projektstart ist ganz besonders wichtig. Eine Studie der GPM (Deutsche Gesellschaft für Projektmanagement e. V.) und der PA Consulting Group aus dem Jahr 2004 fand heraus, dass „unklare Anforderungen und Ziele" die häufigste Ursache (70 %) für das Scheitern von Projekten sind.

Grundsätzlich muss zwischen den Projektzielen im Rahmen des magischen Projektdreiecks (Ergebnis, Ressourcen, Termine) und dem Ziel verstanden als Projektergebnis unterschieden werden. Für die Beschreibung des Projektergebnisses (Projektziel aus Sicht des Kunden) bieten sich verschiedene Methoden an, die im Folgenden vorgestellt werden.

5.2 Projektvorbereitung und Projektstart

Zieldefinition: Begriffe

Vision	Die Vision des Projekts ist der angestrebte zukünftige Zustand der Welt (bzw. der betroffenen Organisation oder Hochschule). Hiermit sind also die durch das Projekt zu erreichenden Veränderungen gemeint.
Mission	Mit Mission ist die durch das Projektteam zu bewältigende Aufgabe gemeint. Hierbei geht es um konkrete Handlungen und Maßnahmen, die zur Zielerreichung dienen.
Deliverable	Deliverable items sind Projektergebnisse (Produkte), die in physischer oder elektronischer Form übergeben werden können.
Anforderungsanalyse	In der Anforderungsanalyse werden die Erwartungen der Stakeholder erfasst und strukturiert. Diese sollten lösungsneutral formuliert werden.
Pflichtenheft	Im Pflichtenheft beschreibt der Kunde die Anforderungen aus seiner Sicht.
Lastenheft	Das Lastenheft beschreibt die als Reaktion auf das Pflichtenheft zu erbringende Leistung aus Sicht des Lieferanten (Projektteams).
Spezifikation	Die Spezifikation beschreibt das Zielsystem (Ergebnis, Deliverables), ohne auf die Details der Implementierung einzugehen.

Nachdem ein Projektziel hergeleitet worden ist, lässt es sich mit den SMART-Kriterien überprüfen.

▶ **SMART** Ein formuliertes Projektziel muss folgenden Kriterien erfüllen: Das oder die Ziele müssen:
- spezifisch-konkret (präzise und eindeutig formuliert)
- messbar (quantitativ oder qualitativ)
- attraktiv (positiv formuliert, motivierend)
- realistisch (das Ziel muss erreichbar sein)
- terminiert (bis wann …?)

sein.

Dabei sollte unbedingt darauf geachtet werden, dass die Ziele nicht widersprüchlich formuliert sind, sie nicht in Konkurrenz zueinanderstehen, und einen Zusammenhang haben.

Neben dem Projektergebnis, der Leistung, stellen die Parameter Zeit/Termine und Kosten weitere Projektziele dar. Termine sind teilweise extern vorgegeben, das Budget ist meist beschränkt. Die Beziehung dieser drei Ziele ist im sogenannten magischen Projektdreieck dargestellt (siehe Abb. 5.1). Die Bezeichnung „magisch" bezieht sich auf den

Abb. 5.1 Magisches Projektdreieck

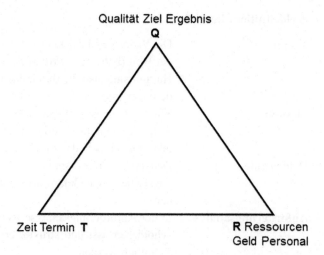

Umstand, dass ein höherer Zielerreichungsgrad bei einem der Parameter fast immer zu Einbußen bei den anderen beiden Parametern führt. Je nachdem, welcher Parameter Priorität hat (soll es schneller fertig werden, billiger sein oder das Ergebnis besser), wirkt sich dies also auf die verbleibenden Parameter aus. Daher ist vorab mit dem Kunden neben einer klaren Zieldefinition auch unbedingt zu klären, auf welchem der drei „allgemeinen Projektparameter" (Leistung, Kosten, Zeit) seine Priorität liegt.

▶ Das Projektdreieck wird durch drei Ecken gebildet
- Leistung, Ergebnis, Qualität (Projektziel)
- Kosten, Ressourcen (Mittel und Wege zur Zielerreichung)
- Zeit, Termine (Projektdauer, Zieltermin).

5.2.2 Projektphasen festlegen

▶ **Projektphase** Zeitlicher Abschnitt eines Projektablaufs, der sachlich gegenüber anderen Abschnitten getrennt ist (siehe auch DIN 69901).

Die Grobplanung der Projektphasen orientiert sich überwiegend an dem Vier-Phasen-Konzept (siehe Abb. 5.2).

Am Anfang steht die Vorbereitungsphase, darauf folgen die Planungsphase, die Durchführungsphase und eine kurze aber wichtige Projektabschlussphase. An diesen vier Phasen orientiert sich auch die Gliederung des Kap. 5 Grundlagen Projektmanagement. Trotz dieser vereinfachten Darstellung bedarf jedes Projekt eines eigenen Phasenmodells, das auf seine individuellen Bedürfnisse zugeschnitten ist. Dennoch wird es in der Realität immer wieder zu Rücksprüngen in frühere Phasen kommen. Auch lassen sich

5.2 Projektvorbereitung und Projektstart

Abb. 5.2 Allgemeines Phasenmodell

die Phasen nicht immer eindeutig voneinander trennen und laufen oft zeitlich parallel. Der Einsatz von Zeit und Ressourcen in den einzelnen Phasen kann sehr unterschiedlich sein. Zusätzlich ist es sinnvoll, für die erste Grobplanung Meilensteine zu definieren.

▶ **Meilensteine** Meilensteine sind terminlich festgelegte Zeitpunkte. Sie müssen durch ein nachprüfbares Ergebnis definiert sein. Das Ergebnis kann formalisiert werden in Form von Kriterien wie

- Review, Dokumentenprüfung
- Test, Abnahme
- Ende einer Phase

Dies sind damit auch typische Meilensteine.

Meilensteine sind auch nach außen hin relevant bezüglich:

- Bezahlung (milestone payment plan)
- Festlegungen und Festschreibungen z. B. im Wasserfallkonzept der Produktentwicklung als Entscheidungszäsur („point of no return")

Meilensteintrendanalyse
Die Meilensteintrendanalyse dient dazu, die Plantermine für Meilensteine zu überwachen. Dazu werden regelmäßig (z. B. im Wochenrhythmus oder zu festgelegten Überwachungsterminen) die geplanten Termine für die Meilensteine eingetragen und grafisch verbunden (siehe Abb. 5.13).

5.2.3 Rollen und Beteiligte im Projekt

Bei den Projektbeteiligten sind einerseits die handelnden Personen und andererseits die im Aktionsrahmen des Projekts betroffenen Interessen relevant. Es hilft der Strukturierung, diese bei der Planung mitzudenken und eventuelle Maßnahmen/Reaktionen im Projekt einzuplanen. Dies kann auch als Teil des Risikomanagements (Abschn. 5.2.4) gesehen werden.

5.2.3.1 Projektleiter und das Team

Projektleitung
Die folgenden Rollen und Aufgaben können im Umfeld des Projektmanagements für ein einzelnes Projekt unterschieden werden. Sie werden in einer oder mehreren Personen vereinigt, die je nach Gepflogenheiten die Namen „Projektleiter" oder „Projektmanager" bekommen.

- Projektverantwortliche: externe Rolle, Vertretung und Verantwortung gegenüber Geschäftsleitung und Kunde, Zuständigkeit für die Ressourcenausstattung und Ergebnisse des Projekts, auch Projektsprecher
- Projektmultiplikatoren (informelle Rolle)
  - Extern: Unterstützer
  - Intern: Koordinatoren, Moderatoren
- Projektleiter: interne Rolle, Entscheidungskompetenz gegenüber den Projektmitarbeitern, Abwickler, Organisator, Controller
- Promotoren: Unterstützer des Projekts innerhalb der Organisation oder wichtige Stakeholder
  - Machtpromotoren mit entsprechender Stellung im Unternehmen und Einfluss
  - Fachpromotoren mit entsprechender Fachkompetenz

Der Projektleiter trägt die Verantwortung für den Erfolg des Projekts, weswegen er über die notwendigen Entscheidungs- und Weisungskompetenzen verfügen muss. Er muss nicht nur fachlich gut ausgebildet sein, sondern auch umfassende Kenntnisse im Projektmanagement besitzen. Daneben sind Führungskompetenzen von großer Bedeutung. Hier empfiehlt sich ein partizipativ-kooperativer Führungsstil.

Team
Das Team ergibt sich in der Regel aus der Wahl der Projekte durch die einzelnen Studierenden. Neben den formal-organisatorischen Maßnahmen zum Aufbau einer Organisation sollte die Bildung eines Teams mit einem gemeinsamen Verständnis für Vision und Aufgabe nicht unterschätzt werden. Teambildende Maßnahmen sind für den Erfolg des Projekts wichtig. Die ausgewählten Projektmitarbeiter sollten sich sowohl fachlich als auch persönlich gut ergänzen. Jeder einzelne Projektmitarbeiter sollte seine Aufgaben und Zuständigkeiten kennen. Diese lassen sich am einfachsten mit dem Arbeitsstrukturplan (WBS) definieren und zuordnen (vgl. dazu Abschn. 5.3.1).

5.2.3.2 Stakeholder- und Anforderungsanalyse
Die Akzeptanz eines Projekts ist sehr wichtig für dessen Erfolg. Zum einen ist es natürlich von Bedeutung, den Kunden und seine Anforderungen an das Projekt zu kennen. Zum anderen gibt es aber auch viele andere Beteiligte, die auf irgendeine Art und Weise

5.2 Projektvorbereitung und Projektstart

von dem Projekt betroffen sein können (Stakeholder). Aus diesem Grund ist es wichtig, eine Stakeholderanalyse durchzuführen, um die unterschiedlichen Stakeholder, ihre Interessen und Möglichkeiten der Einflussnahme zu identifizieren. Neben den explizit formulierten Anforderungen gibt es auch implizite (persönliche, private, interne, strategische) Interessen (hidden agenda) bei allen Stakeholdern.

Die Stakeholderanalyse gliedert sich in vier Schritte.

▶ **Stakeholderanalyse in vier Schritten:**
1. Wer sind die Stakeholder des Projekts?
2. Inwiefern sind diese Stakeholder von dem Projekt betroffen? Welche Interessen und welche Möglichkeiten der Einflussnahme haben sie?
3. Mit welchem Verhalten der Stakeholder ist zu rechnen?
4. Welche Maßnahmen können getroffen werden, um eventuelle Widerstände zu mindern und potenzielle Unterstützer zu aktivieren?

5.2.4 Risikomanagement

Projekte sind stets risikobehaftet. Ihr Erfolg kann nicht garantiert werden. Daher ist es wichtig, bereits zu Beginn mögliche Risiken zu identifizieren und sich trotz aller Euphorie zu fragen, was alles schiefgehen könnte.

▶ **Risiko** „Ein Risiko ist ein potentielles künftiges Problem, das noch nicht eingetreten ist" [7, S. 49].

„Kennzeichnung der Eventualität, dass mit einer (ggf. niedrigen, ggf. auch unbekannten) Wahrscheinlichkeit ein (ggf. hoher, ggf. in seinem Ausmaß unbekannter) Schaden bei einer (wirtschaftlichen) Entscheidung eintreten oder ein erwarteter Vorteil ausbleiben kann" (Gabler Wirtschaftslexikon [4]).

▶ Der Risikomanagementprozess (Abb. 5.3) besteht aus der Risikoidentifikation, der Risikoanalyse, der Risikobewältigung und der Risikokontrolle. Er beginnt mit Projektstart und wird die gesamte Projektlaufzeit über betrieben.

Zunächst gilt es, mögliche Risiken wie z. B. das Überschreiten des Liefertermins zu identifizieren. Erfahrungen aus anderen Projekten und Kreativmethoden wie Brainstorming sind hier hilfreich. Vor allem können im Projekt die Ecken des Projektdreiecks und deren Beziehungen betroffen sein. Also ein Risiko die Ressourcen betreffend (finanziell), die Zeit bzw. Termine betreffend und ganz allgemein das Projektziel betreffend.

Anschließend sollte mit dem gesamten Team eingeschätzt werden, wie wahrscheinlich es ist, dass das Risiko eintritt und welche (negativen) Auswirkungen mit diesem Eintritt verbunden sein könnten. Dazu können beispielsweise Punkte vergeben werden von 1

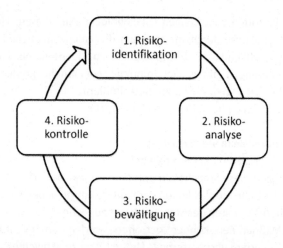

Abb. 5.3 Risikomanagement

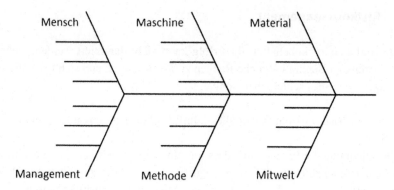

Abb. 5.4 Fischgräten-Diagramm

(gering), 2 (eher gering) über 3 (mittel), 4 (eher hoch) bis 5 (sehr hoch). Auf diese Weise lässt sich auch grafisch leichter darstellen, auf welche Risiken sich besonders konzentriert werden sollte – nämlich die mit hoher Eintrittswahrscheinlichkeit und großen negativen Auswirkungen (4 bis 5). Fällt die Einschätzung von Risiken schwer, kann auch eine Machbarkeitsanalyse (feasibility study) durchgeführt werden, eine Übersicht hierzu gibt es in Abschn. 6.1.2. Mit dieser Struktur können verschiedene Aspekte der Realisierung abgeprüft werden. Neben dieser Einschätzung ist es wichtig, mögliche Ursachen der einzelnen Risiken zu bestimmen. Hierbei ist Ishikawas Ursache-Wirkungs-Diagramm (auch Fischgrätendiagramm genannt) mit den „6 M" sehr nützlich (Abb. 5.4):

- Mensch (Team, Kommunikation, Kultur)
- Maschine (Technik)
- Methoden (Techniken, Tools)

- Mitwelt (externe Einflüsse, Stakeholder)
- Material (Objekt)
- Management (Organisation)

Die Ergebnisse dieser Analyse bilden die Grundlage für den dritten Schritt: Risikobewältigung durch die Entwicklung von Maßnahmen. Maßnahmen, die die Eintrittswahrscheinlichkeit herabsetzen und Maßnahmen, die negativen Auswirkungen bei Risikoeintritt entgegenwirken.

Da dennoch während der Projektdurchführung neue nicht erkannte Risiken auftreten können, sollten die ersten drei Schritte des Risikomanagements die gesamte Projektdauer regelmäßig wiederholt werden – insbesondere bei längerer Projektlaufzeit.

5.2.5 Projektkommunikation

Auch die Kommunikation im Projekt muss geplant werden. Wer erhält Informationen, wer gibt welche weiter? Je mehr Personen an einem Projekt beteiligt sind, desto komplexer ist die zu organisierende Kommunikation. Zum einen muss die interne Kommunikation geplant werden. Wie soll vor allem das Reporting erfolgen soll: Wann sollen z. B. Zwischenberichte zum Bearbeitungsstand abgegeben werden? Wann soll über Schwierigkeiten berichtet werden? Regelmäßige Projektteamsitzungen zu Beginn oder am Ende der Woche eignen sich dazu besonders gut. Zum anderen müssen auch für die externe Kommunikation mit Auftraggebern und Lenkungsausschuss die Art und Weise sowie Termine der Berichterstattung festgelegt werden. Hier kann man sich auch an den gesetzten Meilensteinen orientieren. Auch an die Projektdokumentation sollte bereits während der Vorbereitungsphase gedacht werden. Wer liefert welchen Beitrag in welcher Form wo ab?

5.2.6 Das Kick-off-Meeting: der offizielle Start

Die Projektstart- oder Vorbereitungsphase endet mit dem Kick-off-Meeting, dem offiziellen Projektstart. Dazu werden alle Projektmitarbeiter und Stakeholder eingeladen. Eine mögliche Agenda für ein solches Meeting könnte wie folgt aussehen:

1. Vorstellung der Teilnehmer
2. Präsentation der Projektziele
3. Projektplanung und -organisation
4. Kommunikationsregeln
5. Planung der nächsten Schritte

5.3 Projektplanung

Bisher wurde in der Projektstart-Phase die erste Grobplanung durchgeführt. Nun geht es um die Detailplanung des Projekts, welche den Kern des Projektmanagements ausmacht und die Basis für die Projektabwicklung bildet. Die Aufgaben der Projektplanung lassen sich in fünf Schritte gliedern, die in der folgenden Tabelle (Tab. 5.1) dargestellt sind. Die für die Planung häufig notwendigen Schätzmethoden sind am Ende des Kapitels ergänzt. Allgemein nimmt der Planungsaufwand mit Größe, Komplexität und Neuigkeitsgrad des Projekts zu.

5.3.1 Arbeitsstrukturplan und Arbeitspakete

▶ **Arbeitsstrukturplan (WBS)** Der Arbeitsstrukturplan (engl.: Work Breakdown Structure, WBS) gliedert sämtliche zur Erreichung des Projektziels notwendigen Schritte hierarchisch in Arbeitspakete.

Der Arbeitsstrukturplan zeigt die zu leistende Arbeit in Form von hierarchisch geordneten Arbeitspaketen. Dieser bildet die Grundlage für den weiteren Planungsprozess. Er wird im Allgemeinen wie in Abb. 5.5 grafisch mittels einer hierarchischen Kästchenstruktur wie bei einem Organigramm dargestellt.

Der WBS stellt noch keine zeitliche Abfolge der Arbeitsschritte dar, sondern lediglich eine inhaltliche Zergliederung der Gesamtaufgabe. Dabei sollten die Arbeitspakete auf der niedrigsten Ebene jeweils einem Verantwortlichen zugeordnet werden können.

Der WBS bildet die Grundlage für alle weiteren Planungsschritte. Diese Gliederung ist wichtig für die

Tab. 5.1 Projektplanung in fünf Schritten. (Nach [7, S. 62])

1. Arbeitsstrukturplan (WBS)	Das Gesamtpaket in Teilprojekte und Arbeitspakete gliedern
2. Projektablaufplan	Die Arbeitspakete in eine zeitlich-logische Reihenfolge bringen, Arbeitspakete definieren
3. Zeit- und Terminplan	Den Zeitbedarf für die einzelnen Arbeitspakete schätzen und die voraussichtliche Projektlaufzeit ermitteln. Techniken: a) Liste mit Zeitangaben b) Balkendiagramm c) Netzplan
4. Ressourcen und Kapazitätsplanung	Ressourcenbedarf schätzen oder ermitteln und mit vorhandenen Kapazitäten abgleichen
5. Kostenplanung	Geschätzten Ressourcenbedarf mit Preisen/Verrechnungssätzen bewerten und die Gesamtkosten ermitteln

5.3 Projektplanung

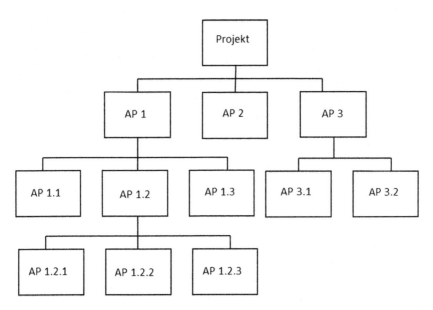

Abb. 5.5 Arbeitsstrukturplan

- Ressourcenplanung
- Zuordnung von Verantwortung
- Vergabe von Aufträgen
- Aufstellung der Zeit- und Terminpläne
- Planung und Kontrolle

▶ **Arbeitspaket (AP)** ist der „Teil des Projekts, der im Projektstrukturplan nicht weiter aufgegliedert ist und auf einer beliebigen Gliederungsebene liegen kann" (DIN 69901).

Wie detailliert sollten Arbeitspakete sein? Weder zu gering, noch zu stark. Denn bei sehr großen APs lassen sich Abweichungen schlecht erkennen und bei zu kleinen APs ergibt sich ein deutlich höherer Planungsaufwand. Häufig kommt es vor, dass APs auch im Projektverlauf noch weiter aufgeteilt werden. Wichtig ist es, für jedes AP klar zu formulieren: Ziel/Ergebnis, Tätigkeiten, Kosten, Dauer, benötigte Ressourcen, Verantwortlicher, etc. Tab. 5.2 kann dabei helfen.

An dieser Stelle ist ein weiterer wichtiger Begriff zu nennen: der Vorgang. Hier ist sich die Literatur nicht ganz einig. Zum einen können Arbeitspakete aus mehreren Vorgängen bestehen, zum anderen können mehrerer Arbeitspakete einen Vorgang bilden. Einmal liegen die Vorgänge also in der übergeordneten Ebene, einmal darunter. Hier wird der Einfachheit halber allgemein von Arbeitspaketen gesprochen, die auch in weitere Arbeitspakete untergliedert werden dürfen.

Tab. 5.2 Exemplarischer Arbeitsstrukturplan Event (Auszug)

AP-Nr	AP-Name	Ziel/Ergebnis, Kosten, Dauer, Verantwortliche …
1	Ziel und Teilnehmer festlegen	
1.1	Festlegung Eventstrategie	
1.2	Auswahl und Einladung Gäste	
1.2.1	Auswahl und Einladung VIP	
1.2.2	Werbung	
…	…	
3.4.3.	Anreise	
3.4.4	Catering	

▶ Der Arbeitsstrukturplan ist die wichtigste Basis für die Planung eines Projekts.

▶ **Arbeitsstrukturpläne im Projektlernen** Um eine Vergleichbarkeit sicherzustellen, sollten die Arbeitsstrukturpläne folgende feste APs haben:
- Management
  - Projektmanagement: Planung, Controlling, Abschluss
  - Kommunikation
  - Qualitätsmanagement: Anforderungsverfolgung, Qualitätssicherung
- Grundlagen/Informationsbeschaffung
  - Literaturrecherche (Bibliothek, Internet)
  - Vorprojekte
- Ergebnissicherung (DPPD)
  - Dokumentation (Erstellung, Zusammenstellung)
  - Präsentationen (Erstellung, Durchführung)
  - Publikation: Presse, Poster, Öffentlichkeitsarbeit
  - Deliverables (Zusammenstellen und Übergabe)

Für das Projektlernen im Rahmen von Lehrveranstaltungen gibt es die neben den oben genannten unabdingbaren Arbeitspaketen die „eigentliche Arbeit", die je nach Projektart (Abschn. 3.3) und Zielsetzung variiert. Als Hilfe kann den Studierenden ein Muster (Abb. 5.6) vorgegeben werden.

Arbeitsstrukturpläne im forschenden Lernen

Ein Projekt im forschenden Lernen muss zumindest die folgenden Arbeitspakete beinhalten (ablauforientiert)

1. Management und Organisation, Projektmanagement
2. Anforderungsanalyse und Stakeholdermanagement
3. Erarbeitung von Forschungsfrage und Forschungsansatz

5.3 Projektplanung

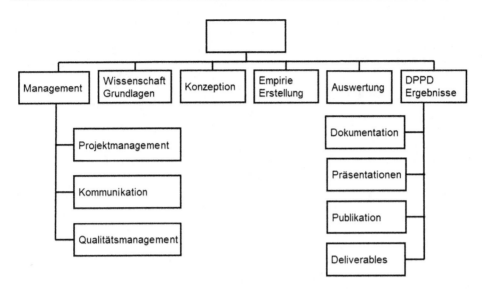

Abb. 5.6 Exemplarischer Rahmen-Arbeitsstrukturplan für vorlesungsbegleitende Projekte

4. Literaturrecherche und Aufbereitung (Modellierung)
5. Bearbeitung der Fragestellung und der Projektaufgabe (Hauptpaket)
6. Dokumentation und Publikation

5.3.2 Ablaufplanung

Nachdem mit dem Arbeitsstrukturplan erfasst wurde, welche Arbeitspakete durchzuführen sind, dient die Ablaufplanung der Ermittlung der zeitlichen Reihenfolge, in welcher die einzelnen Arbeitspakete durchzuführen sind. Die zentrale Frage lautet: Wer macht wann was? Welche Vorgänge oder Arbeitspakete müssen nacheinander durchgeführt werden, welche können parallel bearbeitet werden. Diese grundsätzlichen Überlegungen sind auch die Basis für die Erstellung von Netzplänen.

- Bildet ein AP die Voraussetzung für ein folgendes AP und muss daher abgeschlossen sein, bevor mit dem nächsten begonnen werden kann? Gibt es andere zeitliche Zusammenhänge?
- Können Arbeitspakete von der Bearbeitungslogik her parallel bearbeitet werden? Wenn ja ist die Frage zu klären, ob es personelle oder materielle (z. B. Räume, Maschinen) Einschränkungen für die gleichzeitige Bearbeitung gibt.

Die Reihenfolge kann wie in Abb. 5.7 dargestellt grafisch veranschaulicht werden.

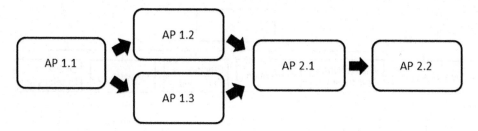

Abb. 5.7 Ablaufplanung

▶ In der Ablaufplanung wird die Reihenfolge der zu bearbeitenden Arbeitspakete ermittelt.

5.3.3 Zeit- und Terminplanung

Im Anschluss an die Ablaufplanung muss die Dauer der einzelnen Arbeitspakete geschätzt werden. So können Termine und die gesamte Projektdauer bestimmt werden. Dadurch werden aus den einzelnen Arbeitspaketen Vorgänge im Sinne der Netzplantechnik.

Dazu bieten sich je nach Projektumfang unterschiedliche Methoden an. Bei wenigen APs kann der Zeitaufwand einfach in Tagen geschätzt und in einer Tabelle wie in Tab. 5.2 aufgelistet werden. Dabei ist es hilfreich, zuvor die Arbeitstage durchzunummerieren, um keine Wochenenden und Feiertage einrechnen zu müssen.

Eine bessere Übersicht bietet bei ebenfalls wenigen APs die Erstellung eines Balkendiagramms oder Gantt-Diagramms, das in Abb. 5.8 dargestellt wird.

Gantt-Diagramm
Eine grafische Darstellung des Ablaufs ist das Gantt-Diagramm. Dort werden die Vorgänge durch Balken entsprechender Länge dargestellt und terminiert (d. h. auf einen bestimmten Termin festgelegt). Die Nachfolgerrelation wird durch Pfeile dargestellt. Meilensteine sind im Allgemeinen. Beginn und/oder Anfang von Vorgängen.

Meilenstein -Termine
Wichtig für die Zeit- und Terminplanung ist die Definition von Meilensteinen. Bei kleineren Projekten lässt sich die Zeitplanung mit Meilensteinen durchführen, die zumindest zum Ende einer jeden Projektphase gesetzt werden (Tab. 5.3).

▶ Ein Meilenstein ist „ein Ereignis besonderer Bedeutung" (DIN 69900). Er ist ein klar definiertes Teilergebnis, das zu einem bestimmten Termin erreicht sein muss.

5.3 Projektplanung

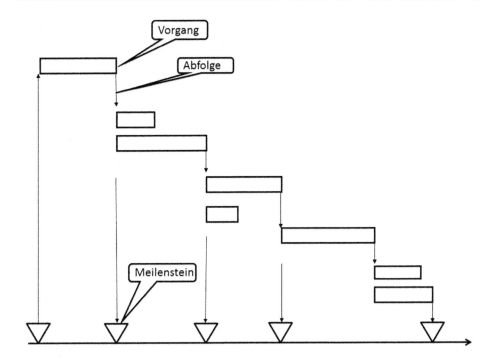

Abb. 5.8 Balkendiagramm

Tab. 5.3 Berechnungsbeispiel Meilensteine

Meilenstein	Termin	Phase	Dauer
Projektstart	04.01.	Anforderungsanalyse	4 Wochen
Festlegung der Anforderungen	01.02.	Spezifikation	2 Monate
Festlegung der Spezifikation	01.04.	Implementierung	3 Monate
Produkt liegt vor	01.07.	Test	2 Monate
Abnahme	01.09.		

Für umfangreichere Projekte eignet sich die Netzplantechnik, die jedoch auch mit einem größeren Aufwand einhergeht. Die Vorteile liegen in der übersichtlichen Darstellung von Abhängigkeiten zwischen den APs, dem vorzeitigen Erkennen von Terminverschiebungen sowie der Erweiterungsmöglichkeit um den Faktor Kosten. Außerdem kann der Netzplan auch zur Projektüberwachung und -steuerung genutzt werden.

Netzplantechnik

▶ **Netzplantechnik** umfasst „alle Verfahren zur Analyse, Beschreibung, Planung, Steuerung, Überwachung von Abläufen auf der Grundlage der Graphentheorie, wobei Zeit, Kosten, Einsatzmittel und weitere Einflussgrößen berücksichtigt werden können" (DIN 69900).

Es gibt verschiedene Arten von Netzplänen, da man entweder die Vorgänge (Prozesse, Transformationen, Arbeitspakete) mit ihrer Dauer oder die Ereignisse (Meilensteine, Übergänge) mit ihren Terminen als Ausgangspunkt der Analyse wählen und diese entweder als Knoten (flächig) oder als Pfeile (linear) darstellen kann. Die ersten Netzpläne basierten auf Vorgangspfeilnetzwerken und Ereignisknotennetzwerken, da hier eine Analogie zur Landkarte (Vorgang = Fahrt = Straße = Linie, Ereignis = Ort = Punkt bzw. Fläche) vorliegt.

Der heute verbreitete Vorgangsknotennetzplan stellt die einzelnen Vorgänge (Tätigkeiten, Prozesse, Arbeitspakete) als flächigen Knoten bzw. als Kasten und die Anordnungsbeziehungen (Zusammenhänge) als Pfeile dar, wie in Abb. 5.10. Die Reihenfolge der Bearbeitung der Arbeitspakete wird durch die Pfeile deutlich. Die Pfeile symbolisieren gleichzeitig die Übergänge.

Sollen Ereignisse (Meilensteine) explizit berücksichtigt werden, müssen diese als Vorgänge ohne Zeitbedarf (Dauer = 0) eingefügt werden. Auf die Möglichkeit, in bipartiten Graphen sowohl Vorgänge (Prozesse) als auch Ereignisse als Knotentypen zu modellieren und dann diese mit Pfeilen zu verbinden, sei hier hingewiesen, da diese für die Prozessmodellierung (EPK = Ereignis-Prozess-Kette, Petri-Netze) eine wichtige Rolle spielt.

In den flächigen Knoten (Kästen) können die für den Vorgang relevanten Informationen eingetragen werden. Neben den Vorgangsnamen und der Dauer werden sowohl die frühesten als auch die spätesten Anfangs- und Endzeitpunkte angegeben. Diese und die Pufferzeiten werden anhand der Methoden der Netzplantechnik (z. B. [4]) berechnet und können mit einer festzulegenden standardisierten Aufteilung im Knoten (Abb. 5.9) dargestellt werden. Mit Projektmanagement-Software können Vorgangsknotennetzpläne erstellt und berechnet werden.

Damit ergibt sich eine grafische Darstellung des Netzplans (Abb. 5.10). Die gestrichelten Pfeile in der Abbildung markieren den kritischen Pfad. Arbeitspakete, die auf diesem Pfad liegen, können nicht verschoben werden, ohne dass sich dabei der Projektendtermin ändert. Früheste und späteste zeitliche Lage sind daher identisch. Arbeitspaket drei kann in diesem Beispiel parallel zu den APs zwei und vier bearbeitet werden.

Abb. 5.9 Aufbau Vorgangsknoten

FAZ: Frühester Anfangszeitpunkt	Puffer	FEZ: Frühester Endzeitpunkt
Nr.	AP/Tätigkeit	
SAZ: Spätester Anfangszeitpunkt	Dauer	SEZ: Spätester Endzeitpunkt

5.3 Projektplanung

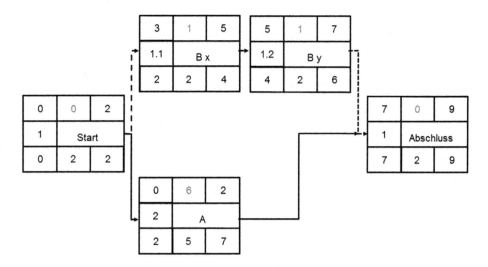

Abb. 5.10 Beispiel für einen Netzplan

5.3.4 Ressourcenplanung

▶ Ressourcen sind all das, was benötigt wird, um das Projekt durchzuführen.

In der DIN-Norm 69902 werden Ressourcen als Einsatzmittel bezeichnet.

▶ **Einsatzmittel** „Personal und Sachmittel, die zur Durchführung von Vorgängen, Arbeitspaketen oder Projekten benötigt werden. Einsatzmittel können wiederholt oder nur einmal einsetzbar sein. Sie können in Wert- oder Mengeneinheiten beschrieben und für einen Zeitpunkt oder Zeitraum disponiert werden" (DIN 69902).

Die Aufgaben der Ressourcenplanung:

- **Ermittlung des Bedarfs:**
  Welche Ressourcen werden benötigt? In welcher Menge und in welcher Qualität?
- **Ermittlung verfügbarer Kapazitäten:**
  Welche Kapazitäten sind im geplanten Zeitraum verfügbar?
- **Ermittlung von Engpässen:**
  Bei welchen Ressourcen könnten Engpässe auftreten?
- **Optimierung:**
  Der Ressourceneinsatz sollte stets optimiert werden – meist mit dem Ziel minimaler Kosten. Grundsätzlich orientiert sich die Optimierung aber an der Komponente des „magischen Projektdreiecks", an der damit festgelegten Priorität.

Ressourcen lassen sich in der Regel den folgenden Hauptgruppen zuordnen: Personal, Betriebsmittel, Material/Sachmittel und sonstige Leistungen wie Geschäftsreisen.

Personalbedarf planen
Mitarbeiter sind in den meisten Projekten die wichtigste und kostenintensivste Ressource.

Zunächst ist einzuschätzen, wie viele Arbeitstage ein AP benötigt. Dann ist zu überlegen, ob diese auf einen oder mehrere Mitarbeiter aufzuteilen sind – denn bearbeiten beispielsweise zwei Mitarbeiter ein AP, so ist es theoretisch doppelt so schnell erledigt. Projekte können allerdings nicht beliebig beschleunigt werden, und manche Aufgaben können nur von einer Person oder nur von einer Gruppe bearbeitet werden. Daneben sind Qualifikation, Kapazität (zeitliche Verfügbarkeit) und Motivation der Mitarbeiter zu berücksichtigen, da diese die Schnelligkeit und Qualität der durchgeführten Aufgabe beeinflussen.

Betriebs- und Sachmittel planen
Welche Betriebs- und Sachmittel werden für welches AP benötigt? Betriebsmittel wie Computer, Räume oder Maschinen nutzen sich durch ihren Einsatz ab. Material- und Sachmittel wie Papier oder Baustoffe werden komplett verbraucht. Weitere Ressourcen, die sich keiner Kategorie zuordnen lassen wie Geschäftsreisen oder Bewirtungen werden unter „Sonstiges" zusammengefasst.

5.3.5 Kostenplanung

Die Kostenplanung bildet zum einen eine wichtige Entscheidungsgrundlage für die Projektdurchführung und zum anderen die Grundlage für das spätere Projekt- bzw. Kostencontrolling. Wirtschaftlichkeitsrechnung bei internen sowie Angebots- und Rechnungserstellung bei externen Projekten basieren auf der Kostenplanung.

Voraussetzung für die Kostenplanung ist die Ressourcenplanung. Dabei werden die einzelnen Ressourcen oder Einsatzmittel mit Preisen bewertet und nach ihrem zeitlichen Anfall geschätzt (vgl. dazu Tab. 5.4). Also Kosten für Personal, Betriebs- und Sachmittel und Sonstiges. Daneben fallen auch Gemeinkosten wie Wasser, Strom oder Telefon an. Zusätzlich kann auch ein Risikopuffer eingeplant werden.

Die ermittelten oder geschätzten Kosten werden idealerweise den jeweiligen APs zugeordnet, was auch ein besseres Kostencontrolling im Anschluss ermöglicht. Nun lassen sich auch die gesamten Projektkosten ermitteln.

$$\text{Kosten} = \text{Ressourcenmenge} \times \text{Preis bzw. Kostensatz}$$

Der Preis kann je nach Ressourcenart ein Personalstundensatz, Maschinenstundensatz, Raummiete, Sachkostensatz oder Ähnliches sein. Die Kostensätze werden üblicherweise aus dem betriebsinternen Rechnungswesen übernommen.

Tab. 5.4 Beispiel Kostenplan nach zeitlichem Anfall. (Eigene Darstellung nach [7, S. 87])

Kostenart	1. Quartal	2. Quartal	3. Quartal	4. Quartal	Gesamt
	In 1000 €				
Personal	20	35	55	25	135
Betriebsmittel	15	10	30	0	55
Material	0	90	60	45	195
Sonstiges	0	30	10	20	60
Gemeinkosten	2	18	5	8	33
Summe	37	183	160	98	**478**
Gewinnzuschlag					50
Angebotspreis					**528**

Beispiel

3MT (Mitarbeitertage) × 50 €/h = 24 Mitarbeiterstunden × 50 €/h = 1200 €

Für die Bestimmung des Angebotspreises bei externen Projekten kann noch ein Gewinnzuschlag von ca. 10 % zu den gesamten Projektkosten addiert werden (vgl. Tab. 5.4).

Im studentischen Projekt ist die Kostenplanung meist untergeordnet, da Personalkosten nicht verrechnet werden. Die Rechnungseinheit ist hier im Allgemeinen die Personenstunde. Die Personenstunde kann einerseits in fiktive Kosten umgerechnet werden, andererseits ist sie die Basis für die Berechnung des studentischen Workloads.

Finanz- und Budgetplanung

Insbesondere bei größeren Projekten empfiehlt sich eine zusätzliche Finanzplanung. Die Finanzplanung ermittelt zum einen den gesamten Finanzbedarf (das Budget) und zum anderen den temporären Finanzbedarf, indem sie die Differenz der Einzahlungen und erwarteten Auszahlungen pro Zeiteinheit ermittelt. Denn häufig erfolgt die Bezahlung erst bei Projektübergabe und somit nach Abschluss. Die eigenen Vorschusszahlungen müssen daher mit der Finanzabteilung abgeklärt werden. Bei kleineren Projekten können die anfallenden Kosten meist vom laufenden Konto bezahlt werden.

5.3.6 Schätzmethoden

Während der Projektplanung müssen Zeitdauer, Kosten und der Ressourcenbedarf geschätzt werden. In der Praxis werden diese Größen aus unterschiedlichen Gründen häufig falsch geschätzt. Dadurch werden Projekte wie z. B. der Berliner Flughafen oft teurer und dauern länger als geplant.

Dem kann durch die Anwendung geeigneter Schätzmethoden vorgebeugt und die Qualität der Schätzung so verbessert werden. Nachlässigkeit, die Unterschätzung von Schwierigkeiten oder die Überschätzung der eigenen Fähigkeiten sowie „geschönte Schätzungen" sind häufige Ursachen für schlechte Schätzungen und damit eine schlechte Projektplanung. Auch setzt ein hoher Neuigkeitswert des Projekts die Schätzgenauigkeit deutlich herab.

Vier Schätzmethoden im Überblick
1. **Intuitiv** auf Basis individueller Erfahrung schätzen.
   Diese Methode ist sinnvoll für eine erste Grobschätzung, um abzuwägen, ob die Größenordnung des Projekts (10.000 oder 100.000 €) passend ist. Diese Methode basiert auf den Erfahrungen der Schätzer und ist schnell und ohne großen Aufwand durchzuführen.
2. **Vergleich** mit Istwerten abgeschlossener Projekte.
   Bei der Vergleichsmethode werden Erfahrungen aus Vorgängerprojekten systematisch erfasst und ausgewertet, was die Schätzgüte im Vergleich zur intuitiven Schätzung verbessert. Dazu wird zunächst ein möglichst ähnliches abgeschlossenes und gut dokumentiertes Projekt ausgewählt. Nun gilt es die Unterschiede und deren Ausmaß zwischen den Projekten zu identifizieren und den Aufwand abzuschätzen.
3. **Kennzahlen** vergangener vergleichbarer Projekte werden herangezogen.
   In einigen Branchen (Bauindustrie, Softwareentwicklung, Luft- und Raumfahrt) stehen aus jahrelanger Erfahrung Kennzahlen zur Verfügung wie beispielsweise der Zeitaufwand in Stunden pro Quadratmeter verlegtem Fliesenboden. Mithilfe solcher Kennzahlen lässt sich der Gesamtaufwand schnell und einfach schätzen.
4. Die Aufwände werden für das **Arbeitspaket** einzeln geschätzt („Bottom-up").
   Wenn detaillierter geplant und geschätzt werden muss (etwa bei Erstellung eines Angebots), empfiehlt es sich Dauer, Ressourcenbedarf und Kosten für jedes einzelne Arbeitspaket zu berechnen. Die Aufwände für das gesamte Projekt ergeben sich somit aus der Summe der Aufwände aller Arbeitspakete. Dabei ist es wichtig, die Aufwände und die vorhandenen Ressourcen realistisch einzuschätzen. Basis der Kostenschätzung ist das Produkt aus Zeit × Personal, also der „Mann-Monat", Personen-Tag (PT) oder Personen-Stunde (PS). Daneben ist es sinnvoll, Aufwände und Ressourcen mit dem gleichen Maßstab zu messen, also entweder Arbeitstage oder Stunden zu verwenden. Eine Schätzung mit Stunden verführt leicht dazu, die Netto-Arbeitszeit (produktive Arbeitszeit) aufzuaddieren und „Ressourcenfresser" zu vergessen. Die Schätzung in Tagen verführt dazu, kleine Arbeiten zu überschätzen. Diese Methode ist relativ zeitaufwendig, hat aber eine gute Schätzqualität.

Außerdem ist zwischen **Einzel- und Gruppenschätzung** zu unterscheiden. Die Einzelschätzung durch den Projektleiter ist immer noch gängige Praxis in vielen Unternehmen, kann diesen aber leicht überfordern. Meist ist es sinnvoller, Mitarbeiter und Kollegen in den Schätzungsprozess mit einzubeziehen, da dies die Qualität der Schätzungen meist verbessert.

Dazu eignet sich beispielsweise die **Schätzklausur nach der Delphi-Methode:**
Die Teilnehmer schätzen in zwei Runden. In der ersten Runde notieren die Teilnehmer ihren Schätzwert für einen vom Moderator vorgegebenen Wert verdeckt auf Moderationskärtchen. Diese werden anschließend öffentlich aufgehängt. Nun erläutern die Schätzer des höchsten und des niedrigsten Wertes ihre Gründe, sodass in der Gruppe über bisher nicht bedachte Einflussfaktoren diskutiert werden kann. Anschließend notiert wieder jeder verdeckt einen Schätzwert (Runde 2). Diese Werte werden nun vom Moderator gemittelt.

Wichtig bei dieser Methode sind ein gut ausgearbeiteter Projektstrukturplan und klare Projektzielvorstellungen der Teilnehmer. Die Teilnehmer sollten sich zudem aus Projektmitarbeitern und weiteren erfahrenen Fachleuten zusammensetzen.

Mit dieser Methode kann ein verlässlicheres Ergebnis erzielt werden, da „Ausreißer" eliminiert werden, Fachwissen ausgetauscht und ein gemeinsames Verständnis der Projektziele und -aufgaben geschaffen werden kann.

5.4 Durchführung und Projektcontrolling

Wenn die Planungsphase abgeschlossen ist, kann die Umsetzung beginnen. Je besser die Planung durchgeführt wurde, desto weniger Arbeit fällt nun an. Doch auch bei guter Planung kann es zu nicht vorhersehbaren Störungen kommen. Der Projektfortschritt muss stetig überwacht werden (Soll-Ist-Vergleich). Dabei stehen vor allem die Parameter des magischen Projektdreiecks im Vordergrund: Ergebnis, Ressourcen, Zeit (vgl. Abschn. 5.2.1). Das Projekt wird regelmäßig dem aktuellen Informationsstand angepasst.

▶ **Projektcontrolling** Projektcontrolling beinhaltet nach DIN 69901: „Sicherung des Erreichens der Projektziele durch: Soll-Ist-Vergleich, Feststellung der Abweichungen, Bewerten der Konsequenzen und Vorschlagen von Korrekturmaßnahmen, Mitwirkung bei der Maßnahmenplanung und Kontrolle der Durchführung".

Der englische Begriff „to control" meint dabei nicht nur kontrollieren, sondern auch „steuern". Die Aufgabe des Projektcontrollings besteht daher zum einen in der Kontrolle und Überwachung und zum anderen in der Steuerung des Projekts. Es gilt, das Projekt mithilfe des Projektplans auf Kurs zu halten.

5.4.1 Aufgaben in der Durchführungsphase

▶ Zentrale Aufgaben während der Projektdurchführung sind das Planen, das Überwachen und das Steuern.

Auch wenn allen Projektmitarbeitern die Projektplanung bekannt sein sollte, muss der Projektleiter dafür sorgen, dass die Arbeitspakete planmäßig starten und die benötigten Ressourcen rechtzeitig bereitstehen. Auch gilt es Störungen (beispielsweise der Ausfall eines Mitarbeiters oder einer Maschine) möglichst frühzeitig zu erkennen, indem regelmäßig der geplante Sollzustand mit dem Istzustand verglichen wird. Tritt ein unerwartetes Ereignis ein, müssen möglichst schnell Korrekturmaßnahmen ergriffen werden, insbesondere dann, wenn Arbeitspakete des kritischen Pfades betroffen sind.

Damit der Projektleiter schnell agieren kann, ist er natürlich auf ein gut funktionierendes Informationssystem angewiesen, das wahre, vollständige und zeitnahe Informationen liefert. Die Datenbeschaffung sollte auch in hektischen Zeiten von den Mitarbeitern nicht vernachlässigt werden.

Spätestens zu Beginn der Durchführung muss mit allen Mitarbeitern das „Reporting" (Berichtswesen) besprochen werden. Zunächst einmal muss der Umfang festgelegt werden. Was soll alles überwacht werden? Nur Termine oder auch Kosten bzw. Ressourcen? Sollen die Tätigkeitsverantwortlichen die Informationen liefern (Bringschuld) oder besorgt sich der für die Überwachung Zuständige die Informationen selbst (Holschuld)? Das erste Prinzip der Bringschuld ist dabei meist kostengünstiger. Auf alle Fälle sollte die Erfassung der Istwerte einheitlich sein sowie das Verfahren zur Erfassung festgelegt und an alle vermittelt werden.

▶ Jeder Mitarbeiter muss wissen, wem er wann was auf welche Art berichten muss.

Projektcontrolling verursacht Kosten. Wenngleich es viele Vorteile mit sich bringt, gilt es, das richtige Maß von Aufwand und Nutzen abzuwägen.

Das Projektcontrolling muss auch nicht zwangsweise vom Projektleiter übernommen werden, da insbesondere bei größeren Projekten der Arbeitsaufwand weit überschritten würde. So kann das Controlling auch von einem Projektmitarbeiter oder der Controllingabteilung des Betriebs übernommen werden. Es bietet sich aber an, dass der Projektleiter diese Aufgabe übernimmt, um so jederzeit auch einen guten Überblick über den Projektstand zu haben.

In welchen Zeitabständen Projektbesprechungen nötig sind, muss ebenso abgewogen werden. Bei längeren Projektlaufzeiten genügen häufig monatliche Intervalle, bei kürzeren wöchentliche oder alle 14-tägige. In kritischen Phasen können auch tägliche Treffen nötig sein. Daneben können die Meetings auch (zusätzlich) stichtagsbezogen abgehalten werden, beispielsweise. nach jedem erreichten Meilenstein. Bei besonderen Vorkommnissen sollte jedoch nicht erst bis zum nächsten Meeting gewartet werden.

5.4 Durchführung und Projektcontrolling

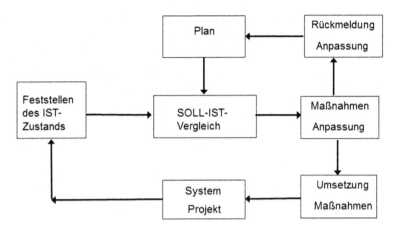

Abb. 5.11 Regelkreise im Projektcontrolling

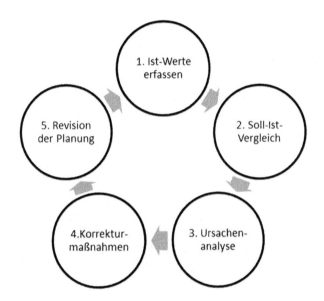

Abb. 5.12 Projekt-Controlling-Zyklus

5.4.2 Der Zyklus des Projektcontrollings

In Ergänzung zum klassischen Controlling, das eine Anpassung des Ist- an den Sollwert beinhaltet, muss im Projektmanagement das Projektdreieck mitberücksichtigt werden. Eine Anpassung eines der drei Parameter Qualität, Ressourcen und Termine ist zwar möglich (Abb. 5.11), aber häufig muss das gesamte Projektdreieck angepasst werden [2].

Das Projektcontrolling umfasst fünf Schritte (siehe Abb. 5.12), die regelmäßig durchlaufen werden.

Dabei stellt der **erste Schritt** die Erfassung des Istzustandes zum jeweils festgelegten Termin dar. Dieser wird in einem **zweiten Schritt** mit den Soll-Werten des Arbeitsstrukturplans verglichen. Mithilfe einer tabellarischen Übersicht kann auch gleich die Abweichung berechnet werden. Im **dritten Schritt** wird nach möglichen Ursachen für diese Abweichungen gesucht und überlegt, welche Korrekturmaßnahmen Abhilfe schaffen könnten. Der **vierte Schritt** beinhaltet die Einleitung und Umsetzung der Korrekturmaßnahmen. Gegebenenfalls muss dann in einem **fünften Schritt** die Planung revidiert und an die neuen Umstände (mit neuen Sollwerten) angeglichen werden. Damit schließt sich der Kreis, und der neue aktuelle Istzustand wird erfasst.

Der Zeitraum, die vom Auftreten einer Abweichung bis zum Wirksamwerden der Korrekturmaßnahmen vergeht, wird als „time-lags" bezeichnet. Diese Zeitspanne kann durch Informationsverzögerung (Mitarbeiter melden zu spät), Entscheidungsverzögerung (ungeklärte Entscheidungskompetenzen) und Aktivierungsverzögerungen (Maßnahmen brauchen Zeit, bis sie wirksam werden) zustande kommen und sollte so kurz wie möglich gehalten werden.

5.4.3 Kontrolle von Terminen, Kosten und Leistung

▶ Termine, Kosten und Leistung müssen immer gleichzeitig erfasst und wie im magischen Projektdreieck miteinander in Verbindung gesetzt werden.

Terminkontrolle
Die Hauptaufgabe der Terminkontrolle besteht darin, zu überwachen und zu überprüfen, ob alle Arbeitspakete rechtzeitig begonnen und planmäßig fertig gestellt werden. Bei Verzögerungen ist insbesondere darauf zu achten, ob die Verzögerung noch im Pufferbereich liegt, oder der rechtzeitige Projektabschluss dadurch gefährdet wird.

Für die Terminkontrolle können die in der Zeit- und Terminplanung (Abschn. 5.3.3) verwendeten Methoden weiter genutzt werden, also das Balken- bzw. Gantt-Diagramm, der Meilensteinplan oder der Netzplan. Häufig kommt auch eine spezielle PM-Software zum Einsatz.

Beim **Balkendiagramm** kann einfach ein weiterer Balken in einer anderen Farbe ober- oder unterhalb des jeweiligen Planbalkens eingefügt werden. Dieser markiert den tatsächlichen Beginn und Ende des Arbeitspakets. So wird auf einen Blick erkennbar, ob es bei anschließenden Vorgängen zu Verzögerungen kommt.

Auch der **Netzplan** bietet eine einfache visuelle Darstellung der Terminüberwachung. Begonnene Arbeitspakete werden mit einer Diagonale von links unten nach rechts oben durchgestrichen. Ist das Paket beendet, wird eine zweite Diagonale von links oben nach rechts unten hinzugefügt (Kreuz).

Eine dritte Methode stellt die **Meilenstein-Trendanalyse** (MsTA) dar (vgl. dazu Abb. 5.13).

5.4 Durchführung und Projektcontrolling

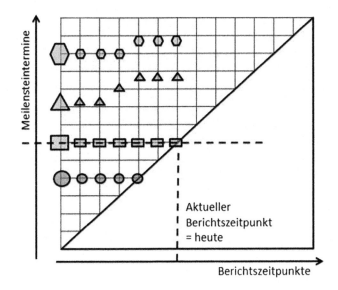

Abb. 5.13 Meilenstein-Trendanalyse

Der Status und die Termine der Meilensteine, die in der Projektplanung als konkrete (Zwischen-) Ergebnisse definiert wurden, werden regelmäßig z. B. in Form von Meetings überwacht. Kommt es zu einer Terminverschiebung wird diese in die MsTA eingetragen, wenn nicht, wird der alte Termin beibehalten. Auf diese Weise ergibt sich ein Trend für die Erreichung jedes Meilensteins. Steigt der Kurs, so kommt es zu einer Verzögerung; fällt er, so kann der Meilenstein früher als geplant abgeschlossen werden; und wenn der Kurs waagerecht verläuft, läuft alles nach Plan.

Kostenkontrolle

Mit der Kostenkontrolle sollen die im Projekt verursachten Kosten im Blick gehalten werden. Aufgabe der Kostenkontrolle ist es, die aktuellen Ist-Kosten zu erfassen. Dazu gehören sämtliche Ressourcen, also vor allem Personalkosten, Material- und Betriebsmittelkosten und sonstige Kosten. Das fällt etwas leichter, wenn bereits in der Planungsphase jedem Arbeitspaket auch die Kosten zugewiesen worden sind. In der Praxis ist es allerdings oft schwierig, die Kosten von noch laufenden Arbeitspaketen zu ermitteln oder überhaupt konkrete Kosten den Arbeitspaketen zuzuweisen.

Die Rückmeldung der AP-Verantwortlichen sollte dabei folgende Aspekte umfassen:

- Begonnene Arbeitspakete und getätigte Bestellungen/Beauftragung
- Abarbeitungsgrad von Arbeitspaketen (prozentualer Projektfortschritt)
- Angefallener Personalaufwand und Sachkosten pro Arbeitspaket.

Die Personalkosten werden üblicherweise in Form von Stundensätzen bestimmt. Der Arbeitsaufwand wird dabei von den Mitarbeitern in Stundenzetteln festgehalten. Gemeinkosten können separat aufgeführt oder zu diesen Stundensätzen dazu gerechnet werden.

Bei der Erfassung der Materialkosten ist zwischen Lager- und Liefermaterial zu unterscheiden, da die Bezahlung bei Liefermaterialien meist deutlich später erfolgt als die Verwendung der Materialien. Differenzen können sich hier durch schwankende Lieferantenpreise oder Mengenänderungen ergeben.

Nach einem Soll-Ist-Vergleich der Kosten kann eine **Kostentrendanalyse** durchgeführt werden, um die zu erwartenden Projektgesamtkosten zu schätzen. Analog zur Meilensteintrendanalyse werden auf der Zeitachse (x-Achse) die Berichtszeitpunkte aufgetragen und auf der y-Achse die geschätzten Gesamtkosten (pro Meilenstein oder Monat). Der Kostenstand allein ist allerdings noch nicht sehr aussagekräftig, da er auf den aktuellen Leistungsstand bezogen werden muss.

Leistungskontrolle
Der Leistungsstand oder Projektfortschritt muss mit den bisher verursachten Kosten in Bezug gesetzt werden. Dazu eignet sich die Leistungswertanalyse (**Earned Value Analyse – EVA**)**,** mit der sich der Projektfortschritt messen und interpretieren lässt. Zu einem geplanten Stichtag werden die geplanten und realisierten Istwerte von Leistung und Kosten miteinander verglichen.

- Welche Leistungen sind in welcher Menge und in welcher Qualität erbracht worden?
- Welche Kosten sind bisher für dies erbrachten Leistungen angefallen?

Dazu müssen die Fertigstellungsgrade der einzelnen APs wie auch des Gesamtprojekts ermittelt werden. Die ganz oder teilweise fertiggestellten Arbeitspakete sind mit dem geplanten Aufwand (Arbeits- oder Leistungswert) zu gewichten, um einen Vergleich mit der Planung zu haben.

▶ **Fertigstellungsgrad (FGR)** bezeichnet das Verhältnis der zu einem Stichtag erbrachten Leistung zur Gesamtleistung eines Vorgangs, Arbeitspakets oder Projekts (in %).
   Fertigstellungswert bezeichnet die dem Fertigstellungsgrad entsprechenden (Plan-) Kosten eines Vorgangs, Arbeitspaketes oder Projekts. Zu einem bestimmten Stichtag wird der Wert der erbrachten Sach- und Dienstleistungen ermittelt (vgl. DIN 69903).

Die Leistungswertanalyse (Earned Value Analyse – EVA) vergleicht die angefallenen Kosten und die realisierten Arbeitswerte über die Zeit (Abb. 5.14).
   Die Anforderungen an die vereinbarten Ergebnisse und Leistungen können sich im Projektverlauf aber auch ändern.
   Gründe für eine Modifikation der Anforderungen oder Spezifikationen können sein:

5.4 Durchführung und Projektcontrolling

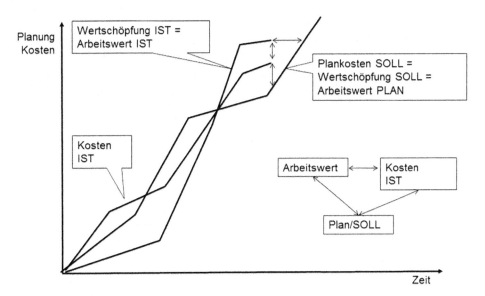

Abb. 5.14 Leistungswertanalyse (EVA)

- Änderungen in den Wünschen der Auftraggeber und Projektbeteiligten
- Ausgleich zwischen den Anforderungen im Projektdreieck
- Festgestellte Probleme in der Umsetzung von Vorgaben

Daher ist es sinnvoll, Stakeholdermanagement (siehe Abschn. 4.1.4) zu betreiben und sich nicht nur auf eine Stakeholderanalyse zu Projektbeginn zu begrenzen. Denn die Anforderungen und Meinungen können sich ändern. Es können neue Stakeholder auf den Plan treten und alte an Macht verlieren oder zunehmen. Diese Punkte sollten regelmäßig im Auge behalten werden.

5.4.4 Ursachenanalyse

Um bei Ist-Planabweichungen geeignete Maßnahmen ergreifen zu können, sollten zunächst die Ursachen der Abweichungen identifiziert werden. Dabei hilft eine Ursachenanalyse.

Ursachen von Abweichungen können sein:

- **Planungsfehler** – Beispiele: Zeit und Kosten wurden falsch geschätzt; Risiken übersehen; Aufgaben vergessen
- **Fehler während der Durchführung** – Beispiele: Konflikte im Team; Führungsfehler; Computerprobleme
- **Änderung der Rahmenbedingungen** – Beispiele: Maschinenausfall; verspätete Lieferung; schlechtes Wetter.

Gerade bei Projekten mit hohem Neuigkeitswert werden sich Abweichungen kaum vermeiden lassen. Auch bei einer Änderung der Rahmenbedingungen ist der Projektleiter nicht zur Verantwortung zu ziehen. Planungsfehler können teilweise vermieden werden, indem mehr Zeit in die Planung investiert wird. Wie bei der Risikoanalyse in Abschn. 5.2.4, wo nach möglichen Ursachen von Risiken gesucht wurde, kann auch bei der Ursachenanalyse das Ishikawa Ursache-Wirkungs-Diagramm verwendet werden (Abb. 5.4).

5.4.5 Steuerungsmaßnahmen

Auf Basis der Ursachenanalyse und der geschätzten Planwerte werden – vor allem bei größeren Abweichungen, die Einfluss auf den Projektendtermin haben – geeignete Steuerungsmaßnahmen entwickelt. Leistung, Kosten und Termine sind die zentralen Projektzielgrößen (vgl. magisches Projektdreieck Abschn. 5.2.1), an denen angesetzt werden kann.

Ein Projektendtermin kann trotz Terminverzögerungen gehalten werden, wenn der Leistungsumfang (nach Absprache) reduziert wird oder mit größerem Ressourceneinsatz gearbeitet wird.

Wird das Kostenziel überschritten, könnte auch hier ein geringerer Leistungsumfang vereinbart werden oder eine zeitliche Streckung des Projekts.

Bei Leistungsunterschreitung kann ein größerer Zeit- und Mitteleinsatz eine Verbesserung erzielen.

Wenn weder Leistungsumfang noch Termin verändert werden können, müssen erhöhte Kosten in Kauf genommen werden.

▶ Im Rahmen des Projektdreiecks ist jeder der drei Punkte ein mögliches Objekt für Steuerungsmaßnahmen.
- Termine: Terminanpassung
- Kosten: Erhöhung der Mittel, Hinzunahme von Mitarbeitern, Fremdvergabe
- Leistung: Anpassung von Ergebnisniveau und Qualitätsmerkmalen.

Die Steuerung sollte möglichst frühzeitig erfolgen. Kreative Maßnahmen finden sich am besten gemeinsam mit dem ganzen Team unter Einsatz verschiedener Kreativitäts- und Problemlösetechniken.

Eingriffe müssen die Auswirkungen auf andere Ecken des Projektdreiecks berücksichtigen und bestehen im Allgemeinen aus einer Kombination von Änderungen in Termin, Ressourcenausstattung, Durchführungsplanung und qualitativen und quantitativen Änderungen in den angestrebten Ergebnissen.

Gravierende Projektveränderungen erfordern meist eine Abstimmung mit der übergeordneten Instanz und eine **Revision der Planung.** Dazu wird ein neuer Projektplan mit neuen Soll-Vorgaben erstellt und an die Projektmitarbeiter verteilt.

5.4.6 Projektdokumentation und -bericht

Projektdokumentation

Bereits während des Projektstarts sollten sich auch Gedanken über die Projektdokumentation und das Berichtwesen gemacht werden (vgl. dazu Abschn. 5.2.5 Projektkommunikation).

Die Projektdokumentation umfasst die systematische Sammlung aller für das Projekt wesentlichen Dokumente an zentraler Stelle. Gerade beim Ausfall oder Wechsel von Mitarbeitern ist eine lückenlose Dokumentation von großer Bedeutung. Anleitungen zur Projektdokumentation bietet z. B. ein internes Projektmanagement-Handbuch, wenn vorhanden.

Zentrale Fragen sind: Wer erstellt bis wann für wen welche Unterlagen? Wie und wo werden diese gekennzeichnet und abgelegt? Schwierigkeiten bereitet häufig das Vorliegen von Unterlagen in elektronischer und in Papierform.

Projektbericht

Aufgabe des Berichtwesens ist es, Informationen über das Projekt zweckdienlich darzustellen und zu verteilen.

Folgende wichtige Berichtsarten werden unterschieden:

- Projekt-Statusbericht: Er wird regelmäßig an einen bestimmten Empfängerkreis versendet.
- Projekt-Sonderbericht: Er informiert über unerwartet eingetretene Situationen.
- Projekt-Abschlussbericht: Er wird am Projektende angefertigt.

Die Berichtswege orientieren sich an der Projektstruktur und müssen geregelt werden (Bring- oder Holschuld, vgl. Abschn. 5.4.1). Das Berichtswesen muss allgemein beinhalten:

- Informationen über abgeschlossene und in Bearbeitung befindliche Arbeitspakete und Meilensteine
- Informationen über abgeflossene Mittel und getätigte Mittelfestlegungen
- Informationen über außergewöhnliche Ereignisse und Probleme

Die Berichte sollten dabei möglichst kurzgehalten und klar gegliedert werden. Er sollte nur die Kerninformationen enthalten, nicht geschönt sein und eventuell mit Bildern und Diagrammen visualisiert werden. Der Berichtersteller sollte erkenntlich sein und den Bericht unterschreiben.

Obwohl der Begriff Berichtswesen nach großen Projekten und Formalien klingt, sind die gegenseitige Information und die Dokumentation des Projekts auch in kleinsten Projekten – selbst bei zwei oder drei Teilnehmern – notwendig.

DPPD

Für die studentischen Projekte ist die Ergebnissicherung wichtig, da sie auch die Basis der Benotung darstellt. Die zu erstellenden Ergebnisse (Projektbericht, Dokumentationen, Deliverables) wurden bereits ausgiebig betrachtet.

Die Ergebnisse kann man in folgende vier Gruppen gliedern (daher auch das von unseren Studierenden eingeführte Kürzel DPPD):

- Dokumentation: schriftliche Zusammenfassung von Ergebnissen und ihrer Herleitung, wissenschaftliche Ausarbeitung
- Präsentationen: projektbezogene Präsentationen (intern, extern)
- Publikation: alle der Öffentlichkeitsarbeit dienenden Zusammenfassungen, insbesondere die Presseberichte (intern, Lokalpresse, Zeitschriften) und Projektposter
- Deliverables: alle dem Kunden bzw. den Stakeholdern zu übergebenden Objekte.

5.5 Projektabschluss

Es ist geschafft, das Ziel ist erreicht – jetzt das Projekt noch erfolgreich abschließen. Diese letzte Phase wird häufig vernachlässigt, obwohl sie wichtig ist. Denn es geht hier zum einen um die Erfüllung des Auftrags, zum anderen um die Auswertung des Projektablaufs.

▶ **Projektabschluss** Der Projektabschluss ist das „formale Ende eines Projekts" und besteht in der „Beendigung aller Tätigkeiten, die mit dem Projekt in Zusammenhang stehen" (vgl. DIN 69905).

Die Aufgaben in der Projektabschlussphase sind vor allem die Auftragsabnahme durch den Kunden (extern) oder den Lenkungsausschuss (intern). Wenn keine Mängel mehr bestehen und das Projekt abgenommen wurde, muss das Projektteam aufgelöst und neue Aufgaben für die Mitglieder gefunden werden. Die Dokumentation wird nach den im Unternehmen geltenden Richtlinien archiviert. Die Projektabrechnung muss abgeschlossen werden und eine Nachkalkulation durchgeführt werden. Dann wird der Projektabschlussbericht geschrieben (üblicherweise vom Projektleiter) und an alle verteilt. Umfang und Strukturierung des Abschlussberichts sollten vorab mit dem Auftraggeber geklärt werden. Wenn alle diese Arbeiten erledigt sind, sollten auf einer gemeinsamen Projektabschlusssitzung die gemachten Erfahrungen reflektiert und die gewonnen Erkenntnisse für zukünftige Folgeprojekte gesichert werden. Hier bietet es sich an, diese kostbaren Projekterfahrungen (Lessons Learned) systematisch zusammenzustellen und für Nachfolgeprojekte leicht zugänglich zu archivieren. Den krönenden Abschluss bildet dann eine Projektabschlussfeier mit allen Projektbeteiligten, die sich an die Sitzung anschließen oder an einem anderen Tag stattfinden kann; denn wer erfolgreich gearbeitet hat, hat auch Grund zum Feiern.

5.6 Zusammenfassung

Projektmanagement ist zunächst die erfolgreiche Durchführung eines Projekts zur Einhaltung der Vorgaben hinsichtlich des Ergebnisses, der Ressourcen und der Termine (magisches Projektdreieck).

Darüber hinaus ist die Festlegung dieser Zielkomponenten und die Sicherstellung eines realistischen Projektziels eine wichtige Aufgabe am Beginn des Projekts.

Für Projekte von Studierenden sind die Methoden des Projektmanagements entsprechend anzupassen, insbesondere in der Studieneingangsphase brauchen studienbegleitende Projekte entsprechende Anleitung und Hilfsmittel.

Projektmanagement für Studierende
Die wesentlichen Kenntnisse und Kompetenzen im Projektmanagement sind

- Zieldefinition und Anforderungsanalyse
- Erstellung eines Arbeitsstrukturplans
- Zeitplan, der als Netzplan aber auch als Gantt-Diagramm erstellt werden kann
- Stakeholdermanagement
- Projektcontrolling bezüglich des magischen Projektdreiecks
- Passender Projektabschluss

Literatur

1. Hachtel, G., & Holzbaur, U. (2010). *Management für Ingenieure*. Wiesbaden: Vieweg & Teubner.
2. Hagen, S. (2010). Lehre: Strategisches Projektmanagement (2), PM-Blog.com. http://pm-blog.com/2010/11/04/lehre-strategisches-projektmanagement-2/. Zugegriffen: 16. Juli 2015.
3. Holzbaur, U. (2014). *Projektmanagement für Studierende – Erfolgreich das Studium meistern*. Wiesbaden: Springer-Gabler.
4. Holzbaur, U., & Holzbaur, M. (1998). *Die wissenschaftliche Arbeit – Leitfaden für Ingenieure, Naturwissenschaftler, Informatiker und Betriebswirte*. München: Hanser.
5. Kessler, H., & Winkelhofer, G. (2002). *Projektmanagement*. Berlin: Springer.
6. Ströhler, C. (2016). *Projektmanagement im Studium*. Wiesbaden: Springer-Gabler.
7. Zell, H. (2007). *Projektmanagement – lernen, lehren und für die Praxis*. Norderstedt: Books on Demand.

Checklisten, Formblätter und Vorlagen 6

▶ In diesem Kapitel sind zahlreiche Checklisten, Formblätter und Vorlagen für die Verwendung in der Lehre zu finden. Diese basieren auf den langjährigen Projekterfahrungen an der Hochschule Aalen und können an die jeweiligen Anforderungen der Projekte angepasst werden.

6.1 Checklisten und Pläne

Checklisten können verwendet werden als

- Basis für eine isolierte Überprüfung (Checkliste im klassischen Sinne)
- Basis eines Projekt- oder Arbeitsstrukturplans
- Basis einer komplexeren Prozessstruktur
- Strukturierung einer komplexen Struktur
- Planungshilfsmittel.

Je nach Verwendung sind die individuellen Checklisten und die Gesamtstruktur der verwendeten Checklisten anzupassen durch

- Auswahl oder Streichen von Punkten
- Ergänzen von Punkten oder Listen
- Modifikation der Reihenfolge der Abarbeitung

Es empfiehlt sich, die Punkte der Checklisten als Anregungen zu nutzen und dann weitere Punkte aufzunehmen, die für die jeweilige Projektart wichtig sind. Die Checklisten sind teilweise redundant, da verschiedene Punkte aus verschiedenen Aspekten heraus

Tab. 6.1 Exemplarische Struktur für das Projektportfolio

	Thema 1 (Ökologie)	Thema 2 (Wirtschaft)	Thema 3 (Soziales)	Thema 4 (Qualität)	Thema 5 …
Stakeholder 1 (Hochschule)	Green University			Workshop-Qualität	
Stakeholder 2 (Unternehmen)		Supply-Chain-Management	Arbeitssicherheit		
Stakeholder 3 (Stadt)	Solar Lokal		Arbeit mit Migranten		
Stakeholder 4 …					

betrachtet werden können. Wenn sie als Basis eines Arbeitsstrukturplans verwendet werden, ist die Zuordnung zu klären, um Doppelarbeit zu vermeiden.

6.1.1 Checkliste für das Projektportfolio

Das Projektportfolio dient dazu, die Projekte eines Semesters zusammenzufassen und bezüglich ihrer Schwerpunkte, Inhalte, Themen, Methoden, Stakeholder und beteiligten Semester darzustellen. Dazu werden zwei der Parameter ausgewählt. In Tab. 6.1 ist eine exemplarische Struktur für das Projektportfolio mit einem Beispiel dargestellt.

Wie in Abschn. 3.1.3 beschrieben, unterstützt das Portfolio dabei, die zunächst für den Inhalt der Lehrveranstaltung passende Projektideen zu sammeln. Je nachdem, welche Komponente gesetzt ist – das Thema oder der Stakeholder – können entsprechende Stakeholder zum gegebenen Thema oder passende Themen für die bereits akquirierten Stakeholder identifiziert werden. In obigem Portfolio ist beispielsweise für das Thema 2 (welches sich aus der Modulbeschreibung ergibt) noch kein Stakeholder gefunden und muss akquiriert werden. Der bereits gesetzte Stakeholder 3 möchte zu Migranten eine Projektidee umsetzen, wozu der Lehrende prüfen muss, ob dies sich als Thema in den Lehrstoff integrieren lässt.

6.1.2 Checkliste für eine Machbarkeitsanalyse

Die folgende Übersicht (Tab. 6.2) zeigt mögliche Kriterien, die für die Prüfung der Durchführbarkeit von Projekten eine Struktur bieten können. In den Spalten PPM/Lehrende und P/Studierende sind die jeweils relevanten Klärungsbedarfe veranschaulicht.

6.1 Checklisten und Pläne

Tab. 6.2 Machbarkeitsanalyse

Aspekt	Kernfragen	PPM/Lehrende	P/Studierende
Generell	Ist das Projekt in der vorgeschlagenen Form machbar?	Ist es als Hochschulprojekt im Rahmen der Lehre machbar?	Ist es als studentisches Projekt im Rahmen der Rahmenbedingungen machbar?
Zulässigkeit	Kann das Projekt als Lehrprojekt vergeben werden?	Didaktischer Nutzen, rechtlicher Rahmen	Anerkennung des Leistungsnachweises
Aufwand	Ist der Aufwand angemessen?	Studienordnung, Wirtschaftlichkeitsprinzip	Zur Verfügung stehende Zeit
Finanziell	Ist das Projekt von den zu erwartenden Kosten und Erträgen umsetzbar?	Budgetierung, Haushaltsregeln	Einnahmen und Ausgaben/Kosten
Rechtlich	Ist das Projekt rechtssicher?	Gesetzlicher Rahmen; Aufgaben- und Rollentrennung	Persönlichkeitsrechte, Urheberrecht, Gesetze
Technisch	Kann das angestrebte Projektergebnis von Stand der Technik und Wissenschaft her erzielt werden?	Finanzierung Labors	Materialbeschaffung Recherche
Wissenschaftlich	Hat das Projekt ein geeignetes wissenschaftliches Niveau?	Erkenntnisgewinn, Niveau	Fragestellung und Methode
Politisch	Ist das Projekt politisch durchsetzbar?	Stakeholder, Promotoren, Randbedingungen	Stakeholder, Promotoren
Nutzen/Marketing	Besteht Interesse am Projektergebnis? Hat das Projekt einen Nutzen? Wie kann es genutzt werden?	Gesellschaftlicher Nutzen Öffentlichkeitswirksamkeit Ergebnisse	Lerneffekt, Berufsrelevanz, Bewerbungsrelevanz
Nachhaltigkeit	Wirksamkeit bezüglich der Nachhaltigen Entwicklung	Gesellschaftliche Relevanz	Worauf können wir als Studierende stolz sein?
Ergebnis	Gibt es ein klares Ergebnis, das einen Nutzen bringt?	Wissenschaftliche Erkenntnisse, Nutzbare Ergebnisse	Vorzeigbare Ergebnisse
Prüfungsrelevanz	Ist das Projektergebnis als Basis einer Benotung geeignet, SMART-Kriterien	Einflüsse auf das Projekt, Notenkriterien	Fairness der Benotung, gute Ergebnis erzielbar
SWOT	Aktuelle Stärken und Schwächen Chancen- und Risikoanalyse	Chancen einbauen Risiken vermeiden	Chancen nutzen Risiken erkennen

6.1.3 Checkliste für die Abgabe studentischer Projekte

Die folgende Zusammenstellung in Tab. 6.3 beschreibt alle abzugebenden Unterlagen nach Projektabschluss (Deliverables im weiteren Sinn):

- Projektergebnisse (Deliverables im engeren Sinne).
- Projektmanagementdokumentation, Poster, Presseerklärung.
- Für jedes Projekt ist ein gemeinsamer Dokumentensatz (Papier + CD-ROM) abzugeben; Abweichungen sind mit dem Betreuer abzustimmen.
- Eindeutige Bezeichnung der Dateien.

6.1.4 Bewertungsschema

In Abschn. 4.5.4 wurden die möglichen Leistungsnachweise und Bewertungskriterien für die Projekte an sich vorgestellt. In Tab. 6.4 ist in einer Checkliste zusammengestellt, mit welchen Komponenten und Kriterien die Kompetenzen abgeprüft werden können.

6.1.5 Bewertungsvorlage für Präsentationen

Die Tab. 6.5 kann als Bewertungsvorlage für Präsentationen genutzt werden.

6.1.6 Semesterablaufplan

In Tab. 6.6 ist ein exemplarischer Semesterablauf dargestellt. Die Abkürzung LV steht hier für die Nummer der Lehrveranstaltung, alternativ kann die Kalenderwoche (KW) oder Semesterwoche (SW) verwendet werden. Die genaue Einteilung hängt von vielen Nebenbedingungen ab wie:

- Feiertage im Semester
- Aktivitäten von Hochschule (Einführungswoche, Messen, Feiern etc.), Fakultät und Studiengang (Exkursionen, Tests etc.)
- Bedarf von Lehrveranstaltungen für die Stoffvermittlung oder projektbezogene Lehrveranstaltungen
- Aktivitäten des Lehrenden

Im Feld Bemerkung können Hilfestellungen und weitere Anweisungen ausgeführt werden. Detailliertere Informationen werden in der Lehrveranstaltung oder mit geeigneten Medien gegeben.

6.1 Checklisten und Pläne

Tab. 6.3 Checkliste: Einreichung von Unterlagen

	Papierform/materiell abzugeben	CD-ROM/DVD E-Mail	An Projektpartner
Projektbericht (Formular) mit Rechteübertragung, Abgabeterminen und Notenvorschlag	Von Projektleiter unterschrieben	Nicht auf der CD-ROM abgeben	Geht nicht an den Kunden
Projektergebnisse (Deliverables im engeren Sinne)	Nach Vereinbarung	Dokumente als Projektergebnis sollten im jeweiligen Format des Kunden erstellt und ausgedruckt und auch abgespeichert werden.	
Bereitgestellte Unterlagen zurückgegeben	z. B. Bücher, Prospekte, Materialien, Schlüssel		z. B. Bücher, Prospekte, Materialien, Schlüssel
Pressemitteilung	Möglichst mit der Präsentation	Als Textdatei, Bilder getrennt	Möglichst vorab zur Abstimmung
Erschienene Pressemitteilungen	Kopie oder Belegexemplar		
Projektmanagement-Dokumentation (WBS, Zeitplan, Projektcontrolling)	Ausdruck geheftet	Textquelle + .pdf	
Unterlagen zu den Präsentationen	ggf. Handout (4 oder 6 Folien pro Seite) ausgewählter Folien bei den Präsentationen	.ppt und.pdf aller Präsentationen	ggf. Handout (2 oder 4 Folien pro Seite) bei der Präsentation
Erfasste Daten und Auswertungen	Nur bei wiss. Arbeiten, wenn die Erfassungsbögen an der Hochschule archiviert werden sollen	Quelle (.xls/spss) vertrauliche Daten auf getrenntem Datenträger und gekennzeichnet!	Nur wenn die Erfassungsbögen durch den Kunden archiviert werden sollen
Poster	Nur wenn vom Betreuer explizit gewünscht	Quelle (ppt/.doc/.tex) und pdf	Nur wenn vom Kunden explizit gewünscht (pdf)
Individuelle Projektberichte (Abschlussdokumente) aller TN	Geheftet und unterschrieben	Nicht auf der CDROM abgeben	Geht nicht an den Kunden

Tab. 6.4 Komponenten und Kriterien des Leistungsnachweises

Komponenten	Kriterien
Projektdokumentation Projektmanagementdokumentation Ergebnisdokumentation	Richtige und sinnvolle Anwendung der Methoden des Projektmanagements
	Bewertung des Vorgehens zur Zielerreichung (Nachvollziehbarkeit usw.), ggf. ergänzt durch Einschätzung des Betreuers Qualität des Ergebnisses; Darstellung des Ergebnisses
Präsentation	Präsentationstechnik
Pressebericht	Ergebnis und Arbeit für Leser interessant darstellen
Zusammenarbeit Betreuer	Ermittelt Eigenleistung gepaart mit Schwierigkeit des Projekts Teamarbeit/Gruppenprozesse/Lernprozess
Zusammenarbeit Stakeholder	Qualität des Ergebnisses/Zielerreichung Umgang mit Stakeholder/Kunde
Individueller Bericht	Zuordnung Einzelleistung Information zu Gruppenprozess/Teamarbeit Information zu Lernprozess des Studierenden
Einschätzung der anderen Teammitglieder	Zuordnung der Einzelleistung Bewertung der Teamarbeit der anderen Teammitglieder
Vollständigkeit aller abzugebender Deliverables	Sorgfältigkeit in der Bearbeitung
Anwesenheitslisten	Kontinuität der Arbeit, Ernsthaftigkeit Verlässlichkeit (ggf. Abmeldung/Entschuldigung)

6.2 Formblätter

Diese Formblätter können die verschiedenen am Projekt beteiligten Akteure unterstützen. Sie müssen den eigenen Bedürfnissen und Schwerpunkten angepasst werden.

6.2.1 Informationsblatt für Stakeholder

Eine Übersicht der Hinweise und Aufwände für den Stakeholder kann beispielsweise in der Form eines Informationsblatts erfolgen. In diesem können die Aufgaben nach den einzelnen Projektphasen gegliedert werden. Die tatsächliche Ausformulierung hängt von der Ausrichtung der Hochschule ab. Wir haben hier nun speziell unsere Form in Abb. 6.1 abgebildet.

In Tab. 6.7 stellen wir den gesamten Inhalt der Stakeholderinformation in Form von Schlagworten zur Verfügung.

6.2 Formblätter

Tab. 6.5 Erfassungsbogen Präsentation. (Nach [2])

Bitte mit − oder + bewerten	−	+
Fachkompetenz		
1. Ist der Inhalt umfassend und durchgehend korrekt erfasst?		
2. Sind Fachbegriffe immer korrekt benutzt worden?		
3. Wurde eine Einleitung verfasst, Abbildungen unten und Tabellen oben beschriftet, Graphen richtig gewählt?		
4. Sind Zitate und Quellenangaben vorhanden und richtig?		
5. Ist die äußere Form der Präsentation übersichtlich?		
6. Hat sich die Projektgruppe einen Überblick verschafft und das Projekt in größere Zusammenhänge eingeordnet?		
Methodenkompetenz		
7. Ist eine Prozesskompetenz zu erkennen? Wurde über das Sammeln von Infos, Recherchieren, Sortieren, Dokumentieren, Bewerten, Präsentieren und Diskutieren während der Präsentation gesprochen?		
8. Ist Projektmanagement erkennbar und richtig angewandt?		
9. Sind Risiken erkannt, benannt und Strategien entwickelt worden?		
Präsentation der Ergebnisse		
10. Ist die Medienauswahl angemessen?		
11. Sind die Illustrationen ansprechend und lesbar?		
12. Vortragstechnik: freier Vortrag		
Sozialkompetenz		
13. Verständigung über die Vorgehensweise auch während der Präsentation		
14. Teamfähigkeit		
Personalkompetenz		
15. Kreativität		
16. Auftreten während der Präsentation		
Auswertung		
Spaltensummen		
Verrechnungsregel: Spaltensummen subtrahieren = Gesamtsumme		

6.2.2 Informationsblatt für Betreuer

Wie es ein Informationsblatt für den Stakeholder gibt, so sollte es auch eines für den Betreuer geben. In diesem sollten ebenfalls die Aufgaben vor Projektbeginn, während des Projekts und nach Projektabschluss wie in Tab. 6.8 dargestellt beschrieben werden.

Mögliche Rückfragen des Betreuers an den Stakeholder nach Projektabschluss könnten sich auf die Zufriedenheit mit den Ergebnissen, die Zusammenarbeit oder die Arbeitsweise beziehen. Auch sollte über die Verwendung der Ergebnisse und mögliche Folgeprojekte gesprochen werden.

Tab. 6.6 Exemplarischer Semesterablaufplan

Zeitpunkt/Zeitraum	To-do-Aktion	Personen	Bemerkungen
Individuell nach Dozent eventuell LV 1	Teambildungsübung	Alle	Im Rahmen der Vorlesungstermine
LV 1	Projekte vorstellen	Alle	Im Rahmen der Vorlesungstermine
An die LV 1 anschließend, evtl. nächster Morgen	Teams in das gewünschte Projekt eintragen	Alle, siehe Bemerkung	Liste wird in Raum ausgelegt oder ausgehängt Alternativ über geeignete Medien
Direkt nach Projektfestlegung	Projektanmeldung: E-Mail von Teamleiter an Dozent mit Namen aller Teammitglieder	Teamleiter	Per E-Mail
Bis LV 2	Gemeinsames Treffen des gesamten Teams	Team	Eigenverantwortung des Teams
LV 2	Kick-off- Präsentation Team und Projekttitel	Team	Im Rahmen der Vorlesungstermine
Ab LV 2	Kontaktaufnahme und Terminvereinbarung mit externem Stakeholder	Teamleiter	E-Mail
LV 3	Kick-off-Präsentation Vision und Zielsetzung	Team	Im Rahmen der Vorlesungstermine
Eine Woche nach Stakeholder-Treffen	Virtueller Pressebericht	Team	Mail an Dozent und Betreuer
Eine Woche nach Stakeholder-Treffen	Projektanmeldeformular abgeben	Teamleiter	Präsentiert oder beim Dozent abgeben
LV 5	Planungspräsentation	Team	Ziele, Ressourcen und Terminplan, Stakeholder, Risiken
LV 8	Zwischenpräsentation/ Projektcontrolling	Team	Im Rahmen der Vorlesungstermine
Zwischen LV 5 und 13	Arbeit im Team	Team	Weitere Infos auf Plattform
Zwischen LV 6 und 12	Statuspräsentation Ampelpräsentationen (insgesamt zwei)	Mindestens ein Teammitglied	Projektcontrolling im Rahmen der Vorlesung mithilfe des Ampelmodells
Semesterende	Abschluss- und Ergebnispräsentation	Team	Abschluss- und Ergebnispräsentation
Termin vorgeben	Abgabe Dokumentation und Ergebnisse	Teamleiter	CD-ROM: alle Deliverables

6.2 Formblätter

 Hochschule Aalen 2016-09-15 ESPRESSO/Wirtschaftsingenieurwesen

Informationen für Kunden* (Partner, Stakeholder) studentischer Projekte

Im Rahmen der Vorlesungen des Studiengangs Wirtschaftsingenieurwesen an der Hochschule Aalen werden die Vorlesungsinhalte durch die praktische Umsetzung in Form von realen Projekten vertieft. Sie (bzw. Ihre Organisation) haben sich bereit erklärt, Kunde und Ansprechpartner für ein Projekt zu sein. Vielen Dank! Somit sind Sie der wichtigste Stakeholder des Projektteams und repräsentieren die Organisation gegenüber den Studenten.
Im Folgenden geben wir einige Hinweise für die Abwicklung der Projekte.

Projektdefinition
Die Festlegung von Zielsetzung und Rahmenbedingungen erfolgt im Allgemeinen durch den Dozenten (i.A. Prof.

Abb. 6.1 Informationsblatt für Stakeholder

Tab. 6.7 Übersicht der Informationen für Stakeholder (in Schlagworten)

Projektdefinition	• Sie erfolgt im Allgemeinen durch den Dozenten in Absprache mit dem Stakeholder. • Partnerschaftliche Kooperation zum beidseitigen Nutzen (Hochschule und Stakeholder). • Vertiefung der Vorlesungsinhalte auf einem wissenschaftlichen Niveau.
Vor Projektbeginn	• Stakeholder benennt Ansprechperson. • Zwei bis drei Wochen vor Vorlesungsbeginn meldet sich der Betreuer zur Abfrage der Vorstellungen beim Stakeholder, Besprechung der vorläufigen Projektdefinition und des organisatorischen Ablaufs.
Projektstart	• Etwa drei bis vier Wochen nach Vorlesungsbeginn sollte ein Treffen mit dem Projekttermin stattgefunden haben. Projektteam meldet sich diesbezüglich. • Es werden Projektziel und daraus resultierende Aufgaben besprochen. • Das weitere Vorgehen zur Erreichung des Projektziels wird besprochen. • Stakeholder teilt dem Projektteam die Form der Ergebnisse (Deliverables) mit.
Während des Projekts	• Kommunikation gewährleisten und Rückmeldungen zeitnah geben. • Bei auftretenden Problemen Kontakt mit dem Betreuer aufnehmen.
Projektabschluss	• Reflexion und Einschätzung der Leistung der Studierenden. • Gemeinsame Publikation der Ergebnisse. Dabei wird die gesellschaftliche Relevanz gewürdigt und der Nutzen für Stakeholder und Hochschule dargestellt.

6.2.3 Rollen im Team

In (Tab. 6.9) werden die verschiedenen Rollen, die sich in Teams ausmachen lassen dargestellt (vgl. [1]). Diese Einordnung kann sowohl dem Dozenten als auch dem Betreuer und dem Stakeholder eine Hilfestellung in der Einschätzung der Leistungen der einzelnen Studierenden sein.

Tab. 6.8 Informationen für Betreuer von studentischen Projekten

Vor Projektbeginn	Spätestens zwei bis drei Wochen vor Vorlesungsbeginn sollte der Betreuer die Stakeholder über deren Rolle und Aufgaben aufklären. • Klärung des Projektziels aus Sicht des Stakeholders. Formulierung einer Kurzbeschreibung des Projekts mit Zielvorstellung für die Studierenden. • Aufklärung über die Projektmethode • Dauer der Projektzeit • Maximal vier Wochen nach Semesterbeginn sollte ein Treffen mit dem Stakeholder zur Definition des Projektziels und der Aufgaben stattgefunden haben. Der Betreuer hat dies im Blick
Während des Projekts	• Der Betreuer ist Ansprechpartner für jegliche projektbezogenen Probleme • Alle Medien, die extern Verwendung finden (Fragebögen/Umfragen, Flyer etc.) sollten vor der externen Verwendung mit dem Betreuer besprochen werden. • Regelmäßige Rückmeldung beim Dozenten • Betreuer ist Ansprechpartner für Stakeholder bei Problemen, die im Projektteam nicht gelöst werden können
Nach Projektabschluss	• Reflexion des Projekts und qualitative Einschätzung der Leistung der Studierenden. • Kontaktaufnahme mit Stakeholder und Abfragen deren Einschätzung des Teams und wenn möglich der Teammitglieder

6.2.4 Projektformular zur Anmeldung und als kurzer Abschlussbericht

In der Arbeit mit der Projektmethode hat es sich bewährt, gewisse Eckdaten zum Projektstart und zum Projektabschluss zu erheben. Dabei geht es zum einen um einen Soll-Ist-Vergleich, der sowohl für die Studierenden als auch für den Dozenten als Erfolgskontrolle dienen kann. Zum anderen kann so geprüft werden, ob das anfänglich formulierte Projektziel klar genug war und auch verstanden wurde.

Die abzufragenden Eckdaten sind bei unseren Projekten die in der folgenden Tab. 6.10 dargestellten. Je nach Anwendungsfeld sollten diese an den jeweiligen Bedarf angepasst werden. Grundsätzlich muss Projektname und Projektleiter deutlich ersichtlich sein.

Dieses Formular sollte auch den Projektleiter und eventuelle Teilprojektleiter mit den zugehörigen Verantwortungsbereichen umfassen. Die Auflistung der Teammitglieder mit zugehöriger E-Mail und Semesterzugehörigkeit muss ebenso erfasst werden. Es kann auch eine Spalte für die Bewertung vorgesehen sein.

Auf der gleichen oder einer zweiten Seite des Formulars kann die Tabelle zum Eintrag der Ergebnisse eingefügt sein. Diese dient ausschließlich zur Erfassung des Projektergebnisses. Für die weitere Verwendung der Projektergebnisse hat es sich bewährt, sich vom Projektteam eine entsprechende Erklärung geben zu lassen.

6.2 Formblätter

Tab. 6.9 Rollen im Team. (Nach [1])

Teamrolle:	Rollenbeitrag:	Charakteristika:	Zulässige Schwächen:
Wissensorientiert			
Neuerer/Erfinder	Bringt neue Ideen ein	Unorthodoxes Denken	Oft gedankenverloren
Spezialist	Liefert Fachwissen und Information	Selbstbezogen, engagiert, Fachwissen zählt	Verliert sich oft in technischen Details
Beobachter	Untersucht Vorschläge auf Machbarkeit	Nüchtern, strategisch, kritisch	Mangelnde Fähigkeit zur Inspiration
Kommunikationsorientiert			
Wegbereiter/Weichensteller	Entwickelt Kontakte	Kommunikativ extrovertiert	Oft zu optimistisch
Teamarbeiter/Mitspieler	Verbessert Kommunikation, baut Reibungsverluste ab	Kooperativ, diplomatisch	Unentschlossen in kritischen Situationen
Koordinator/ Integrator	Fördert Entscheidungsprozesse	Selbstsicher vertrauensvoll	Kann als manipulierend empfunden werden
Handlungsorientiert			
Macher	Hat Mut Hindernisse zu überwinden	Dynamisch, arbeitet gut unter Druck	Ungeduldig, neigt zu Provokation
Umsetzer	Setzt Pläne in die Tat um	Diszipliniert, verlässlich, effektiv	Unflexibel
Perfektionist	Vermeidet Fehler, stellt optimale Ergebnisse sicher	Gewissenhaft, pünktlich	Überängstlich, delegiert ungern

Im Folgenden sehen Sie nun das Formular mit den Tab. 6.10, 6.11 und 6.12 wie wir es bei uns verwenden. Auf der darauffolgenden Seite sehen Sie ein Beispiel für die Erfassung der Ergebnisse und der Einverständniserklärung.

Bei letzten drei Punkten der Tabelle ist das Präsentationsdatum gemeint.

Beispiel eines Formulars zur Anmeldung des Projekts
Projektanmeldung/Projektbericht
  Projektname: …………………………………..
  Projektleiter: …………………………………..

Es bleibt den eigenen Vorstellungen überlassen, ob Sie ein kombiniertes Formular gestalten, in dem sowohl die Anmeldung und Planwerte zu Beginn als auch der Istzustand bei Abgabe erfasst wird. Wir arbeiten mit dieser Variante wie man in Abb. 6.2 ausschnittsweise sehen kann. Es ist auch möglich, für Anmeldung und Abschluss des Projekts separate Formulare zu gestalten, wie in der Gegenüberstellung von Tab. 6.10 und 6.13 ersichtlich.

Hochschule Aalen

Wirtschaftsingenieurwesen

Projektanmeldung/Projektbericht

Prof. Dr. Ulrich D. Holzbaur

Projektname: ....

ulrich.holzbaur@hs-aalen.de

Projektleiter: ....

o Projektplanung / Projektabschluss

	Planwert (Schätzung, Planung bei Start)	Istwert (bei Abgabe)	ok
Vision (Zielsetzung)			
Erkenntnisse (Aussage)			
Mission (Aufgabe)			
Deliverable Items (Produkt)			
Abgrenzung (Scope)			
Personenstunden gesamt			
Sonstige Ressourcen			

Abb. 6.2 Formular Projektanmeldung und Projektabschluss

Tab. 6.10 Projektplanung

	Planwert (Schätzung, Planung bei Start)
Vision (Zielsetzung)	Die Welt wird besser durch Wir erreichen (…)
Erkenntnisse (Aussage)	Wo/Wie/Warum?
Mission (Aufgabe)	Wir organisieren (…)
Deliverable Items (Produkt)	Prototyp (…)
Abgrenzung (Scope)	Unsere Aufgabe ist es nicht (…)
Personenstunden gesamt	
Sonstige Ressourcen	
Notwendige Zuarbeit	
Zwischenpräsentation	
Abschlusspräsentation	
Abgabe Dokumentation	

Tab. 6.11 Projektleiter

Name, Vorname Projektleiter/Teilprojektleiter mit E-Mail	Sem.	Verantwortungsbereich (Gesamt-/Teilprojekt)

6.2 Formblätter

Tab. 6.12 Projektteam

Teammitglieder: Name, Vorname	Sem.	E-Mail	Teilgenommen/Bewertung

Tab. 6.13 Projektabschluss

	Planwert bei Start	Istwert bei Abgabe	Ok
Vision (Zielsetzung)			
Erkenntnisse (Aussage)			
Mission (Aufgabe)			
Deliverable Items (Produkt)			
Abgrenzung (Scope)			
Personenstunden gesamt			
Sonstige Ressourcen			
Notwendige Zuarbeit			
Zwischenpräsentation			
Abschlusspräsentation			
Abgabe Dokumentation			
Wichtigstes Ergebnis			

Tab. 6.14 Checkliste für abzuliefernde Ergebnisse

	Datum	bei	Bemerkung
Abschlusspräsentation			
Externe Präsentation			
Projektdokumentation (+CDROM) abgegeben			
Projektergebnisse abgegeben			
Unterlagen abgegeben/zurückgegeben			
Deliverables an Projektpartner abgegeben			
Persönliche Projektabschlussdokumente aller TN			
Pressemitteilung abgegeben/verschickt			
Pressemitteilung erschienen			
Folgeaktivitäten/Termine			
Ergebnis/Kommentar:			

Die Zusammenfassung in Tab. 6.13 zeigt das Formular, dass bei uns für die Abgabe von Projekten verwendet wird (Tab. 6.13 und 6.14). Bei der Einverständniserklärung sollte jede Hochschule selbst entscheiden, wie mit den erarbeiteten Ergebnissen intern und extern umgegangen wird.

Beispiel eines Formulars zur Erfassung der Ergebnisse und der Einverständniserklärung

Projektbericht (nur bei Abgabe)
    Projektname: ………………………………..
    Projektleiter: ………………………………..
    Ergebnisse:
    Erklärung:
    Das Projektteam erklärt hiermit, dass

1. die Ergebnisse selbstständig erarbeitet wurden und alle beteiligten Personen und verwendeten Quellen in der Projektdokumentation aufgeführt sind.
2. Projektbericht, Pressebericht und Poster keine Urheber- oder Persönlichkeitsrechte verletzen und keine Vertraulich zu behandelnden Informationen beinhalten. Gegebenenfalls vertraulich zu behandelnde Informationen und persönliche Informationen sind separat abgegeben und gekennzeichnet.
3. Das Team der Hochschule das nicht ausschließliche Nutzungsrecht an Projektbericht, Daten, Pressebericht und Poster sowie das Recht zur Modifikation, Publikation und Weitergabe von Projektbericht, Pressebericht und Poster einräumt. Gegebenenfalls vertraulich zu behandelnde Informationen und personenbezogene Daten sind separat abgegeben und gekennzeichnet.

Ort, den   Unterschriften Projektleiter und Team

6.2.5 Individueller Projektbericht

Der individuelle Projektbericht (Tab. 6.15) muss den Projektnamen, ein Datum und den Namen des Studierenden enthalten. Er sollte einen Umfang von zwei bis drei DIN-A4-Seiten haben. Dabei sollte die Eigenreflexion mindestens eine Seite beanspruchen und der Bericht in ganzen Sätzen ausformuliert sein.

    Wichtig ist es, den Studierenden zu verdeutlichen, dass nicht allein das Projektergebnis zählt (nur ein erfolgreich durchgeführtes Projekt bedeutet eine gute Bewertung), sondern es vielmehr um die Reflexion des eigenen Vorgehens geht und die Qualität dieser Auseinandersetzung in die Benotung einfließt.

6.2 Formblätter

Tab. 6.15 Individueller Projektbericht

Fragen zur eigenen Projektarbeit:	Bei welchen Arbeitspaketen wurde mitgearbeitet und welche Arbeitspunkte wurden dabei abgearbeitet? Welche Arbeitsschritte wurden alleine erledigt und welche Methoden wurden dazu angewandt?
Unterstützende Fragen zur Projektreflexion	
Lernziele	Wie habe ich die theoretischen Inhalte und Methoden des Projektmanagements in unserem Projekt umgesetzt? Wie wurden diese gelöst? Inwieweit waren die in der Vorlesung gelernten theoretischen Projektmethoden hilfreich und warum (WBS, Meilensteintrendanalyse, etc.)? Wo war dies nicht der Fall und warum? Wo kann ich mir vorstellen, die gelernten Methoden später anzuwenden?
Arbeit im Team	Wie war die Arbeit mit und in der Gruppe? Wie habe ich mich gefühlt? Konnte ich mich einbringen? Wurde ich angehört und ernst genommen? Haben wir uns gegenseitig zugehört und ausreden lassen? Wie sind wir in Situationen umgegangen, in denen wir unterschiedlicher Meinung waren? Wie wurden diese Situationen gelöst?
Zusammenfassende Beurteilung	Wie zufrieden sind die Stakeholder (Kunde) meiner Meinung nach mit dem Projektergebnis? Begründung? Wie zufrieden bin ich mit dem Projektergebnis? Begründung? Was würde ich für ein noch besseres Gelingen des Projekts das nächste Mal anders machen? Begründung?
Selbstreflexion	Welche Arbeitsschritte waren schwierig, welche leicht? Welche individuellen Stärken haben bei der Bewältigung der Aufgabenstellung geholfen? Was ist mir gut gelungen? Was habe ich für mich gelernt und wo habe ich mich weiterentwickelt? Wie kann ich das Gelernte (z. B. das Arbeiten im Team) auf andere Situationen (auch persönliche) übertragen?
Bewertung der Teammitglieder nach:	Zuverlässigkeit (Pflichtbewusstsein) Teamfähigkeit (Verhalten im Team) Beiträge zum Projekterfolg (Innovationen) Erledigung der übertragenen Aufgaben

6.2.6 Inhalte der Präsentationen

Die verschiedenen Präsentationen haben jeweils einen unterschiedlichen Fokus und Tiefe. Sie unterstützen die Studierenden auch darin, die einzelnen Projektschritte im gegebenen Zeitrahmen zu erreichen. In Tab. 6.16 werden mögliche Leitfragen vorgeschlagen.

Tab. 6.16 Inhalte der Präsentationen

Präsentation	Dauer	Inhalt	Leitfragen
Team-Kick-off-Präsentation Teampräsentation	2–3 min	Vorstellung des Teams und des Projekttitels	Ist das Team komplett? Teamleiter bestimmt? Sind der Projekttitel, das Thema und das Grobziel richtig verstanden? Sind die Betreuer bekannt?
Projekt-Kick-off-Präsentation Startpräsentation	3–4 min	Vorstellung des Themas und des Projekts	Ist das Gesamtziel (z. B. durch Angabe von Thema und Kunde) identifiziert und richtig verstanden? Ist das Semester übergreifende Projekt mit den Partnern aus anderen Semestern identifiziert? Sind Projektpartner und Kunden identifiziert? Was ist das Ziel des Projekts? Ist das Projektziel mit Vision und Mission verstanden?
Planungspräsentation	10 min	Vorstellung des Projektplans (Lastenheft/Pflichtenheft)	Was ist Ziel und Vorgehensplan des Projekts? Was werden wir im Rahmen des Projekts umsetzen und erreichen? Ist das Thema und Projektziel identifiziert und richtig verstanden? Ist der Arbeitsstrukturplan komplett und passend? Ist der Terminplan komplett und passend? Sind Stakeholder, Projektpartner und Kunden identifiziert und kontaktiert? Sind die Deliverables identifiziert?
Zwischenpräsentation	7 min	Vorstellung des Projektplans und der Ergebnisse	Müssen Ziel und Vorgehensplan des Projekts angepasst werden? Müssen Arbeitsstrukturplan und Terminplan angepasst werden? Was sind die bis jetzt erzielten Ergebnisse?
Statuspräsentation („Ampel")	2 min	Projektstatus (Controlling)	Wie ist der derzeitige Projektstatus im magischen Projektdreieck? Was sind die im Berichtszeitraum erzielten Ergebnisse und Erkenntnisse? Wo besteht Handlungs- oder Entscheidungsbedarf? Status des Projekts im Projektdreieck: zu erwartendes Ergebnis – voraussichtliche Zielerreichung – bereits erreichte Ergebnisse zu erwartende Termineinhaltung – voraussichtliche Verzögerung – aktuelle Verzögerungen zu erwartende Kosten und Ressourcen – voraussichtlicher Workload, aktueller Workload

(Fortsetzung)

Tab. 6.16 (Fortsetzung)

Präsentation	Dauer	Inhalt	Leitfragen
Projektpräsentationen:			
Projektmanagementpräsentation	6 min	Vorstellung Projektabschluss	Wurde das Projektziel im Rahmen des Projektdreiecks erreicht? SMART Wie ist das Projekt verlaufen? Wodurch wurden Abweichungen verursacht? Wie war die Leistung des Teams? Wurden die Leistungen erbracht? Was sind die Lessons Learned? Was sind Ergebnisse des Projekts im Lichte der Lehrveranstaltung? Sind die Ergebnisse und Deliverables erreicht? Waren Abweichungen in der Vorgehensweise Soll-Ist-Darstellung?
Ergebnispräsentation	8 min	Vorstellung Projektergebnisse	Was ist das Ergebnis des Projekts? Wie gut basiert sind die Ergebnisse? Welche Erkenntnisse wurden erarbeitet? Wie fundiert sind die Erkenntnisse? Welche Erkenntnisse und Modelle wurden hergeleitet? Welche Lehren und Konsequenzen können gezogen werden? Welche Ergebnisse werden/wurden wie publiziert? Wo sind offene Fragen? Was sind mögliche weitere Aktivitäten?

> **Hinweis zur Startpräsentation**
> Die folgenden Hinweise werden für die Präsentationen zu Projektstart gegeben.

- Wichtigster und kritischer Punkt eines Projekts ist die Initiierung und die Festlegung der Projektziele aus Sicht aller Beteiligten (Dozent, Kunde, Stakeholder, Projektleiter, Team).
  – Vision: Was wird sich durch das Projekt verbessern? Wo werden wir stehen?
  – Visionsformulierung z. B. durch den virtuellen Pressebericht.
  – Ziel: Was soll erreicht werden?
  – Zielformulierung in Form klarer Kriterien.
  – Erkenntnisse (Aussage):
  – Welche Frage wird durch das Projekt beantwortet? Welches Wissen wird erzeugt?
  – Methode (Vorgehensweise, Forschungsansatz)
  – Mit welchen Methoden wird das Ziel erreicht? Wie werden Ergebnisse erzielt und überprüft?
  – Mission (Aufgabe): Was ist zu tun? Was werden die Erfolgskriterien sein?
  – Deliverable Items (Produkt):
  – Welche konkreten Produkte müssen den Kunden übergeben werden?
  – Scope: Abgrenzung, welche Aufgaben nicht zum Projektgehören.
- Neben dem Projektergebnis (Qualität) ist das Projekt durch das magische Projektdreieck gegeben. Bitte beachten Sie die Vorgaben an Ressourcen (Workload, notwendige Bereitstellung durch Projektpartner und Hochschule) und Termine (Semesterplan, eine spätere Abgabe muss vorab vereinbart sein).
- Bitte beachten Sie, dass die schlagwortartige Beschreibung des Projekts im Aushang noch keine vollständige Beschreibung der Projektziele ist und dass das Projektteam für die anfängliche Definition und die laufende Abstimmung der Ziele mit Betreuer und Kunde verantwortlich ist.

6.3 Vorlagen und Hinweise

6.3.1 Hinweise zum Projekt

Den Studierenden soll sich der Hintergrund der Projekte und Projektmethode erschließen. Dazu kann ein vorbereitetes Formular mit Hinweisen sinnvoll sein. Das folgende Beispiel sollte nach den Bedürfnissen der jeweiligen Hochschule abgewandelt werden.

> **Exemplarische Projekthinweise**
> Die Projekte im Rahmen der Lehrveranstaltungen haben ein Ziel: Sie lernen etwas dabei. Die Ziele orientieren sich dabei an den Zielen des jeweiligen Moduls (siehe

6.3 Vorlagen und Hinweise

Modulbeschreibung). Der Lerneffekt soll in den Bereichen Fachkompetenz (Wissen, Verständnis), Methodenbeherrschung, Selbst- und Sozialkompetenz liegen.

Um dieses Ziel zu erreichen, planen wir für Sie in jedem Semester ein Portfolio von Projekten, die Ihnen in ihrer Gesamtheit diese Ziele vermitteln. Dieser Nutzen tritt nur ein, wenn Sie:

- Ihr Projekt ernst nehmen und die inhaltlichen und pädagogischen Ziele unterstützen,
- mit Betreuern und Stakeholdern rechtzeitig und offen kommunizieren,
- Ziele und Methoden klar definieren und planen (Research Proposal, Projektplan),
- Ihr Projektziel ernsthaft verfolgen und sich für den Projekterfolg einsetzen (Workload),
- im Team und im Gesamtkontext engagiert und verlässlich arbeiten (Disziplin),
- alle Projekte des Semesters beobachten und an den Präsentationen teilnehmen (Portfolio),
- im Semester offen die Probleme und Erfolge kommunizieren (Lessons Learned).

Damit dieser Lerneffekt erreicht wird, liegt ein weiteres Ziel darin, dass jedes unserer Projekte einen Nutzen für die Hochschule und die Gesellschaft stiftet. So können wir erwarten, dass Sie das Projektziel mit entsprechendem Engagement verfolgen und mit intrinsischer Motivation an das Projekt herangehen. Das bedeutet, wir haben

- keine Projekte für den Papierkorb oder Präsentationen um der Präsentation willen,
- keine Projekte, die nur einer begrenzten Gruppe nutzen ohne Relevanz für die Allgemeinheit,
- keine Projekte ohne Lernerfolg im Rahmen der Lehrveranstaltung.

Es ist Ihr Recht und Ihre Pflicht, diese Projektziele zu hinterfragen, damit Sie hinter dem Projekt stehen.

Der Nutzen der Projekte für die Teilnehmer wird nur erreicht, wenn Sie

- das Ziel und die Anforderungen der Stakeholder realistisch erarbeiten und definieren,
- die Projektziele und Planung mit den Aufwänden abstimmen und das Projektdreieck kalibrieren,
- das Projekt gemeinsam mit den Stakeholdern engagiert durchführen und dokumentieren,
- als Teammitglied das Projekt mit der entsprechenden Workload bearbeiten,
- im Projekt für eine gute Teamarbeit und Kommunikation sorgen
- als Projektleiter für eine faire Verteilung von Aufgaben, Workload und Verantwortung sorgen,
- die Stakeholder mit ihren berechtigten Ansprüchen ernst nehmen,

- alle Projektbeteiligten als Persönlichkeiten respektieren, und nicht nur als Mittel zum Zweck sehen,
- die Ansprüche an ein Projekt an einer Hochschule (Theorie, Quellen, Methodik) berücksichtigen,
- die Ergebnisse fundiert begründen, dokumentieren, kommentieren und evaluieren,
- eine Reflexion bezüglich der Ergebnisse und Prozesse durchführen,
- die Deliverable Items vollständig und systematisch abliefern.

Der Nutzen der Projekte für die Stakeholder, die Hochschule und die Allgemeinheit wird erreicht durch

- das erarbeitete Ergebnis und dessen Dokumentation inklusive Pressebericht in einer entsprechenden Qualität (wissenschaftlicher Anspruch, Nutzen für die Kunden, Ansprüche der Stakeholder, Anspruch der Hochschule und der SPO). Dabei ist auf eine entspreche Darstellung (Statistik, keine Tortendiagramme, sondern Zusammenhänge) und Schlussfolgerungen Wert zu legen.
- der Kommunikation des Projektergebnisses zu den einzelnen Zielgruppen in einer dem Projekt angemessenen Form.
- Dokumentation gegenüber Projektpartnern, Stakeholdern und Interessenten (pull-Effekt)
- Presseberichte für die Internetseiten von Hochschule, Studiengang und Projektpartnern, die Pressearbeit der Hochschule und der Stakeholder in Abstimmung mit den Projektpartnern (push-Effekt).

Wir wünschen Ihnen und uns viel Spaß und Erfolg bei der Projektbearbeitung.

6.3.2 Vorlage Projektübersicht

In Abschn. 4.1.1 wurden mögliche Parameter für eine Projektübersicht vorgestellt. Diese Liste könnte wie in Tab. 6.17 dargestellt aussehen

- Projektname, Inhalt und Aufgabe, Projekttyp (Organisation, Entwicklung, Analyse, ...)
- Stakeholder, Kontakt beim Stakeholder (Ansprechpartner)
- Status des Projekts (Idee, Konzeption, fest eingeplant, ...)
- Lehrveranstaltung, Studienfach, Semester, Gesamtzahl der Studierenden je Lehrveranstaltung
- Betreuer

Tab. 6.17 Exemplarische Projektübersicht (Ausschnitt)

Projektname	Stakeholder	Kontakt	Status	Fach/Semester	Zahl
AUSgebechert!	BUND	Müller	Fest geplant	PM W1 + QMNE W4	3 + 2
Smart City Events	Stadt	Weiss	Fest geplant	QMNE W4 + NEEvent W6	3 + 2
Bergbau	Hochschule	Meier	Idee	PM W1	4
WC4all	Buga2019	Huber	Angefragt	QMNE W4 + PM W1	2 + 3
Grüner Aal XYSchule	Stadt	Kaufmann	Noch offen	QMNE W4	3

6.3.3 Vorlagen für das Projektmanagement

Für das Projektmanagement können den Studierenden vielfach Vorlagen gegeben werden.

Manchmal ist es sinnvoller, die auf die im WWW oder als Teil von Standardsoftware (z. B. Organigramme) verfügbaren Vorlagen zu verweisen. Auch die Erstellung von Hilfsmittel mittels Tabellenkalkulationssoftware ist ein wertvoller Lerneffekt. Hier bieten sich folgende einfache Berechnungen an:

- Terminplanung aus Dauern und Meilensteinen mit grafischer Darstellung (Abschn. 5.3.3)
- Ressourcenberechnung im hierarchischem Arbeitsstrukturplan (Abschn. 5.3.4)
- Arbeitswertanalyse und Meilensteintrendanalyse (Abschn. 5.4.3)

Daneben bieten sich einfache Vorlagen an, die als bearbeitbare Datei ausgegeben werden können. Zwei Beispiele sind der Arbeitsstrukturplan (Abb. 6.3) und die Meilensteintrendanalyse (Abb. 6.4). Dabei können im Arbeitsstrukturplan die vorgegebenen Arbeitspakete bereits eingetragen werden, um eine Einheitlichkeit zu erreichen (Abb. 5.6).

6.3.4 Hinweise Poster und Pressebericht

Eine Vorlage für das Projektposter und für den Pressebericht sollten von der jeweiligen Hochschule entsprechend der Corporate Identity und dem Corporate Design in Abstimmung mit der Pressestelle/Öffentlichkeitsarbeit verfasst und kommuniziert werden.

Es bietet sich an, für das Poster ein großes Format (DIN A0 bzw. A1) zu wählen, da es als Darstellungsmedium den Zweck erfüllen soll, übersichtlich aufbereitet das Wesentliche zum Projekt kompakt zu vermitteln. Es kann beispielsweise bei den Präsentationen verwendet werden oder auch an den Stakeholder zur eigenen Öffentlichkeitsarbeit übergeben werden.

Abb. 6.3 Vorlage Arbeitsstrukturplan

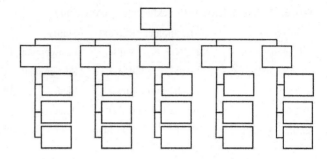

Abb. 6.4 Vorlage Meilensteintrendanalyse

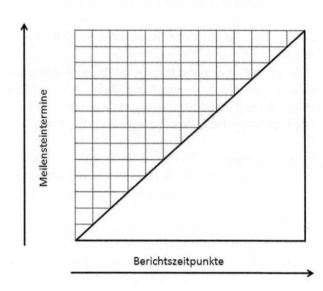

Hinweise zum Poster

Die folgenden Hinweise zum Poster sollten den Studierenden gegeben werden:

- Das Poster soll die Leistung und Ergebnisse Ihres Projekts für unbeteiligte Dritte darstellen. Wichtig ist die Darstellung der Ergebnisse (Erkenntnisse, Produkte) und von deren Relevanz für die jeweilige Zielgruppe.
- Inhalt, Schwerpunkte und Niveau je nach Zielgruppe (Öffentlichkeit, Fachleute, Wissenschaftler) anpassen.
- Format und Aufbau müssen den Vorgaben der Hochschule (Corporate Design) und ggf. den Vorgaben von Fakultät oder Institut entsprechen. Verwendung von Logos mit der Öffentlichkeitsarbeit und den Projektpartnern abstimmen.
- Verfasser und Betreuer mit Titel und Kontaktdaten
- Informationen zum Kontext (Lehrveranstaltung, Projekt) sind wichtig
- Text und Überschriften hinreichend groß (min. 14 pt/18 pt)

6.3 Vorlagen und Hinweise

- Grafiken und Bilder dort wo sie hilfreich sind und etwas aussagen, sinnvolle Diagramme sind wichtig.
- Das Poster wird von den Akteuren der Hochschule und eventuellen Projektpartnern bei geeigneten Veranstaltungen eingesetzt. Es kann also gut sein, dass Sie Ihrem Poster irgendwann mal wieder begegnen.

Der Pressebericht sollte die üblichen W-Fragen beantworten und die Kooperation zwischen Hochschule und Stakeholder deutlich machen.

Hinweise zur Pressemitteilung

Die folgenden Hinweise zur Pressemitteilung sollten den Studierenden gegeben werden:

- Bitte machen Sie sich klar, dass Sie Ihr Team, die Hochschule und die Projektpartner repräsentieren. Wissenschaftliche Exaktheit von Daten und Schlussfolgerungen, Sprache und Stil müssen zu einem Bericht einer Hochschule passen.
- Umfang: typischerweise zwei Seiten (12 pt, 1,5-zeilig), 300–600 Wörter
- wichtig: Verfasser, Datum, Kontaktdaten sind absolut notwendig
- Pressemitteilung (Inhalt und Empfänger) vor der Weiterleitung zunächst mit betreuendem Professor und betroffenen Stakeholdern absprechen. Bitte achten Sie auf Exaktheit und Belegbarkeit der Aussagen, Lesbarkeit und Verständlichkeit, potenzielle Missverständnisse und Angriffe, Rechtschreibung und Grammatik.
- Aufbau:
  - Die Headline muss griffig sein und neugierig machen und darf auch pfiffig sein
  - Der Vorspann. Er sollte in drei bis vier kurzen Sätzen die wichtigsten Informationen zusammenfassen und zum Weiterlesen animieren. Dabei hilft die Beantwortung der sieben W-Fragen: Wer hat was wann wo wie warum womit getan/erlebt/erzählt etc.
  - Nach dem Vorspann und der Ortsangabe folgt der Fließtext, der eigentliche Bericht. Nicht chronologisch aufgebaut, sondern beginnend mit den wichtigsten Informationen.
  - Ausgangproblem so, dass der Leser (Zielgruppe) betroffen ist
    - wichtigstes Ergebnis (Umsetzung der Vision)
    - wichtigste Aktivitäten (Umsetzung der Mission)
  - Zwischenüberschriften einbauen: sollten selbstredend und informativ sein
  - Die Abschnitte müssen für sich lesbar sein – falls die Presse kürzt.
  - Zusammenfassungen und Ergebnisse dürfen auch persönlich gefärbt sein
  - Projektteam, Projektleiter und Betreuer stehen für Fragen zur Verfügung: Projektleiter Vor- und Nachname, Email
- Die Frage „was soll rein?" ist einfach zu beantworten: all das, was die Zielgruppe interessiert.

- One message a time: Der Bericht sollte nur ein Kernthema haben. Dies ist bei Projekten normalerweise der Fall. Gegebenenfalls zwei Mitteilungen oder ein deutliches Dachmotto.
- Alle relevanten Beteiligten erwähnen:
  - Teilnehmer: Projektleiter, Projektpartner, Betreuer, Teammitglieder, Stakeholder
  - Alle mit Titel (Funktion) Vornamen und Nachnamen bei der ersten Nennung
  - Lob vom Projektpartner und Wörtliche Zitate nach Rücksprache
- Bilder bitte als JPG, Zu jedem Bild eine Unterschrift und alle Personen v. l. n. r. (auf dem Bild) mit Titel (Funktion) und Namen
- Diagramme sollten quantitative Ergebnisse unterstützen. Säulendiagramme für Abhängigkeiten sind einer wissenschaftlichen Darstellung eher adäquat; Tortendiagramme sind plakativ und zeitungsgeeignet, aber gezielt auszuwählen.
- Unterschiedliche Zielgruppen können unter Umständen unterschiedliche PM benötigen:
- Kontaktdaten der Pressestelle (Stabsstelle Öffentlichkeit), des projektverantwortlichen Dozenten, des Projektleiters und des Verfassers des Presseberichts. Bevorzugter Kontakt für Rückfragen ist anzugeben.
- Erreichbarkeit und unmittelbare Reaktion der Zeit nach Erhalt des Presseberichts durch die Zielgruppe und bei Arbeitsbeginn der Redakteure ist sicherzustellen.
- Pressemitteilung vor Weitergabe auf Lesbarkeit und Verständlichkeit, korrekte Verwendung und Schreibweise von Namen und Begriffen potenzielle Missverständnisse und Angriffe, Rechtschreibung und Grammatik prüfen lassen.

6.3.5 Spiele für Teambildung und Projektmanagement

Zur Bildung der Projektteams wurde in Abschn. 4.2 Teamspiele vorgeschlagen. Auch als Einführung in die Problematiken des Projektmanagements können Planspiele dienen.

Die Durchführung zweier Spiele wird im Weiteren erklärt. Der Schwerpunkt der Planspiele kann flexibel festgelegt und durch entsprechende Vorbereitung, Einführung, Aufgabenstellung und Zeitvorgaben umgesetzt werden.

Schwerpunkte können sein:

- Gruppenarbeit und Teambildung
- Kommunikation und interkulturelle Kompetenz
- Einführung in die Projektplanung
- Projektdreieck und Abwägungen
- Kostendenken und Gewinnrechnung
- Strategische Planung
- Risikobetrachtungen
- Einzelaspekte der Planung.

Tab. 6.18 Teamspiel: Papierturm

Material:	Schere, Klebestreifen (Tesa), Klebestift, Zeitungspapier 2–3 Bögen, eine Moderationskarte, ein Flipchartbogen
Aufgabenstellung:	Die Teams sollen einen Turm mit den oben angeführten Materialien konstruieren.
Zeit:	45 min
Bewertungskriterien:	Höhe, Standfestigkeit (mind. eine Minute) und Kreativität

6.3.5.1 Teamspiel Papierturm

Im Bau-Wettbewerb Turm (Tab. 6.18) planen und bauen die Teilnehmer einen Turm aus den vorgegebenen Materialien, wobei Papier eine gute und allgemein verfügbare Wahl ist.

Die Studierenden haben die Aufgabe mit bestimmten Materialien wie z. B. zwei Bögen Zeitungspapier/Klebestreifen, ein Lineal/eine Moderationskarte/ein Flipchartbogen/eine Schere (Material kann variieren) einen Turm in einer gewissen Zeit (20–30 min) herzustellen.

Die Kriterien, den Turmbau zu gewinnen sind die Höhe, die Kreativität und die Standfestigkeit (mindestens eine Minute).

Der Sinn des „Spiels" ist nicht unbedingt die Kriterien zu erfüllen, sondern die Studierenden hauptsächlich zur Kommunikation und strategischem Denken anzuregen sowie sich kennenzulernen. Des Weiteren sollen die Studierenden sich wie in einem Team fühlen und über die zuvor besprochenen Rollen im Team reflektieren: In welcher Rolle befinde ich mich selbst, welche Rolle nehmen die Teamkollegen ein?

6.3.5.2 Planspiel LegoTurm

Das Planspiel LegoTurm verdeutlicht zunächst die Idee des Projektdreiecks und der Abwägung zwischen Zeit, Ressourcen und Qualität auf zwei Ebenen: dem Bau des Turmes selbst (Höhe, Bauzeit, Verbrauch an Steinen, Mitarbeiterkapazität) und der Angebotsbearbeitung (Güte des Angebots, Dauer für die Angebotsabgabe). Daneben werden betriebswirtschaftliche Grundkenntnisse und kundenorientiertes Denken gefördert.

Je nach Zielgruppe kann das Spiel durch die Wahl der Parameter (Faktoren als Bonus/Malus) und der Größenordnungen (1 E = 1 €, 1000 € oder 1 Mio. €) angepasst werden.

Es kann auch als Basis für die Teambildung und die Beurteilung der Teilnehmer dienen. Die Tab. 6.19, 6.20 und 6.21 verdeutlichen das Vorgehen.

LegoTurm wird in zwei Phasen gespielt: Angebotsphase und Bauphase, wobei beide nach den Prinzipien des Projektmanagements zu planen sind.

Tab. 6.19 Teamspiel: LegoTurm

Material:	Legosteine, Papier, Stift
Aufgabenstellung:	Sie sind als Mitarbeiter der Firma P&B (Plan and Build) beschäftigt. Ihre Aufgaben sind: Ein Angebot erstellen und einen Lego-Turm bauen. Es ist während der Angebotsphase erlaubt, mit den Lego-Steinen zu bauen (die Bauten müssen aber wieder zerlegt werden), um eventuell die Bauzeit zu messen
Ziel des Spiels:	Ihre Firma möchte den Auftrag vom Kunden erhalten und erwartet einen Gewinn von 100 E.
Spielregeln	Bei mehreren Aufträgen gewinnt das Angebot mit der höchsten Differenz zwischen Angebotswert (mit Berücksichtigung von Bonus/Malus) Angebotspreis.
Dauer der Angebotsphase	30 min

Tab. 6.20 Aufgabenstellungsparameter

Größe	Zielwert	Parameter (Bonus/Malus)
Angebotspreis/Angebotswert	1000 E	Differenz zwischen ist Vergabekriterium
Planzeit, Abgabezeit Angebot	30 min	±50 E je Minute Abweichung
Turmhöhe	100 cm	±50 E je Zentimeter Abweichung
Bauzeit	1 min	±50 E je Sekunde Abweichung
Steine	Individuell	5 E je Stein
Mitarbeiter	Individuell	100 E je Mitarbeiter als Kosten

Tab. 6.21 Angebotsformular

Name des Unternehmens	
Turmhöhe	cm
Bauzeit	Sek
Angebotspreis	E
Dazu bestellen wir diese Anzahl Steine	
Dazu stellen wir die Anzahl von Mitarbeitern ein	
Abgebgeben nach	Min

6.4 Zusammenfassung

Die vorgestellten Checklisten, Formblätter und Vorlagen haben sich in der Praxis bewährt und sind für interessierte Hochschulen hilfreiche Inspirationen und Hilfsmittel zur Umsetzungen von studentischen Projekten in der Lehre. Diese müssen immer den eigenen Gegebenheiten und Gepflogenheiten angepasst werden, die nach Hochschultyp und Fachgebiet unterschiedlich sind.

Literatur

1. Belbin, R. M. (2010). *Management teams: Why they succeed or fail* (3. Aufl.). Oxford: Butterworth-Heinemann.
2. Venus, C. (2013). *Kompetenzmessung in der Prepared Project Method (PPM): Entwicklung und Erprobung eines Instruments zur Benotung der studentischen Projekte im Wirtschaftsingenieurwesen*. Abschlussarbeit, FU Hagen, Aalen.

Projektbeispiele 7

In diesem Kapitel werden zur Veranschaulichung Projektbeispiele der jeweiligen Projektarten im kurzen Portrait vorgestellt. Hier noch mal ein Überblick zu den Projektarten aus Abschn. 3.3 mit dort genannten und sehr kurz beschriebenen Projektbeispielen.

- **(Produkt-)Entwicklung** (Aalener Sonnenuhr; 3-D-Druck Offenhalter; City Guide)
- **(Veranstaltungs-)Organisation** (AIM und TdR; Repair Night Aalen)
- **Empirische Arbeit/Forschung** (Umfrage Fairtrade-Stadt Aalen; Alkoholprävention bei Jugendlichen)
- **Allgemeine Analyse** (Analyse der Mensa; nachhaltiger Einzelhandel)
- **Stoffaufbereitung** (CSR in ausgewählten Branchen)

Bei der Workload unterscheiden wir zwischen der Workload in CP (Credit Points) für die Lehrveranstaltung (LV) gesamt und der Workload in Stunden pro Student für das Projekt, wie auch schon in Abschn. 3.5 beschrieben wurde.

Übersicht der im Einzelnen dargestellten Projektbeispiele:

- Prävention Umfrage zum Sicherheitsgefühl
- Flashmob zum Thema Erste Hilfe bei plötzlichem Herztod
- Nachhaltiger Einzelhandel
- „Grüner Aal": eines von vielen Projekten im Oberprojekt zur Umsetzung Umweltmanagement
- Elektrische Bauelemente am Beispiel Anemometer
- Repair Night
- CSR in ausgewählten Branchen
- Kinderuniversität Ein Tag im Leben des Professors Krabatz
- Physik-Projekt: Der Große Preis von Hörsaal 129

- Bopfinger Bildungs-Bus
- Projekt zum Teambuilding
- Organisation eines Workshops zur Qualitätsverbesserung im Studiengang

7.1 Sicherheitsbefragung

Umfragen sind in allen Bereichen mögliche und dankbare Projekte
Das Projekt Sicherheitsbefragung war eines der ersten großen vorlesungsbegleitenden Projekte der Hochschule und wird in Tab. 7.1 kurz vorgestellt. Es wurde in Zusammenarbeit von Polizeidirektion, Stadtverwaltung und Hochschule Aalen mit Unterstützung durch das Institut für Kriminologie der Universität Tübingen durchgeführt.

Projektziel und Aufgabenstellung
In einer Vorbefragung durch Erstsemester wurden im SS 2001 von zwei Teams das Sicherheitsgefühl der Aalener Bürger durch mündliche Befragungen (Expertenbefragung und Bürgerbefragung) analysiert. Ziel war eine Fundierung der Bürgerbefragung. Die Bürgerbefragung fand im Frühjahr 2002 statt. Die Erstellung des Berichts war Inhalt einer Studienarbeit. Abschluss der Bürgerbefragung mit Auswertung durch das Institut für Kriminologie der Universität Tübingen war im Frühjahr 2003.

Projektverlauf
Nach der offiziellen Bürgerbefragung 2002 sollten im WS 2002/03 in der Fußgängerzone in Aalen ca. 500 Personen per Zufallsprinzip von Studierenden der FH Aalen in einem persönlichen Interview zum Fragebogen der offiziellen Bürgerbefragung 2002 befragt werden. Zudem wurden Akzeptanz und Effekte der Befragung analysiert.

Da bei der Befragung kritische Stimmen bezüglich der Rolle von Migranten im Fragebogen geäußert wurden, wurde eine Befragungsgruppe speziell auf das Thema Akzeptanz der Befragung bei Migranten angesetzt. Die direkte Ansprache der jeweiligen

Tab. 7.1 Auf einen Blick: Sicherheitsbefragung

Projektname	Gefühlte Sicherheit in der Stadt
Projektart	Empirische Arbeit
Aufgabe und Ziel	Befragung der Bürger zu ihrem Empfinden von Sicherheit im öffentlichen Raum
Fach	Projektmanagement (1. Semester)
Studiengang	Wirtschaftsingenieurwesen
Umfang (CP LV und Projektstunden)	4 SWS 60 h
Gruppengröße	4
Stakeholder	Polizeidirektion
Übertragbarkeit	Empirische Konzeptentwicklung

Muttersprachler durch die Studierenden hat zu einer hohen Beteiligung von Menschen mit Migrationshintergrund geführt und hat auch nach Ansicht der Polizei für eine höhere Akzeptanz gesorgt. Auch für die Studierenden war es eine interessante Erfahrung.

Projektergebnis
Die Auswertung und Interpretation der Befragungsdaten erfolgte hier durch die studentischen Teams und floss in die gemeinsame Präsentation vor Verwaltungsspitze und Gemeinderat ein.

Schwierigkeiten/darauf ist besonders zu achten
Die Grundkonzepte und Fragen müssen vom Team mit den Stakeholdern detailliert ausgearbeitet werden. Bei Projekten mit einer sensiblen Thematik und einem damit verbundenen hohen Aufmerksamkeitswert ist besonders auf die Formulierungen und das Vorgehen zu achten.

7.2 Flashmob zur Ersten Hilfe

Die Organisation von Veranstaltungen ist immer ein spannendes Projekt.
Projekte im öffentlichen Raum geben gesellschaftlich relevanten Themen Sichtbarkeit, einen Überblick liefert Tab. 7.2.

Projektziel und Aufgabenstellung
Das Ziel des Projekts ist die Bevölkerung für die Wichtigkeit der Ersten Hilfe am Beispiel des Themas „plötzlicher Herztod" zu sensibilisieren um damit die Tragweite bei Unterlassung der Ersten Hilfe sichtbar zu machen (Abb. 7.1). Die Aufgabe ist, einen sogenannten Flashmob zu organisieren. Laut Duden ist ein Flashmob „eine kurze, überraschende öffentliche Aktion einer größeren Menschenmenge, die sich anonym, per moderner Telekommunikation dazu verabredet hat."

Tab. 7.2 Auf einen Blick: Flashmob zum Thema Erste Hilfe

Projektname	Flashmob zum Thema Erste Hilfe
Projektart	(Veranstaltungs-)Organisation
Aufgabe und Ziel	Plötzlicher Herztod
Fach	Projektmanagement (1. Semester)
Studiengang	Wirtschaftsingenieurwesen
Umfang (CP LV und Projektstunden)	5 CP 110 h
Gruppengröße	4
Stakeholder	Malteser Hilfsdienst
Übertragbarkeit	Flashmobs und andere Kommunikationsmittel

Abb. 7.1 Erste Hilfe bei plötzlichem Herztod

Projektverlauf

Das Projektziel wurde definiert und ein Lastenheft, Pflichtenheft, Arbeitsstrukturplan usw. entwickelt. Nach Rücksprache mit dem Kunden wurde die Vorgehensweise des Flashmobs festgelegt. Danach wurde die Choreografie der beteiligten Darsteller erarbeitet und sämtliche organisatorische Arbeitspakete durchgeführt. Diese waren z. B. die Geldmittelbeschaffung für ein Banner und Plakate, Einbindung von Polizei, Ordnungsamt und Rettungsleitstelle, Fragebögen zur Meinungserfassung der Bevölkerung erstellen, Hauptprobe mit den Darstellern und vieles mehr. Am Aktionstag wurden in der Innenstadt drei Informationsinseln zu speziellen Notfällen verteilt aufgestellt und zwei Stunden später der Flashmob durchgeführt. Ein Schauspieler stellte einen plötzlichen Herztod dar. In weiteren Rollen waren eine schreiende Frau, ein Arzt, ein neugieriger, filmender Passant und ein Rettungswagen mit Sanitäter involviert. Die vorbereitenden Aufgaben erforderten zehn Treffen des Projektteams, fünf Treffen mit unterschiedlichen Stakeholdern und drei Treffen mit dem Projektkunden Malteser.

Projektergebnis

Am Tag des Flashmobs wurden die Informationsstände aufgebaut, der Flashmob durchgeführt und gefilmt, die Bevölkerung befragt und danach alles wieder abgebaut. Zu der Aktion gab es Veröffentlichungen in der lokalen Presse sowie im regionalen Fernsehen. Es wurde eine Projektdokumentation und -präsentation erstellt.

Schwierigkeiten/darauf ist besonders zu achten

Da das Projekt einen hohen Organisations- und Koordinierungsaufwand hat, ist eine zielstrebige Kommunikation erforderlich.

7.3 Nachhaltiger Einzelhandel

Die Entwicklung von Konzepten sollte immer auch den gesellschaftlichen Aspekt berücksichtigen.

Studierende können in der in Tab. 7.3 vorgestellten Projektart „Allgemeine Analyse" ihre methodischen Fähigkeiten ausbauen, indem sie beispielsweise statistische Methoden zur Auswertung anwenden.

Projektziel und Aufgabenstellung

Die Aufgabenstellung für das Projekt, nachhaltiger Einzelhandel am Beispiel Rewe in Schwäbisch Gmünd, war die Entwicklung und Ausarbeitung eines Konzepts zur Gestaltung einer nachhaltigen Entwicklung des Markts, um eventuell auch mehr Kunden anzusprechen.

Projektverlauf

Da die Rewe-Filiale durch seine schon sehr nachhaltige Einrichtung und die Öffnungszeiten ein gewisses Niveau an Einzigartigkeit hat, lag es in den Händen der Projektgruppe, weitere Ideen zu sammeln, um den Laden nachhaltiger und bekannter zu machen. Dabei entschied sich die Gruppe zuerst für die einzelnen Themenbereiche: Verbesserung der Entsorgung, Sonderpreisaktion, Produkte mit längerer Haltbarkeit, Kosten und Organisation, alterative Lebensmittel und Produkte aus der Region, Alternative für Plastiktüten, Einsparung bei Strom- und Heizenergie und Nachhaltigkeitslabels für Flyer. Nach der zweiten Besprechung mit dem Marktleiter wurden einige Themen gestrichen. Im Blickpunkt standen folgende Themen: Präsentation von Lebensmitteln (alternative Lebensmittel), Wochenmarktecke (Produkte aus der Region), Energieeffizienz und Nachhaltigkeitslabels für Flyer. Es wurde der Wochenmarkt besucht, um dort regionale Händler für die Wochenmarktecke zu gewinnen.

Tab. 7.3 Auf einen Blick: nachhaltiger Einzelhandel

Projektname	Nachhaltiger Einzelhandel
Projektart	Allgemeine Analyse
Aufgabe und Ziel	Analyse der Möglichkeiten von Nachhaltigkeit für einen Einzelhändler
Fach	Qualität und Nachhaltigkeit (4. Semester)
Studiengang	Wirtschaftsingenieurwesen
Umfang (CP LV und Projektstunden)	5 CP 110 h
Gruppengröße	5
Stakeholder	Einzelhandelsgeschäft
Übertragbarkeit	Handel und generelle Konzepte

Projektergebnis
Folgende Aktionen werden im Markt implementiert

- Präsentation der Lebensmittel (vegane Produkte, Fairtrade-Produkte, etc.)
- Wochenmarktecke
- Label von nachhaltigen Produkten auf Flyer
- Energiecoaching von der IHK

Schwierigkeiten/darauf ist besonders zu achten
Schwierigkeiten hatte die Gruppe durch die Situation, dass der Rewe-Markt schon sehr auf Nachhaltigkeit bedacht war. Trotzdem war der Stakeholder mit dem Ergebnis zufrieden.

7.4 „Grüner Aal"

Projekte mit Schulen sind für Studierende interessant und für die Gesellschaft nützlich.

Zur Einführung und Festigung des Umweltmanagementsystems für Schulen und Jugendeinrichtungen „Grüner Aal" fanden sehr viele Einzelprojekte statt. Die Stadt Aalen ist der Träger des „Grünen Aals" und somit bei vielen Projekten der Kunde (Stakeholder). Die Anforderungen des „Grünen Aals" werden durch ein Peer Audit bewertet und sofern dieses erfolgreich ist, das Zertifikat verliehen. Wie Tab. 7.4 zeigt, handelt es sich hier um ein semesterübergreifendes Projekt (Abb. 7.2).

Tab. 7.4 Auf einen Blick: Umweltmanagementsystem „Grüner Aal"

Projektname	Umweltmanagementsystem „Grüner Aal"
Projektart	Entwicklung
Aufgabe und Ziel	Verbreitung und Stärkung des „Grüner Aals"
Fach	Projektmanagement (1. Semester) Qualität und Nachhaltigkeit (4. Semester)
Studiengang	Wirtschaftsingenieurwesen
Umfang (CP LV und Projektstunden)	5 CP 110 h
Gruppengröße	3 (1. Semester) und 2 (4. Semester)
Stakeholder	Stadt Aalen/Agendagruppe „Grüner Aal"
Übertragbarkeit	Managementsysteme für die Umsetzung von Konzepten

7.4 „Grüner Aal"

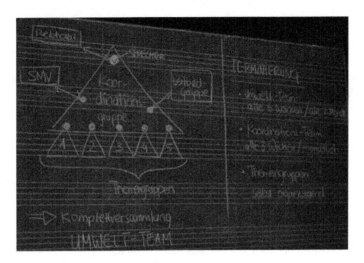

Abb. 7.2 Planung zur Einführung des „Grünen Aals"

Projektziel und Aufgabenstellung
Die Vision des Projekts ist die Verbreiterung und Stärkung des Umweltmanagementsystems „Grüner Aal" in Aalen und Umgebung. Daraus entwickelte sich das Ziel, am Nachhaltigkeitstag die im Semester zuvor gestaltetet neuen Flyer zu verteilen und somit den „Grünen Aal" bekannter zu machen. Zudem wurde für diesen Tag von der Projektgruppe ein Beitrag zum Science Slam vorbereitet und durchgeführt. Ein Science Slam ist geballte Wissenschaft in zehn Minuten, verpackt in spannende und anschauliche Vorträge.

Projektverlauf
Nach dem ersten Treffen mit dem Betreuer war den Studierenden das Ziel klar. Nach der Anmeldung am Nachhaltigkeitstag mit Stand und am Science Slam beschäftigte sich das Projektteam mit dem Inhalt (beispielsweise mit dem Beitrag für den Science Slam sowie Plakate für den Stand). Da alle Mitglieder des Projektteams aus dem vierten Semester waren, fanden weitere Treffen unregelmäßig nach Bedarf oder zur Abfrage des Projektstandes statt.

Projektergebnis
Der Film über den Science-Slam-Beitrag war auch t eine Vorlage für einen Werbefilm für Schulen, Projektdokumentation und -präsentation.

7.5 Anemometer mit NTC

Technische Projekte erfordern Vorkenntnisse und vertiefen das Wissen.

Die theoretischen Inhalte der Vorlesung „Grundlagen Bauelemente" sollen durch praktische Anwendungen gefestigt werden (siehe Tab. 7.5).

Projektziel und Aufgabenstellung

Ziel des Projekts ist es, ein Anemometer mit geeigneten NTCs als Temperatursensoren zu entwickeln. Bei dem Anemometer soll die prinzipielle Funktion, eine Windgeschwindigkeit zu messen, nachgewiesen werden. Als Anzeige soll ein Digitalmultimeter im Spannungsmessbereich verwendet werden. Das eigentliche Projektziel des Lehrenden ist, dass die Studierenden den Lehrstoff begreifen und Begeisterung für elektronische Schaltungen entwickeln.

Folgende Aufgaben sollen dabei durchgeführt werden:

- Auswahl eines geeigneten NTC-Typs zur Temperaturmessung und Messung der Windgeschwindigkeit. Der NTC soll dabei aus einer der beiden Typenreihen (Datenblatt im Anhang) ausgewählt werden.
- Konzeption der gesamten Signalverarbeitung.
- Diese soll ausschließlich analog, d. h. über Operationsverstärker erfolgen. Das Anzeigegerät ist ein Digitalmultimeter für Spannungsmessungen.
- Bestimmen der Betriebspunkte der NTC.
- Betrieb eines NTC zum Erfassen der Umgebungstemperatur mit geringem Betriebsstrom, um eine Eigenerwärmung zu vermeiden. Betrieb eines weiteren NTC mit Eigenerwärmung, um eine Information über die Windgeschwindigkeit zu gewinnen. Eine geeignete äußere Beschaltung des NTC ist zu entwerfen.
- Erzeugen einer Einrichtung zum Kalibrieren der Anordnung (z. B. Lüfter, prof. Anemometer). Kalibrieren der Windgeschwindigkeit aus den Messdaten mit dem erstellten Anemometer.
- Diskussion von Störeinflüssen auf die Messgenauigkeit (z. B. Änderung der Umgebungstemperatur).

Tab. 7.5 Auf einen Blick: Anemometer mit NTC

Projektname	Anemometer mit NTC
Projektart	Entwicklung
Aufgabe und Ziel	Elektronische Bauelemente entwickeln
Fach	Elektronik Grundlagen
Studiengang	Optoelektronik/Lasertechnik (2. Semester)
Umfang (CP LV und Projektstunden)	0 CP 30 h
Gruppengröße	2
Stakeholder	Studiengang
Übertragbarkeit	MINT Unterricht

Projektverlauf
Nachdem der Lehrende die Aufgabe erklärt hat, konnten die Studierenden selbstständig im Labor ihr Projekt bearbeiten. Eine studentische Hilfskraft aus dem höheren Semester stand den Studierenden für Fragen zur Verfügung. Als zusätzliche Hilfsmittel wurden das Vorlesungsskript und Informationen aus dem Internet verwendet.

Projektergebnis
Das Anemometer mit NTC wurde konstruiert und das Vorgehen sowie die Funktionsweisen dokumentiert.

Schwierigkeiten/darauf ist besonders zu achten
Das Projekt wurde bei Studierenden mit Lernrückstand durchgeführt. Das Bestehen der Klausur war somit deren Motivation das Projekt zu bearbeiten.

7.6 Repair Night

Projekte können dazu beitragen, dass mithilfe einer Veranstaltung lokale Initiativen und Bürger zusammengebracht werden.

Solche Kooperationen geben den Beteiligten mehr Sichtbarkeit und ziehen verschiedene Zielgruppen an (siehe Tab. 7.6).

Projektziel und Aufgabenstellung
Die Initiative „Repair Café Aalen" wollte ihre Bekanntheit unter der Bürgerschaft erhöhen. Hilfreich war in diesem Zusammenhang das Repair Café, das an die Hochschule

Tab. 7.6 Auf einen Blick: Repair Night

Projektname	Repair Night
Projektart	Veranstaltungsorganisation
Aufgabe und Ziel	Planung und Durchführung einer Abendveranstaltung, Aktivierung von Teilnehmern
Fach	Projektmanagement (1. Semester) Qualität und Nachhaltigkeit (4. Semester)
Studiengang	Wirtschaftsingenieurwesen
Umfang (CP LV und Projektstunden)	5 CP 110 h
Gruppengröße	3 (1. Semester) und 2 (4. Semester)
Stakeholder	Repair Café Aalen & Referentin für Nachhaltige Entwicklung der Hochschule Aalen
Übertragbarkeit	Ähnliche Events

Aalen geholt wurde, um sich und sein Angebot im Rahmen einer „Repair Night" zu präsentieren (Abb. 7.3). Das „Repair Café" ist ein Veranstaltungsformat, bei dem die Teilnehmer alleine oder gemeinsam unterstützt von ehrenamtlichen Helfern ihre defekten Gebrauchsgegenstände zu reparieren (z. B. Kleidung, Möbel, elektrische Geräte, Fahrräder, Spielzeug).

Projektverlauf
Drei Monate vor der „Repair Night" wurde das Projekt mit dem Repair Café Aalen formuliert. Eine weitere genauere Projektdefinition mit Projekt-Team und allen Beteiligten folgte dann ein Monat vor der Veranstaltung. Aufgabe war es, das Event zu planen und damit verbunden Räumlichkeiten und benötigte Materialien zu organisieren sowie zielgruppenorientiertes Marketing und Öffentlichkeitsarbeit zu betreiben. Die Studierenden aus dem Fach Qualitätsmanagement definierten zudem Erfolgsindikatoren und stellten die Evaluation sicher.

Projektergebnis
Zur Veranstaltungsankündigung wurde ein Poster entworfen und der Facebook-Auftritt optimiert sowie ein kurzes Video – auch für weitere Werbezwecke – erstellt. Die von den Studierenden definierten Erfolgsindikatoren konnten abgeprüft und erreicht werden. Insbesondere wurde bei verschiedenen Teilnehmer ein tiefer gehendes Interesse am Thema „reparieren statt wegwerfen" erzeugt.

Schwierigkeiten/darauf ist besonders zu achten
Bei der Raumplanung ist darauf zu achten, dass alle relevanten Stellen rechtzeitig mit einbezogen bzw. informiert werden.

Abb. 7.3 Ankündigung der Repair Night

7.7 Corporate Social Responsibility

Tab. 7.7 Auf einen Blick: CSR in ausgewählten Branchen

Projektname	CSR in ausgewählten Branchen
Projektart	Stoffaufbereitung
Aufgabe und Ziel	Erstellen einer Dokumentation zur Umsetzung von Nachhaltigkeit im Unternehmen
Fach	Nachhaltige Entwicklung (6. Semester)
Studiengang	Wirtschaftsingenieurwesen (berufsbegleitend)
Umfang (CP LV und Projektstunden)	5 CP 110 h
Gruppengröße	2 (je Branche im folgenden Beispiel)
Stakeholder	Intern
Übertragbarkeit	Umsetzung zur inhaltlichen Vertiefung

7.7 Corporate Social Responsibility

Die Aufbereitung von Stoff sollte sich nicht auf das reine Reproduzieren beschränken, sondern ein Ziel haben.

Die Aufbereitung von vorhandenen Daten und Dokumenten fördert die Fähigkeit zur wissenschaftlichen Auseinandersetzung mit Sachverhalten, einen Überblick gibt Tab. 7.7.

Projektziel und Aufgabenstellung

Im Rahmen des Projekts sollte die Umsetzung der gesellschaftlichen Verantwortung von Unternehmen (Corporate Social Responsibility) aufbereitet und verglichen werden. Ziel war vor allem, den Studierenden einen Überblick zu geben.

Projektverlauf

Zunächst erarbeiteten sich die Studierenden das Thema CSR und recherchierten über die jeweilige Branche. Dann wählte jedes Team zwei Unternehmen aus und jeder Studierende analysierte eines davon. So konnten in der Präsentation vor den Kommilitonen und in der Dokumentation zu jeder Branche zwei Unternehmen gegenübergestellt werden.

Beispiele für verschiedene Industrien

Die Studierenden hatten folgende Paare ausgewählt:

1. Gastronomie: Spisehuset Rub & Stub/Mc Donalds
2. Städte: Geislingen an der Steige/Aalen
3. Hochschulen: Aalen/Weihenstephan
4. Textilindustrie: Hennes & Mauritz/Primark
5. Getränkeindustrie: TEEKANNE/Tchibo
6. Großveranstaltungen Fußball: EM 2008/FIFA WM 2014
7. Automobilzulieferer: Bosch/ZF
8. Ölindustrie: BP/Exxon Mobil

Projektergebnis
Die Ergebnisse wurden von den jeweiligen Teams vorgestellt. Außerdem wurden die Ergebnisse als Gesamtdokument zusammengestellt und an die Teilnahme verteilt.

Schwierigkeiten/darauf ist besonders zu achten
Die Verteilung der Branchen kann durch Verlosung oder anhand der Vorkenntnisse gestaltet werden.

7.8 Kinderuni

Stoffvermittlung kann ein spannendes Projekt sein
Im Vergleich zu Abschn. 7.7 (CSR) eine ganz andere Form der Stoffaufbereitung, die in einer sehr lebendigen Veranstaltung mündete, zeigt Tab. 7.8.

Projektziel und Aufgabenstellung
Im Rahmen des Projekts sollten Studierende im Masterstudium Analytische und Bioanalytische Chemie eine Kinderuni zum Thema Chemie im Alltag vorbereiten und durchführen (Abb. 7.4).

Tab. 7.8 Auf einen Blick: Kinderuni

Projektname	Kinderuniversität Chemie
Projektart	Stoffaufbereitung und Organisation
Aufgabe und Ziel	Aufbereitung von Inhalten aus der Chemie für Kinder
Fach	Projektmanagement
Studiengang	Master Chemie
Umfang (CP LV und Projektstunden)	5 CP 110 h
Gruppengröße	4
Stakeholder	Extern
Übertragbarkeit	Für ähnliche Events

Abb. 7.4 Logo von explorhino

Projektverlauf

Für ein solches Thema mit pädagogischem Schwerpunkt war bei der Projektvergabe ein anfängliches Zögern der Studierenden zu spüren. Die Studierenden des Masters of Science hatten den Schwerpunkt Bioanalytische Chemie und sind stark an der Forschung orientiert. Das Team hat aber das Thema engagiert aufgegriffen und gemeinsam mit der Leiterin der Kinderuni Ideen diskutiert. Die Herausforderung, in der Aula der Hochschule mehreren Hundert Kindern das Thema Chemie zu vermitteln, begeisterte das Projektteam.

Projektergebnis

Die Veranstaltung „Ein Tag im Leben des Professor Krabatz" war ein voller Erfolg: die als „Professor Krabatz" verkleidete Studentin und die Moderatorin führten anhand von Beispielen aus dem Alltag die Bedeutung der Chemie mit beeindruckenden Experimenten vor. Die Kinder und Jugendlichen sowie die die begleitenden Eltern waren begeistert.

Ankündigungstext der Kinderuni in der Presse:
Samstag, 05.04.2014, Studierende der Fakultät Chemie
10:30–11:30 Uhr in der Aula der Hochschule
„Zauberhafte Chemie im Alltag von Professor Krabatz"
Wer hat schon Feuer rutschen sehen oder Gummibärchen brummen hören? Und am Schluss löst sich doch alles in Licht auf!
Anschließend dürfen die Kinder im Foyer experimentieren.

Schwierigkeiten/Darauf ist besonders zu achten

Neben den inhaltlichen und didaktischen Anforderungen sind auch organisatorische und sicherheitstechnische Nebenbedingungen zu beachten.

7.9 Der große Preis von Hörsaal 129

Einen Wettbewerb zu organisieren ist eine vielfältige Herausforderung.

Der in Tab. 7.9 vorgestellte Ansatz liefert eine Lösung für die Einbindung nicht unmittelbar benoteter Projekte (siehe auch Abschn. 4.5.1.4).

Projektziel und Aufgabenstellung

Ziel war es, die physikalischen Phänomene der Energieerhaltung, der Reibung und der Rollbewegung zu wiederholen und zu vertiefen. Zudem sollte durch die Bearbeitung eines realen Problems die Verknüpfung von der theoretischen mathematischen Beschreibung mit der hier ausprobierbaren Alltagserfahrung hergestellt werden.

Tab. 7.9 Auf einen Blick: Der große Preis von Hörsaal 129

Projektname	Der große Preis von Hörsaal 129
Projektart	Entwicklung
Aufgabe und Ziel	Wettrennen mit selbst gebauten Fahrzeugen
Fach	Physik 1 (2. Semester)
Studiengang	Wirtschaftsingenieurwesen
Umfang (CP LV und Projektstunden)	keine CP (die Lehrveranstaltung selbst hat 5 CP) ca. 10 h
Gruppengröße	3–4
Stakeholder	intern
Übertragbarkeit	Aktivierende Lehre MINT

Projektverlauf

Das Projekt wurde ausgegeben, nachdem alle relevanten Themengebiete in der Vorlesung behandelt worden waren. Die Studierenden sollten in einem Zeitraum von vier Wochen ihren Bericht erstellen, in dieser Zeit konnten sie sich bei Fragen oder Problemen jederzeit an den Betreuer wenden. Nach der Abgabe hatten die Studierenden noch zwei Wochen Zeit, ihr Fahrzeug zu bauen, bevor das Rennen stattfand. Es gab keine CPs für das Projekt. Um die Motivation der Studierenden trotzdem zu erhalten, wurde in der Klausur explizit eine Aufgabe aus dem vertieften Themengebiet gestellt.

Projektergebnis

Die Studierenden mussten einen Projektbericht abgeben, in dem sie erklärten, wie sie ihr Fahrzeug bauen werden und warum ihr Fahrzeug derart gebaut wurde, wie sie es realisiert haben. Dazu gehörte die Diskussion der physikalischen Situation mit den daraus resultierenden Anforderungen an das Fahrzeug sowie eine Erläuterung der Umsetzungen dieser Anforderungen (Konstruktion, Material, usw.). Weiterhin mussten sie für das Wettrennen aus recycelbarem Material ein Fahrzeug ohne Antrieb bauen, das den im Bericht herausgearbeiteten Anforderungen nahekommt.

Schwierigkeiten/darauf ist besonders zu achten

Die Zeit zwischen Projektvergabe und Abgabe des Projektberichts war zu lang. Dadurch sind der Fahrzeugbau und das eigentlich Rennen in die Prüfungsvorbereitungszeit gerutscht, was sich am Ende an der mangelnden Motivation zeigte. Ein Zeitraum von zwei Wochen für die Erstellung des Projektberichts sollte genügen. Gerade Studierende der ersten beiden Semester haben häufig noch Problem den Ansatz zu finden, sodass mit allen Projektgruppen in einem Gespräch der Zwischenstand abgefragt werden könnte, in dem dann Hilfestellung gegeben werden kann. Als Variante könnte man zumindest die Ideenfindung für den Projektbericht in einer betreuten Zeit für alle Projektgruppen gleichzeitig stattfinden lassen, so sehen die Betreuer sofort an welchen Stellen Hilfe benötigt wird und können effektivere Hilfestellungen geben.

7.10 Bopfinger Bildungs-Bus

Umfragen sollten auch in klaren Analysen oder Konzepte münden.
Bei empirischen Arbeiten (wie in Tab. 7.10 dargestellt) ist die Vorbereitung ein wesentlicher Punkt des Projekts, und es muss besonders auf die Methodik Wert gelegt werden (Abb. 7.5).

Projektziel und Aufgabenstellung
Die Bopfinger Volkshochschule (VHS) möchte die Teilnehmerzahlen an Veranstaltungen in den Wintermonaten erhöhen. Daraus resultierte die Aufgabenstellung, Bürger aus Bopfingen und ausgewählten Teilgemeinden hinsichtlich ihrer Akzeptanz eines sogenannten „Bildungs-Busses" zu befragen. Des Weiteren möchte die VHS-Ostalb zur zukünftigen Programmplanung wissen, welche Themen besonders Senioren interessieren.

Tab. 7.10 Auf einen Blick: Bopfinger Bildungs-Bus

Projektname	Bopfinger Bildungs-Bus
Projektart	Empirische Arbeit
Aufgabe und Ziel	Befragung und Konzepterstellung
Fach	Projektmanagement (1. Semester) Qualität und Nachhaltigkeit (4. Semester)
Studiengang	Wirtschaftsingenieurwesen
Umfang (CP LV und Projektstunden)	5 CP 110 h
Gruppengröße	3 (1. Semester) und 2 (4. Semester)
Stakeholder	Extern
Übertragbarkeit	Konzepterstellung mit empirischer Basis

Abb. 7.5 Logo Bopfinger-Bildungs-Bus

Projektverlauf

Bereits beim ersten Treffen mit den Stakeholdern wurde deutlich, dass zum einen der Bildungs-Bus beworben und zum anderen durch eine Umfrage die Wünsche der Bürger erhoben werden sollen. Der Bildungs-Bus soll vor allem ältere Bürger zu den VHS-Veranstaltungen fahren. Nach der Definition der Zielgruppe und der Formulierung der Leitfragen mit den Stakeholdern wurde eine empirische Erhebung vorbereitet. Als Erhebungsinstrument diente ein standardisierter Fragebogen zur Durchführung der persönlichen Interviews. Die insgesamt 8 Interviewtermine, meist an Seniorennachmittagen, wurden in der Presse angekündigt. Mit über 200 Interviews war die Beteiligung groß und damit ein gutes Fundament für die Auswertung gegeben.

Projektergebnis

Die Auswertung und Interpretation der Befragungsdaten wurde an die Agenda-Gruppe „Kultur und Soziales" übergeben. Das Befragungsergebnis zeigt, dass Bopfingens Senioren Interesse an einem Bildungsbus haben und im Allgemeinen bereit sind, hierfür zu spenden. Für das kommende VHS-Semester arbeitete die Agenda-Gruppe mit einem Busunternehmen zwei Fahrtrouten aus. Im neuen Heft der VHS Ostalb wurden die Busrouten abgedruckt. Es wird überlegt, zukünftig ein Extra-Flyer mit den Bustouren und den entsprechenden Vorträgen zu drucken.

Schwierigkeiten/darauf ist besonders zu achten

Die Leitfragen müssen mit den Stakeholdern detailliert ausgearbeitet werden, damit die gewonnenen Rohdaten analysiert und interpretiert werden können.

7.11 Teambuilding

Projekte können zur Verbesserung der Situation an der Hochschule eingesetzt werden.

Hier (siehe Tab. 7.11) ging es u. a. um eine Verbesserung der Kommunikation unter den Studierenden und der Interaktion zwischen den verschiedenen Semesterstufen.

Tab. 7.11 Auf einen Blick: Teambuilding

Projektname	Teambuilding für Chemie-Studierende im ersten Semester
Projektart	Organisation
Aufgabe und Ziel	Organisation eines Teambuilding-Events für die Ersties
Fach	Chemie (4. Semester)
Studiengang	Chemie
Umfang (CP LV und Projektstunden)	5 CP 110 h
Gruppengröße	5
Stakeholder	Studiengang Chemie
Übertragbarkeit	Für alle Lehrsituationen

Projektziel und Aufgabenstellung
Eine Aufgabenstellung für dieses Projekt war es, den Erstsemestern die Vorteile von Lerngruppen aufzuzeigen. Durch interessante Aufgaben aus dem Alltag sollte die Begeisterung und dadurch die intrinsische Motivation für Chemie hervorgerufen werden. Zudem wurde die Bedeutsamkeit von Grundkenntnissen in der Chemie hervorgehoben.

Projektverlauf
Die Projektgruppe hatte drei Veranstaltungen angedacht. Jedes der drei Treffen (Lernveranstaltungen) war mit den Aspekten „Inhalt", „Spaß" und „Mitmachen" gefüllt.

Erstes Treffen:
Vortrag über Bedeutung, Vorteile und Ziele einer Lerngruppe mit der Erläuterung der Selbsterfahrung. Eine Aufklärung über die Rollen in der Teamarbeit durfte nicht fehlen. Spielen eines Planspiels in dem ein soziotechnisches System simuliert wurde.

Zweites Treffen:
Im zweiten Treffen lag der Fokus auf den Vorteilen einer Lerngruppe unter dem Motto im Team entstehen mehr Ideen. Es wurden mehrere Aufgaben gestellt wie z. B. das physikalische Gewicht der Erde. In den Gruppen wurden verschiedene Wege diskutiert, um die Ergebnisse der Aufgabenstellungen, ohne Taschenrechner, zu erhalten.

Drittes Treffen:
Im dritten Treffen sollten die Studierenden im Team eine Präsentation über ein Naturphänomen basierend auf der Chemie vorbereiten.

Projektergebnis
Durch eine Evaluation seitens der Studierenden wurde festgestellt, dass einige Studierende sich zu Lerngruppen zusammengeschlossen haben. Dadurch war dieses Ziel erreicht.

Schwierigkeiten/darauf ist besonders zu achten
Es sollte darauf geachtet werden, dass die Zielvorstellungen von Beginn an klar formuliert sind.

7.12 Workshop Qualität an der Hochschule

Die interne Qualitätsverbesserung ist ein lohnendes und motivierendes Ziel.
Das in Tab. 7.12 beschriebene Projekt bezieht sich auf einen internen Stakeholder, hier die Hochschule selbst.

Tab. 7.12 Auf einen Blick: Workshop Qualität an der Hochschule

Projektname	Workshop Qualität Wirtschaftsingenieurwesen
Projektart	Veranstaltung
Aufgabe und Ziel	Organisation eines Qualitätsworkshops. Verbesserung der Situation im Studiengang W
Fach	Projektmanagement (1. Semester) Qualität und Nachhaltigkeit (4. Semester)
Studiengang	Wirtschaftsingenieurwesen
Umfang (CP LV und Projektstunden)	5 CP 110 h
Gruppengröße	3 (1. Semester) und 2 (4. Semester)
Stakeholder	Studiengang
Übertragbarkeit	Hochschule und Unternehmen

Projektziel und Aufgabenstellung

Die effektive und effiziente Organisation von Workshops ist nicht nur im Bereich Qualitätsmanagement ein wichtiges Thema. Workshops erfordern eine gute Vorbereitung, damit sich der Personalaufwand lohnt. Im Projekt sollen die Studierenden lernen, wie man einen Workshop vorbereitet, durchführt und die Ergebnisse für eine Umsetzung aufbereitet. Als Methode wurde eine Kurzform der Zukunftswerkstatt gewählt (Abb. 7.6).

Der Workshop ist Bestandteil einer Reihe, in der jährlich die Qualität im Studiengang mit Bezug auf bestimmte Themen (z. B. Lehre, Curriculum, Übergang Schule-Hochschule, Nachhaltigkeit, Engagement) behandelt wird. Dadurch hat der Studiengang ein hohes Qualitätsniveau erreicht. Der Workshop 2015 beschäftigte sich nach längerer Zeit wieder einmal mit dem allgemeinen Thema Lehre.

Projektverlauf

Neben der inhaltlichen Vorbereitung stellt sich immer die Herausforderung, Studierende für den Workshop zu gewinnen. Das Team organisierte, dass die Teilnehmer „Social Credit Points" für die Teilnahme bekommen.

Die Organisation und Vorbereitung wurde durch das Projektteam übernommen, Formalien wie Raumanträge wurden durch die Betreuer erledigt. Das Projektteam moderierte den Workshop und dokumentierte die Ergebnisse, die sie anschließend gemeinsam mit dem Studiendekan zur Umsetzung brachten.

Projektergebnis

Der Projektleiter fasste die Erfahrungen zusammen: „Unser organisierter Workshop war Dank den vielen Teilnehmern ein Erfolg. Es haben 21 Studierende teilgenommen, die qualitative Verbesserungsvorschläge beigetragen haben, die aus Sicht der Studierenden sehr wichtige Kritikpunkte für den Studiengang ‚Wirtschaftsingenieurwesen' waren." und „Dieses zielstrebige Arbeiten bestätigte sich von Projekttreffen zu Projekttreffen und

Abb. 7.6 Visualisierung der Workshop-Phasen

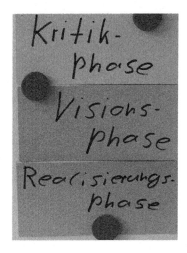

so gelang es unserem Team, einen sehr erfolgreichen Workshop zu organisieren und die dort erarbeiteten Ergebnisse an die zuständigen Abteilungen der Hochschule weiterzuleiten."

Folgende Punkte wurden laut Projektbericht im Workshop herausgearbeitet und anschließend gemeinsam mit Studiendekan und Prorektor umgesetzt:

- Lizensierung von MATLAB
- Verbesserung des Zugangs extern zu Moodle
- Informationsveranstaltung für das Praxissemester
- Sitzmöglichkeiten um den Campus
- Erweiterungen Exkursionen

Schwierigkeiten/darauf ist besonders zu achten
Bei Workshops zum Thema Qualität muss darauf geachtet werden, dass die Betroffenen ihre Sachkompetenz einbringen ohne die Ergebnisse zu dominieren.

Generell ist bei der Organisation studentischer Workshops die ausreichende Teilnahme sicherzustellen, notfalls durch Einbindung in eine Lehrveranstaltung.

Veranstaltungen sind deshalb eine besondere Herausforderung an das Projektmanagement, weil keine Möglichkeit zur Nachbesserung besteht.

Schlusswort

Die Projektmethode ist eine herausfordernde Lehrmethode, da sie theoretisches Wissen aus der Vorlesung mit praktischem Planen und Handeln verknüpft. Dabei ist es entscheidend, das wissenschaftliche Niveau zu halten und gesellschaftlichen Mehrwert zu erzeugen. Die Projektmethode ist deutlich mehr, als nur Studierenden eine Aufgabe oder gar ein Thema zu stellen und dann auf die Präsentation des Ergebnisses zu warten. In der von uns hier vorgestellten Variante wohl vorbereiteter Projekte und der Einbindung in Metaprojekt und Oberprojekte erfordern die Projekte einen hohen Vorbereitungsaufwand, haben aber auch eine hohe Erfolgswahrscheinlichkeit. Dies betrifft sowohl die Erreichung des im Projekt herausgearbeiteten Projektziels als auch den lehrveranstaltungsbezogenen Erfolg bei der Vermittlung von Wissen, Kompetenzen und Bildung. Die Projektmethode erfordert Engagement und Arbeit von allen Beteiligten, aber der Aufwand lohnt sich.

Die hier dargestellten Methoden und Vorlagen können und sollten umgestaltet und an den eigenen Bedarf angepasst werden. Dabei sind die unterschiedlichen Voraussetzungen und Bildungsziele je nach Formalisierungsgrad (formale, nonformale und informelle Bildung), Stufe (sekundäre oder tertiäre Bildung) und Typ der Hochschule (Uni, FH, PH, …) bzw. Schule (berufliche/allgemeinbildende Gymnasien, Realschulen etc.) zu beachten.

In der Hoffnung, dass unsere geschilderten Erfahrungen und Überzeugungen im Hinblick auf die Lehrmethode für Sie hilfreich waren, wünschen wir Ihnen viel Spaß und Erfolg bei der Umsetzung.

> **Zusammenfassung: Effizienz für Freude am Lehren und Lernen**
>
> Die Projektmethode kann in allen Lehrbereichen mit individueller Anpassung eingesetzt werden.
>
> Es ist gleichgültig, wo, wie und wozu die Projekte eingesetzt werden; eine entsprechende Vorausarbeit und Planung im Metaprojekt muss sein.
>
> Die Methode PPM soll dazu beitragen, dass Lehre und Projekte ergebnisorientiert und erlebnisorientiert, effektiv und effizient durchgeführt werden und auch die Freude am Lehren und Lernen erhalten bleibt.

Printed by Printforce, the Netherlands